Lorenzo Ravagli

Die geheime Botschaft der Joanne K. Rowling

Lorenzo Ravagli

Die geheime Botschaft der Joanne K. Rowling

Ein Schlüssel zu Harry Potter

Verlag Urachhaus

»Für Stella, Laura, Eliana und Tecla,
die mich die Bedeutung der Liebe gelehrt haben«

ISBN 978-3-8251-7509-2

Erschienen 2007 im Verlag Urachhaus
www.urachhaus.com

Umschlagillustration: Marion Durczok
Umschlaggestaltung: Ursula Weismann
Gesamtherstellung: Bercker Graphischer Betrieb, Kevelaer

Inhalt

Heute geht es darum, das verlorene Atlantis der unzerspaltenen Seele wieder ans Licht zu bringen.

Joseph Campbell

Einleitung

Zu Beginn des Jahres 2006 wurden weltweit mehr als 300 Millionen Exemplare des Harry-Potter-Zyklus verkauft. J. K. Rowlings Erzählungen sind mittlerweile in 63 Sprachen übersetzt, darunter Latein und Altgriechisch. Damit reicht der Harry-Potter-Zyklus bald an das Buch mit der größten Auflage heran: die Heilige Schrift. Im Gegensatz zu letzterer hat der Potter-Zyklus diese Verbreitung aber innerhalb eines Jahrzehnts erreicht. Inzwischen sind auch mehrere Bände des Zyklus' verfilmt worden. Die Verfilmung und das Merchandising sorgen für zusätzliche Popularisierung. Die Verfasserin des Zyklus gehört inzwischen zu den reichsten Frauen der Welt. Vor der Veröffentlichung der Reihe lebte sie zeitweise von der Sozialhilfe.

Mit diesen Stichworten wird auf ein beispielloses Phänomen hingewiesen. Im Gegensatz zu manch anderen Büchern, die zwar auch viel gedruckt, aber wenig gelesen wurden, kann man davon ausgehen, dass zu der Verbreitung der Erzählungen über Harry Potter und seine Freunde vor allem das wirkliche Interesse der Leserschaft beigetragen hat. Dieses Interesse spiegelt sich auch in den nahezu hysterischen Szenen wieder, die sich bei der Veröffentlichung einer neuen Folge abspielen: Leser übernachten auf den Straßen vor den Buchhandlungen, die frisch gedruckten Bücher werden hermetisch abgeriegelt und von Sicherheitsdiensten überwacht, damit niemand vor dem festgesetzten Termin etwas von ihrem Inhalt erfährt. Weltweit gibt es Harry-Potter-Fanclubs, Internetseiten in allen denkbaren Sprachen zu den Büchern, und an vielen Orten treffen sich Gemeinschaften von Rollenspielern, die die Ereignisse und Episoden der Erzählung in Verkleidung nachspielen und finden sich Autoren zusammen, die nach dem siebten und letzten Band gemeinsam weitere Bände folgen lassen wollen. Ohne dass die Erzählungen J. K. Rowlings ein weltweit verbreitetes Bedürfnis befriedigen würden, hätten sie nie einen solchen Erfolg haben können.

Was ist das für ein Bedürfnis, das Harry, seinen Freunden und ihrem Kampf gegen das Böse, das in Gestalt des finsteren Lord Voldemort und seiner Anhänger immer bedrohlicher hervortritt, einen solchen Zuspruch sichert? Rowlings Erzählungen sind spannend und unterhaltsam, sie stecken voller Humor und Ironie. Sie enthalten aber auch eine Fülle von Anspielungen, die vermutlich von den meisten Lesern nicht verstanden werden. Sie sind außerdem so geschrieben, dass sie nicht nur von spannenden Ereignissen erzählen, sondern das Lesen selbst zu einem spannenden, entdeckungsreichen Abenteuer machen. Sie sind beziehungsreich, von Anfang bis Ende vielschichtig konstruiert und von einer bemerkenswerten Komplexität. Oft kündigen sich spätere Ereignisse schon zu Beginn an, versteckt in kleinen, scheinbar unbedeutenden Episoden, und erst im Rückblick bemerkt der Leser, dass die Lösung mancher Verwicklungen bereits in der sich entwickelnden Geschichte enthalten war.

Manchmal weiß der Leser mehr als die Hauptfiguren, und seine vorauseilende Vermutung erahnt mitunter drohende Katastrophen, wenn die Figuren der Erzählung selbst sich offensichtlich auf dem Holzweg befinden. Die nebenbei platzierten Hinweise können von einem aufmerksamen Leser entdeckt werden, und im späteren Verlauf sieht man seine Vermutungen bestätigt oder aber widerlegt. Wie in einem Vexierspiel verbergen sich hinter der Oberfläche der Figuren und Ereignisse andere Figuren und Ereignisse, die ein suchender Blick zu entschlüsseln vermag. Das Ganze ist in eine Atmosphäre der Täuschungen und Irreführungen getaucht, die sich aus der Eigenart des Widerparts ergibt, gegen dessen Entwicklung sich die Hauptfiguren zur Wehr setzen. Die Wirkensweisen des Bösen sind auf Täuschungen, Verführungen und Verkleidungen abgestellt, und der Leser erlebt immer wieder, wie er selbst den täuschenden Masken erliegt, hinter denen das Böse sein wahres Gesicht verbirgt. Aber wie für die sich entwickelnden Figuren selbst, klärt sich auch für den Leser der Blick, wenn die Täuschungen von ihnen aufgedeckt, wenn die Intrigen und Verschwörungen von ihnen durchschaut werden.

All dies sind Elemente, die jeder gute Kriminalroman bietet oder auch jede gute Verschwörungsgeschichte. Eine der Spezialitäten von J. K. Rowling ist das Spiel mit Namen und Zahlen, das allerdings in einem Zyklus über Zauberei nicht überrascht, wird doch auch in der Schule für Zauberei, die Harry besucht, ein Fach namens Arithmantik unterrichtet, das komplexe Beziehungen zwischen Zahlen und Buchstaben untersucht und vermutlich die mittelalterliche Zahlensymbolik beinhaltet, wenn nicht gar Elemente der Kabbala.

Die Tatsache, dass sich die einzelnen Bände jeweils mit einem Schuljahr beschäftigen, das im Herbst beginnt und bis zum Sommer dauert, ergibt eine Fülle von Beziehungen zwischen einzelnen Ereignissen und Daten der aufeinanderfolgenden Jahre, die teilweise symbolisch aufeinander bezogen sind. Jahreszahlen, Hausnummern, Telefonnummern und sonstige Zahlen bergen oft eine geheime Aussage in sich, die über die Symbolik dieser Zahlen vermittelt wird.

Die Namen der Personen, Orte, Gegenstände etc. sind ein ganz besonderes Thema. Sie enthalten zahlreiche Verweise auf die Geschichte der Mythologie, der Religion, der Magie, aber auch auf die Geschichte Englands und können als eine weitere, okkulte Erzählebene betrachtet werden. Alles in allem stellt der Harry-Potter-Zyklus eine Fundgrube von Material für Symbolologen, Nummerologen und Mythenforscher dar.

Wir werden uns bei unserer Suche nach der Entschlüsselung des Epos an den uralten Mythen orientieren, die von Rowling auf neue

Weise erzählt werden. Wir werden diese Mythen nicht tiefenpsychologisch auflösen, sondern beim Wort nehmen. Auf diese Weise wird der enge Rahmen einer bloß literaturgeschichtlichen oder psychologisierenden Deutung gesprengt, und die alles umgreifende Realitätsdimension des Mythos tritt so erst wirklich zu Tage. Gewiss bieten die Erzählungen Rowlings für Generationen von Literaturwissenschaftlern ausreichend Stoff, was sich in Bergen von Dissertationen und gelehrten Abhandlungen niederschlagen wird. Gewiss enthalten die Erzählungen auch eine reiche Symbolik seelischer Reifungsvorgänge, die wertvolles Material für die Arbeit von Erziehern und Therapeuten zur Verfügung stellen. Solche Lesarten des Mythos sind legitim und können lehrreiche Zugänge erschließen.

Wir selbst, ob wir uns dessen bewusst sind oder nicht, stehen mit unserem ganzen Dasein in dieser geistigen Welt.

W.F. Otto, Die Wirklichkeit der Götter

Manifest eines spirituellen Realismus

Aber die Erzählungen von J.K. Rowling enthalten noch mehr. Sie sind ein poetisches Manifest. Das Manifest eines spirituellen Realismus. Der spirituelle Realismus beruht auf der Überzeugung, dass die Welt, die wir mit Händen greifen und mit den Augen sehen können, nicht die ganze Wirklichkeit ist. Die Wirklichkeit des Alltags, in der wir leben, zeigt uns nur die Außenseite der Dinge. Auch wenn uns die Autoritäten weismachen wollen, dass diese Außenseite die ganze Wirklichkeit ist, haben wir doch die deutliche Empfindung, dass es sich bei dieser Wirklichkeitslehre um eine Täuschung handelt. Um eine sehr intelligente Täuschung zwar, aber doch um eine Täuschung. Auch wenn es uns schwerfällt, mit unserem Verstand gegen die Argumente der Autoritäten anzukommen, sagt uns doch unser Gefühl, dass der Verstand uns betrügt.

Die triumphierende Selbstgewissheit des Verstandes hat uns misstrauisch gemacht. Die Millionen, die den Harry-Potter-Zyklus verschlingen, glauben nicht den Beteuerungen des Verstandes, er bilde die ganze Wirklichkeit ab. In Rowlings Sprache ausgedrückt: Die Welt der Muggel ist der Inbegriff der Wirklichkeit. Die Muggelweisheit kommt uns schal und oberflächlich vor. Wir sind der heute revidierten Erfolgsmeldungen von gestern müde. Der immergleichen

Rituale in einer öden Welt, die uns darüber hinwegtäuschen sollen, wie inhaltsleer diese Welt geworden ist. Eine Welt ohne Zauber, ohne Phantasie, ohne Magie. Die glänzenden Oberflächen befriedigen uns nicht mehr. Je verführerischer sie werden, umso misstrauischer machen sie uns. Viele Menschen haben erkannt, dass die Oberflächen, auf denen sich ein Großteil unserer Zivilisation abspielt, lediglich Simulationen sind, die uns etwas vorgaukeln, was uns betäuben oder einschläfern soll. Hinter jeder Oberfläche verbirgt sich ein Mechanismus, der diese Oberflächen erzeugt. Zu dieser Gewissheit hat uns die Erfahrung mit den Simulationen geführt, mit denen uns täuschend eine Scheinwirklichkeit vorgegaukelt wird. Unsere Ahnung sucht nach den Mechanismen, die den Simulationen zugrunde liegen. Unser Gefühl empfindet eine Sehnsucht nach den tieferen Schichten, die sich hinter den Oberflächen verbergen. Dieses Bedürfnis und die ihm entspringende Gewissheit sind weltweit verbreitet, sonst könnten die Erzählungen des spirituellen Realismus, die Rowling seit Mitte der neunziger Jahre veröffentlicht, nicht auf solche Resonanz stoßen.

Natürlich steht Rowling in einer langen Tradition. Wohl nicht allzu viele Leser kennen die Vorläufer im 17., 18. oder 19. Jahrhundert, deren Tradition Rowling fortsetzt. Das ist aber auch nicht entscheidend. Entscheidend ist, dass in ihren Werken der spirituelle Realismus an der Wende zum 21. Jahrhundert zu einem Höhepunkt gelangt, der alle Siegesmeldungen der ›Muggelweisheit‹ Lügen straft. Die Leser des Harry-Potter-Zyklus auf der ganzen Welt sind ein einziges, schlagendes Argument für den spirituellen Realismus, der weiß, dass die Oberflächen nichts als Simulationen sind, der die Abbilder als Abbilder erkennt und die Spiegelbilder nicht mit den realen Lebewesen verwechselt. Diese realen Lebewesen bestehen aus unseren Gedanken und Gefühlen, aus unseren Emotionen, Erinnerungen und Hoffnungen. Sie sind die Wirklichkeit, die sich hinter den Simulakren der technischen Zivilisation verbirgt. Aber all unsere Gefühle, Gedanken und Hoffnungen sind eingebettet in eine noch höhere Wirklichkeit, die ebenso real ist wie unsere angeblich so subjektive Innenwelt. Es sind geistige Mächte, in deren Auseinandersetzung wir eingesponnen sind.

Die Realität des Bösen

Gut und Böse sind keine Abstraktionen, sie sind geistige Realitäten, in denen wir uns zurechtfinden müssen. Sie rufen uns zur Entscheidung auf. Jeden Einzelnen, in jedem Augenblick unseres Lebens. Es sind die wirklich großen Entscheidungen, die wir treffen müssen. Entscheidungen, die über unser Schicksal bestimmen. Entscheidungen wie die, für unsere Freundschaften Opfer zu bringen. Oder unsere ganze Existenz in die Waagschale zu werfen. Unseren Gefühlen entgegen zu handeln, weil wir erkannt haben, dass etwas richtig ist, auch wenn es unserer Eigenliebe nicht schmeichelt. Die Welt, in der wir leben, verlangt von uns keine ideologischen Auseinandersetzungen, keine großen Theorien. Sie verlangt von uns, dass wir uns jeden Tag aufs Neue mit den Versuchungen des Bösen auseinandersetzen, die uns im Alltag begegnen. So wie sie Harry Potter und seinen Freunden in ihrem Alltag begegnen.

Und so, wie den Schülern von Hogwarts in ihrem Alltag das große Böse, aber auch das große Gute begegnet, so begegnet es auch uns jeden Tag. Wir selbst bringen es durch unsere Entscheidungen, durch unsere Handlungen hervor.

Zivilisationen gründen auf Mythen.
Joseph Campbell, Die Kraft der Mythen

Mehr als eine Schulgeschichte

Vordergründig betrachtet, geht es im Harry-Potter-Zyklus um Jugendliche, die an einer Schule unterrichtet werden. In ihrem elften Lebensjahr – vermutlich, nachdem sie eine Grundschule absolviert haben, es sei denn, sie sind in einem Waisenhaus aufgewachsen – kommen die Schüler hierher und durchlaufen hier ihre weitere Schullaufbahn. Wie in jedem Internat gibt es auch in Hogwarts Traditionen, Hierarchien, Gruppenzwänge, ein Gefälle zwischen Neuankömmlingen und Alteingesessenen. Viele Abenteuer, die die Schüler zu bestehen haben, ergeben sich aus der Rivalität mit anderen, die pädagogische Provinz eines Internats ist ein Dschungel voller Gefahren. Aggression und Intrigen, Machtkämpfe und Streitigkeiten allein könnten Bände und Annalen füllen. Die Lehrer sind unausweichlich, die Eltern fern, die Freunde treu, die Feinde ebenso. Heranwachsende durchleiden in solchen Institutionen Martyrien, aber auch Triumphe, manche gehen an ihnen zugrunde, andere siegreich aus ihnen hervor. Freundschaften, die in Internaten geknüpft werden, halten mitunter ein Leben lang und setzen sich in den Beziehungsgeflechten der Erwachsenen fort.

Man könnte in Hogwarts eine Parabel auf bestimmte englische Schulen sehen. Schließlich liegt die Schule an einem geheimnisvollen Ort im Norden der britischen Insel, vermutlich in Schottland, und spielt zu nicht unwesentlichen Teilen auch in London. Die Verfasserin ist Engländerin und die meisten Hauptfiguren sind offensichtlich Engländer. Nur eine Auswahl der Gesamtbevölkerung mit besonderen Fähigkeiten wird in Hogwarts aufgenommen, einige Abgeordnete des Commonwealth eingeschlossen.

Eine Eliteschule also. Das trifft auf das traditionsreiche englische Privatschulwesen zu und Hogwarts könnte für Oxbridge stehen. So gelesen, hätten wir es im Harry-Potter-Zyklus mit der Geschichte einer Gruppe von Heranwachsenden zu tun, die sich in einem englischen Internat darum bemühen, erwachsen zu werden, also mit einer Individuationsgeschichte. Dabei müssen sie sich mit all den Widrigkeiten auseinandersetzen, die ihre Umwelt und ihre eigene sich verändernde Persönlichkeit hervorbringen. Sie müssen sich mit einer konservativen Schuldisziplin herumschlagen, mit einem bissigen Hausmeister, mit teilweise gähnend langweiligen Lehrern, bösartigen Gleichaltrigen, einem schwierigen Unterrichtsstoff, ihrem eigenen Versagen, und die einen meistern diese Herausforderungen besser als die anderen. Das siebenbändige Epos wäre ein Entwicklungsroman, die Schilderung einer *Queste*, einer Lebensfahrt, in der die Hauptfigur allmählich zum Erwachsensein heranreift und dabei die Flausen ihrer Jugendzeit abstreift, um den Ernst des Lebens zu erkennen.

In der Tat ist das Epos ein Entwicklungsroman. Aber im Gegensatz zu vielen anderen vergleichbaren Geschichten besteht die Entwicklung der Hauptfigur gerade nicht darin, die magische Welt der Kindheit zu verlassen, um sich im Ernst des prosaischen Lebens wiederzufinden. Vielmehr wächst Harry immer mehr in die magische Welt hinein. Der Ernst des Lebens besteht für ihn gerade darin, zu erkennen, dass die Magie, die Kraft der Seele und des Geistes, die die Welt zu verzaubern vermag, die wahre Realität darstellt, und der sogenannte Ernst des Lebens nichts als eine oberflächliche, triviale Konvention ist. Oxbridge und alle vergleichbaren englischen Privatschulen gehören ohne Zweifel der Muggelwelt an, jener Welt, in der sich die Nichtzauberer bewegen, die von der Welt der Zauberer keine Ahnung haben, und die, wenn sie mit ihr in Berührung kommen, einem Vergessenszauber unterworfen werden müssen, damit sie ihre Begegnungen möglichst schnell und vollständig vergessen. Hogwarts ist schließlich keine gewöhnliche Schule, es ist eine Schule für Zauberei. Hier werden die Schüler in die Theorie und Praxis der Magie eingeweiht.

Der Teufel ist ein Egoist …

Goethe, Faust I

Weiße und schwarze Magie

Die Magie ist der vollendetste Ausdruck des spirituellen Realismus. Sie beruht auf der Tatsache, dass die menschliche Seele und der menschliche Geist mit den Kräften der Natur verwandt sind, oder dass das Wirkende in der Natur von gleicher Art ist wie die Kräfte der Menschenseele. Der menschliche Wille, die menschlichen Emotionen sind nicht in der Seele des Einzelnen eingeschlossen, sie durchdringen dessen Umgebung, sie sind Teil der alles einschließenden Natur. Sie sind kosmische Kräfte. Sie rufen in ihrer Umgebung Wirkungen hervor. Der Kosmos ist beseelt, die Gestirne bewegen sich nicht aufgrund mechanischer Kräfte, sondern aufgrund ihres Willens, die Wettererscheinungen sind nicht Produkte chaotischer Molekülbewegungen, sondern Ausdruck geistiger Kräfte der Natur. Die gesamte Natur ist von Geist und Seele erfüllt. Diese Naturseele ist mit der menschlichen Seele verwandt. Wer ein Bewusstsein dieser Verwandtschaft erlangt, kann lernen, seine Seelenkräfte mit den Kräften der Natur zu verbinden und in dieser gezielt Wirkungen hervorrufen. Das ist potentiell bei allen Menschen der Fall, aber die wenigsten – die Muggel vor allen Dingen – haben von diesen Wirkungen ein Bewusstsein. Die Magie beruht auf der systematischen Ausbildung der Fähigkeit, mit den Kräften der Seele und des Geistes auf die seelischen und geistigen

Kräfte der Natur einzuwirken. Der menschliche Geist bedarf einer Schulung, um diese Kräfte auszubilden, deswegen gibt es die Schulen für Zauberei. Eine dieser Schulen ist Hogwarts.

Zwar besitzt jeder Mensch magische Kräfte, aber es gibt unterschiedliche Begabungen. Bei manchen sind sie stärker ausgeprägt als bei anderen. Es kann von Vorteil sein, in eine Zaubererfamilie geboren zu werden, die seit Generationen magische Verrichtungen pflegt. Aber eine Garantie für magische Fähigkeiten ist das nicht. Manchmal werden auch in solchen Familien Kinder geboren, die gänzlich unbegabt sind, sogenannte *Squibs*. Andererseits gibt es viele Kinder in Hogwarts, die aus Muggelfamilien stammen. Sie besitzen aber eine besondere Begabung für Magie. Deshalb werden sie auch ausgewählt oder in Hogwarts aufgenommen. Die magische Begabung hat nichts mit der Vererbung zu tun, oder die Vererbung ist nicht entscheidend.

Vermutlich ist das Muggeldasein letztlich nur ein Bewusstseinszustand. Ein Bewusstsein, das sich gänzlich von der sympathetischen Beziehung mit den Kräften der Natur und des Kosmos abschließt, führt am Ende zu einer Existenzform, in der diese Kräfte verloren gehen. Die Welt der Muggel ist eine Art sich selbst erfüllender Prophezeiung: Wer sich lange genug einredet, dass es keine übernatürlichen Geschöpfe, keine Magie, keine Verwandtschaft der menschlichen Seelenkräfte und der Naturkräfte gibt, lebt am Ende in einer Welt, in der diese Illusion zur Wahrheit geworden ist.

Die Begierde nach Macht und Unsterblichkeit

Die Magie existiert im Wesentlichen in zwei Formen. Wie in der Welt der Muggel gibt es auch in der Zaubererwelt Gut und Böse. Die Magier sind von der Moral nicht befreit. Im Gegenteil, gerade weil sie ein gesteigertes Bewusstsein von der Bedeutung der eigenen Seele im Kosmos besitzen, sind sie auch in weit höherem Maß vor die Wahl gestellt. Sie wissen, welche Wirkungen ihre Emotionen im seelischen Haushalt der Natur hervorrufen können, welche Macht die Seele des Menschen besitzt, die sich ihrer

Kräfte zu bedienen versteht. In dieser Macht liegt auch die größte Versuchung der Magier. Jeder, der Macht besitzt, weiß, dass er sie zum Nutzen und Frommen anderer oder zum eigenen Nutzen einsetzen kann. Aber die Macht, die man aus der Selbstüberwindung gewinnt, ist stets größer als die Macht, die man durch die Unterdrückung anderer erreicht.

Dennoch stellt die Ausübung von Macht über andere eine große Versuchung für Magier dar. Das Böse in der Welt der Magier entsteht dort, wo man die Macht benutzt, um anderen zu schaden, oder andere gegen ihren Willen dazu zwingt, den eigenen Zwecken zu dienen. Die schwarze Magie beruht auf diesem Prinzip. Der schwarze Magier betrachtet sich als Selbstzweck. Er dient mit seinen Fähigkeiten nicht anderen, sondern nur sich selbst. Die größte Versuchung des Magiers besteht darin, seine eigenen Kräfte in den Dienst der Selbsterhöhung zu stellen. Wer sich als Selbstzweck betrachtet, dessen höchstes Interesse besteht darin, das eigene Dasein zu verewigen. Deshalb ist das einzige Ziel, nach dem der Dunkle Lord strebt, die Unsterblichkeit.

Die Unsterblichkeit ist die Verewigung der eigenen Persönlichkeit. Sie ist der vollkommenste Ausdruck des Egoismus. Aus diesem Egoismus, der Angst vor dem Tod, speist sich heute das Böse, gleichgültig, ob in der Welt der Zauberer oder in der Muggelwelt. Die Sterblichkeit ist die globale Existenzform, in der sich die Menschheit heute befindet. Jedes menschliche Leben wird von jenem schwarzen Loch bedroht, dem alles verschlingenden Tod, der am Ende auf uns wartet. Der Tod ist die absolute Grenze, die unserer Existenz gesetzt ist. Magie unter den Bedingungen der Sterblichkeit und Endlichkeit des Bewusstseins ist vor die Versuchungen der Endlichkeit gestellt. Die Versuchung besteht darin, die endliche Existenzform zu verewigen.

Aber nicht immer war der Tod jenes schwarze Loch, das uns heute so bedrohlich erscheint. Nicht immer erlebte sich der Mensch so abgeschlossen von den Toten und Ungeborenen. Es gab eine Zeit, in der die Tore zu der Welt der Ungeborenen und Toten offen standen. Eine Zeit, in der die auf der Erde Lebenden mit verwandten Seelen kommunizierten, die gar nicht auf der Erde lebten. In jener

Zeit war aber auch das auf das Diesseits bezogene und im Diesseits lebende Persönlichkeitsbewusstsein nicht so stark ausgeprägt wie heute. Diese beiden Tatsachen bedingen einander: Je stärker die Menschenseele den Zusammenhang mit anderen Menschenseelen empfindet, umso schwächer ist ihr Selbstbewusstsein ausgeprägt.

Man stelle sich eine Seele vor, die so in einer anderen lebt, wie wir heute in uns selbst leben. Die Erlebnisse der anderen Seele werden von ihr so empfunden, als wären es ihre eigenen. Hätte es für eine solche Seele einen Sinn, diese Erlebnisse als ihre eigenen zu bezeichnen? Es gäbe keine scharfe Grenze zwischen Dein und Mein, zwischen Innenwelt und Außenwelt. Die Sphären der Seelen gingen fließend ineinander über, sie würden sich gegenseitig durchdringen, die Erlebnisse, die sie hätten, wären gemeinsame Erlebnisse. Die Seelen der Verstorbenen und Ungeborenen könnten in den Seelen der Lebenden weilen und mit diesen ihre Erlebnisse teilen und umgekehrt. Eine solche Bewusstseinsform ist nur möglich, wenn die einzelne Seele nicht so in das Gehäuse ihres Leibes eingesperrt ist, wie es heute der Fall ist.

Heute verdanken wir unser Bewusstsein fast ausschließlich unserem Körper, unseren Sinnesorganen und dem Verstand, der sich des Nervensystems bedient. Wenn der Körper zerfällt, erlischt auch das Bewusstsein, das sich auf diesen Körper stützt. Es erlischt immer schon dann, wenn wir einschlafen. Es ist erstaunlich, wie wenig uns im Grunde diese Tatsache beunruhigt, dass uns der Tod, das Erlöschen des Bewusstseins, unser ganzes Leben hindurch in Gestalt des Schlafes begleitet. Nicht zufällig wurde der Schlaf von den Alten als der kleine Bruder des Todes bezeichnet.

Unser Selbstbewusstsein, das so ausschließlich auf dem Vorhandensein eines intakten Körpers beruht, ist auch durch die Zufälle unserer körperlichen Existenz gefährdet. Das größte Ereignis, das uns ›zufällt‹, das unausweichliche Ereignis, ist der Tod. Wir haben unser scharf ausgeprägtes diesseitiges Bewusstsein, unsere Überzeugung, dass unsere Persönlichkeit die Gesamtheit unseres irdischen Daseins umschließt, mit der einzigartigen Abhängigkeit unseres bewussten Seelenlebens von unserem Körper erkauft. Wäre diese Abhängigkeit nicht so stark, hätte also unsere Seele eine flüchtigere Verbindung mit unserem Leib, dann würden sie die Wahrnehmungen, die ihr der Leib vermittelt, auch nicht so stark ausfüllen, sie wäre offen für andere Erfahrungen. Diese Bewusstseinsform ist das Ergebnis einer langen Geschichte. Es ist die Geschichte der Entwicklung des Selbstbewusstseins, das auf der innigen Vermählung von Seele und Leib beruht. Die Versuchungen, denen diese Bewusstseinsform ausgesetzt ist, hängen mit den besonderen Bedingungen zusammen, durch die es zustande kommt.

Die Versuchungen des Menschen – einst und jetzt

Vor Jahrtausenden waren die Versuchungen der Menschheit von anderer Art. Damals ging es um den Abstieg in die Sinneswelt, die Versuchung war die Lust. Die Lust an der Sinneswelt war die List der Götter, durch die die Menschenseelen in die enge Verbindung mit dem Körper gezogen wurden. Es war die Lust auf die verbotene Frucht. Die verbotene Frucht öffnete dem Menschen die Augen. Mit den Augen seines Leibes konnte er etwas sehen, was seinen Seelenaugen verborgen war: die Welt jenseits des Paradieses. Dieses Sehen war mit Lust, mit Freude verbunden. Aber hinter der Lust lauerte der Schmerz. Es ist der Schmerz der Endlichkeit, das Erlöschen des Bewusstseins der Ewigkeit. Auf dem Grunde des endlichen Bewusstseins, des Selbstbewusstseins, das auf den Körper gestützt ist, wühlt der Schmerz. Unsere Persönlichkeit ist aus dem umhüllenden Uterus des Mutterleibes, aus dem Urmeer des Geistes, der paradiesischen Einheit von Mensch und Natur hervorgegangen. Der Durst nach Dasein, nach der Erfahrung der Welt, die die Schlange uns verheißen hat, hat uns aus dem Urmeer herausgeführt. Unserem Persönlichkeitsbewusstsein, das sich nach der Geburt herausgebildet hat, liegt der Urschmerz der Trennung zugrunde: der Schmerz, der darin besteht, der symbiotischen Einheit mit der Mutter entrissen zu sein.

Aber groß ist auch die Lust an dem, was wir als Geschenk erhalten haben. Eine vollkommen neue Welt ist uns aufgegangen. Die

Wahrnehmung der Welt, die uns der Körper vermittelt, den wir der Schlange verdanken, erfüllt uns mit Freude, an der gemessen der Schmerz der Trennung gering erscheint. Die Freude der Sinne ist so groß, dass wir mit der Zeit vergessen haben, woher wir stammen und was wir hinter uns gelassen haben. Wir sind zu uns selbst erwacht. Die Augen wurden uns nicht nur für die Schönheit dieser Welt aufgetan, sondern auch für unsere eigene Nacktheit, für die Nacktheit unserer Existenz, für unsere in der herben Wildnis des Diesseits ausgesetzte Einzelpersönlichkeit.

Die Nacktheit dieser Existenz erfüllt uns mit Scham. Wir empfinden, dass wir unsere isolierte Seelenwelt einem Raub verdanken. Wir haben etwas an uns gerissen, was uns im Grunde nicht gehört. Gleichzeitig haben wir unser ursprüngliches Wissen von der göttlichen Weisheit verloren. Und damit unsere Unschuld – eine Form des Lebens, die nicht auf Bedürftigkeit und Mühsal, sondern auf Überfluss und Glück gründete.

Mit dem Eintauchen in diese neue Welt gingen viele Versuchungen einher. Die größte war die, unseren Ursprung, unsere himmlische Heimat zu vergessen: dass uns die Bedürftigkeit unseres Leibes völlig in Anspruch nimmt, dass wir versinken in den Abgründen des Existenzkampfes. Gegen diese Versuchungen wurden von Magiern mächtige Bollwerke errichtet, Gesetzeswerke wie das mosaische, das den luziferischen Versuchungen Einhalt gebieten sollte, den Versuchungen der Lust, dem Absturz in die schlammigen Abgründe, in die Irrgärten Klingsors. Mythen wie der Paradiesesmythos, die Jahrtausende bestimmten, gaben der Menschheit Orientierung und vermochten, sie mehr oder weniger gut vor den Versuchungen zu schützen, die die Lust nach der Sinneswelt in sich barg.

Heute stehen wir vor anderen Gefahren. Heute geht es um den Wiederaufstieg in die himmlische Welt, die Wiedereroberung der versunkenen ›Anderwelt‹, um die Begegnung mit den Toten und die Stimmen der Engel, deren Posaunenklänge unsere tauben Ohren aufrütteln wollen. Unsere Versuchung ist die Angst – und die Macht, die die Angst verleiht.

Macht als Frucht der Angst

Betrachten wir unsere moderne Lebensform. Sie ist eine Lebensform der Angst: Wir versichern uns gegen alles. Die großen Assekuranzgesellschaften sichern uns gegen Naturrisiken ab, unsere sozialen Sicherungssysteme sollen den Ausbruch der Anarchie verhindern, die Medizin verspricht uns Sicherheit gegen Krankheitskeime, die Sicherheitskräfte unserer Gesellschaften schirmen uns gegen das Virus des Terrors ab, die Besitztümer, die wir anhäufen, sollen uns vor dem Verlust unserer Bequemlichkeiten schützen, die neuen Biotechnologien verheißen uns durch Lebensverlängerung den Schutz vor dem schlimmsten aller Übel, vor dem Tod. Glücklich wären wir, wenn wir durch Klonung unserer Identität oder durch virtuelle Reproduktion unseres Bewusstseins dieses in den globalen Netzen des künstlichen Nervensystems verewigen könnten, das die Erde umspannt. Die technogenen und technomorphen Mythen unserer Zeit erwecken in uns den Traum vom ewigen Leben, von ewiger Jugend in immergleicher Gestalt, sie stellen die endgültige Unterdrückung aller Veränderung in Aussicht, den Menschen in Gestalt einer Maschine, die dem Gesetz der Entropie entronnen ist.

Aber das Leben, das durch die Macht der Maschinen verewigt würde, wäre kein menschliches Leben mehr. Es wäre ein Leben ohne Seele, ohne Wandlung, ohne Entwicklung. Der ewig junge und gesunde Leib würde uns vor der Konfrontation mit dem Tod, dem großen Hierophanten, bewahren, aber er würde uns auch alle Möglichkeit rauben, die endgültige Freiheit zu erfahren, die der Verfall des Leibes mit sich bringt. Für alle Zeiten an unseren Leib gekettet, müssten wir mit verödeten Seelen durch die Jahrtausende irren: Die Zukunft der Menschheit wäre das Schicksal Ahasvers. Die Tragik Ahasvers bestand darin, dass er nicht sterben konnte. Sterben bedeutet Befreiung. Jeder Akt der Freiheit, jeder Verzicht, der uns der Freiheit näher bringt, ist ein kleiner Tod. Ohne kleinen Tod, ohne Sterben keine Freiheit. Das wusste schon Sokrates, deswegen sprach er von der Philosophie als einer Einübung ins Sterben. Und auch Goethes bekannte Worte sprechen davon:

»Und solang du das nicht hast, dieses Stirb und Werde,
bist du nur ein trüber Gast auf der dunklen Erde.«

Unsere westlichen Gesellschaften und alle Gesellschaften, in denen sich der westliche Lebensstil verbreitet hat, sind Gesellschaften der Todesangst. Sie sind Gesellschaften, in denen die Angst herrscht und die Angst Macht verleiht. Unsere große Versuchung ist die Macht, weil sie uns den Sieg über den Tod in Aussicht stellt. Aber dieser Sieg ist eine Illusion. Der Tod lässt sich nicht besiegen – wenigstens nicht durch die Verlängerung des Lebens. Wer ihm durch die Technik zu entrinnen hofft, verfällt dem weit schlimmeren, dem zweiten Tod, dem Tod der Seele.

Sind Angst und Macht kein Widerspruch? Nein, denn die Macht ist die Frucht der Angst. Die Angst lässt uns das Verlangen nach Macht verspüren. Je größer die Angst, umso größer die Sehnsucht nach Macht. Die Angst vor der Natur hat uns die Sehnsucht nach der Macht über sie eingegeben. Die Angst vor den Menschen hat das Verlangen nach politischer Kontrolle in uns geweckt. Die Angst vor dem Tod die eitle Hoffnung auf endlose Verlängerung des Lebens. Das neuzeitliche technokratische Ideal der Naturbeherrschung ist ein Produkt der Angst vor der Natur. Das moderne Verständnis von Gesundheit und Heilung ist ein Produkt der Angst vor dem Tod. Die militärische Terminologie der heutigen Medizin, die einen unablässigen Kampf gegen die Krankheit und ihre Ursachen führt, ist eine Form des Imperialismus, der ebenfalls ein Ausdruck der modernen Angst war. Das moderne Verständnis von Gesellschaft, diese sei ein Produkt rationaler Planung, ist ein Ergebnis der Angst vor der Anarchie, in der sich das allgemeine Bewusstsein von der bedingungslosen Unterwerfung der entwurzelten Individuen unter die Imperative des Egoismus spiegelt.

Die Mythen, die all dies zum Ausdruck bringen, quellen heute regelmäßig aus den Initiationsstätten der Unterhaltungsindustrie. Sie heißen »Alien«, »Matrix«, »Deep Impact« und »Krieg der Welten«. Die Überwältigung des Menschen durch seine eigenen Geschöpfe, oder die Vernichtung des Menschen durch seelenlose Monster aus dem Weltraum sind die Alpträume der Moderne. Die Aliens sind die Projektionen unserer eigenen ›Alienität‹ in die Transzendenz des unendlichen Raums. In den Aliens kehrt unser eigener Schatten aus dem Weltall zurück. Unsere soziale Entfremdung und die Entfremdung von uns selbst wird zum Schreckgespenst der Machtergreifung durch extraterrestrische Intelligenzen, die genau jene Herzlosigkeit gegenüber dem Menschen an den Tag legen, die wir gegenüber unseren Mitgeschöpfen entwickelten, seit wir die Herrschaft an unsere seelenlose Intelligenz abgetreten haben. Sie sind die Verkörperungen der neuzeitlichen, aufgeklärten Rationalität, die die Welt entzaubert, das Geheimnis verhöhnt und zum Hirngespinst erklärt hat.

Macht korrumpiert

Die Macht, die uns mit der Versprechung verlockt, dass alle Reiche dieser Welt uns gehören werden, dass sie uns vor dem Tode errettet, korrumpiert. Sie korrumpiert den, der sie besitzt und den, der sie anstrebt. Sie korrumpiert, weil sie auf einer grundfalschen Voraussetzung beruht: auf der Voraussetzung, die Kontingenz ließe sich aus dem Weltzusammenhang ausmerzen. Das Unvorhersehbare ist der Stachel der Macht, deswegen muss sie sich mit der Intelligenz verbinden, die die Welt als rationales System konstruiert, das vollkommen durchschaubar und beherrschbar ist wie eine Maschine. Die Aufklärung, die das Geheimnis, die Kontingenz, das Mysterium exorzierte, hat nicht zufällig die mechanistische Weltvorstellung erzeugt. Beide, die Verneinung der Kontingenz und die mechanistische Weltvorstellung, gründen auf der Angst der Ratio vor dem Unberechenbaren. Das neuzeitliche, entwurzelte Individuum, das aus dem bergenden metaphysischen Kosmos des Mittelalters herausgefallen ist, kann seine Urangst nur durch Phantasien der Allmacht und der rationalen Bewältigung der kontingenten Welt bezwingen. Symptomatisch dafür ist Francis Bacon, der nicht nur der erste Ideologiekritiker war, sondern auch die Programmatik der wissenschaftlichen Rationalität formuliert hat.

Die Macht korrumpiert, weil der, der sie besitzt, sie nicht lassen will und der, der sie anstrebt, sie nur durch die Entmachtung dessen erlangen kann, der sie besitzt. Die soziale Technik, mit der sie untrennbar verbunden ist, ist der Kampf. Befreiung von der Korruption durch die Macht kann nur durch den freiwilligen Verzicht auf sie erlangt werden, paradigmatisch vorgebildet in der Versuchungsgeschichte Jesu sowie im Tod Christi. Obwohl er alle Macht der Welt besitzt, verzichtet er freiwillig auf deren Gebrauch, weil er deren Verführung durchschaut. Frei ist, wer sich selbst bezwingt.

Manipulation und Lüge als Techniken der Macht

Eine weitere soziale Technik der Macht ist die Manipulation. Sie ist ein Kennzeichen der sogenannten freiheitlichen Demokratien. Weil sich die Macht in ihnen nicht offen zu ihrem Prinzip, dem Zwang, bekennen kann, bedient sie sich der subtilen Manipulation, die darauf abzielt, dass die Manipulierten ihr freiwillig folgen. Erst wenn die Manipulierten glauben, dass sie sich frei entscheiden, war ihre Strategie erfolgreich. Erreichbar ist dieses Ziel nur mit Hilfe mächtiger Suggestionen, womit wir bei der Lüge, dem letzten Hilfsmittel der Macht, angelangt wären. Schon die Bezeichnung der westlichen Demokratien als ›Volksherrschaften‹ ist eine Lüge. Sie kaschiert die Beherrschung der Massen durch krakenhafte Oligarchien, die die gesamte Gesellschaft mit ihren Machtstrukturen durchsetzt haben. Nicht das Volk, die Parteien und die mit ihnen verbündeten Medien- und Wirtschaftseliten herrschen in den Demokratien.

Wie auch im Harry-Potter-Zyklus sichtbar wird, sind die Massenmedien das glänzende Instrument der Manipulation. Die vielfältigen Möglichkeiten der Wahl, die sie uns präsentieren, garantieren nicht unsere Freiheit, sondern konditionieren uns zu einem Teil dieses scheindezisionistischen Systems, das auf dem Prinzip beruht, dass uns alle Verantwortung abgenommen wird, für das Leben wie für das Sterben. Die Macht der Medien über uns ist nicht die Macht Murdochs oder Bertelsmanns, sondern die Macht des Mediums an sich, der wir uns bedingungslos unterwerfen. Unsere Beteiligung an der Wirklichkeit wird uns durch das Medium vermittelt – was in seinen Mündern oder Augen, die uns die Wahrheit verkünden und in denen wir sie erblicken, nicht vorkommt, existiert nicht. Welche normative Instanz hatte jemals eine solche Definitionsmacht, wie das Medium an sich?

Hogwarts als Spiegel der modernen Gesellschaft

Hogwarts ist nach all dem nicht bloß eine Parabel auf das englische Eliteschulwesen. Es ist eine Parabel auf unsere modernen westlichen Gesellschaften. All die genannten wesentlichen Elemente finden sich in Rowlings Epos wieder. Die Macht der Lüge und der Medien im »Tagespropheten«, der seine Kampagne gegen Harry und Dumbledore im fünften Band auf die Spitze treibt, die korrumpierende Wirkung der Macht in den Vertretern des Zaubereiministeriums, die die Herrschaft über Hogwarts übernehmen und sogar eine Inquisition ins Leben rufen, um den Orden des Phönix, den Orden des geistigen Widerstands auszuheben, dessen Wappentier nicht zufällig ein Symbol der Auferstehung ist, das in der mittelalterlichen Ikonographie Christus repräsentierte – ebenso wie der Hirsch, der persönliche Patronus Harrys, mit dem er sich der Angriffe der »Dementoren« und »Todesser« zu erwehren vermag.

Was diese betrifft, so beschreiben sie das Wirken des Dämonischen, das heute zwischen uns umgeht, mit unglaublicher Präzision: Die Dementoren saugen uns die Seele aus dem Leib, indem sie uns küssen – jene dämonischen Einflüsse, mit denen wir uns am intimsten verbinden, als wären wir mit ihnen in Liebe verbunden, sind es auch, die uns am Gefährlichsten werden. Die Todesser wiederum, menschliche Zöglinge und Anhänger des Dunklen Lords, ernähren sich vom Tod.

Kann man besser das Prinzip der schwarzen Magie benennen, die Wissen und Macht durch die Tötung von Lebewesen, insbesondere Menschen, erkauft? Sind denn die Dementoren, die uns durch ihre systematische Manipulation unseren Verstand und unsere Seele rauben, heute nicht ebenso allgegenwärtig, wie die Todesser, die uns weismachen, es gebe lebensunwertes Leben, sowohl an der Schwelle der Geburt, wie auch des Todes?

Der beispiellose Erfolg des Potterzyklus erklärt sich aus dem verdrängten, aber allgegenwärtigen Bewusstsein, dass die bedingungslose Kapitulation vor der kalten Intelligenz das Ende der Menschheit bedeutet. Nicht umsonst sind die Helden dieser Romane Kinder, Jugendliche, Lernende, in denen die Intelligenzkraft noch nicht voll ausgereift ist. Sie wehren sich gegen die Macht, die sich der Intelligenz bedient. Die Jugendlichen, die Zauberlehrlinge, wehren sich gegen die Suggestionen der Macht, deren Verkörperung, der Dunkle Lord, mit ebendiesen Suggestionen seine Anhänger um sich schart. Alle sind wir Zauberlehrlinge, unsere gegenwärtige Zivilisation ist eine Zivilisation, deren Erfinder der Teufel ist.* Lord Voldemort ist die Verheißung des ewigen Lebens, das durch die Techniken des Todes erkauft wird. Er repräsentiert das Prinzip der schwarzen Magie, das die wissenschaftlich-technischen Komplexe, die unsere fortgeschrittenen Gesellschaften dominieren, durchdringt: Wissen erreicht durch Folter, Heilung durch Kampf gegen das Leben, das Glück der Wenigen durch das Unglück Vieler.

Sein großer Gegenspieler Harry, der seine Initiation durch die Prüfungen am Bösen erfährt – auch dies ein Grundmotiv unseres Zeitalters –, entstammt nicht dem Blutadel der Gesellschaft, diesem dekadenten Überbleibsel einer vergangenen Epoche (Haus Slytherin), oder der Intelligenzschicht (Ravenclaw), sondern der Schar jener, die sich um die Entwicklung der Mutkräfte des Herzens bemühen. Harry Potter besitzt eine Macht, die der dunkle Lord nicht kennt. Sein Geheimnis sind die Mutkräfte des Herzens, Kräfte der Liebe, deren Macht gerade in ihrer Machtlosigkeit besteht, denn allein die Liebe ist stärker als der Tod.

* Rudolf Steiner, *Die spirituellen Hintergründe der äußeren Welt. Der Sturz der Geister der Finsternis.* GA 177, Vortrag vom 6.10.1917, Dornach 1985.

Im fünften Band des Epos wird das Geheimnis Harrys deutlich ausgesprochen. Im Zaubereiministerium gibt es eine »Mysteriumsabteilung«, die sich mit den geheimnisvollsten Aspekten des menschlichen Geistes befasst, und in dieser Abteilung einen Raum, der das Mysterium der Mysterien in sich birgt, einen Raum, der allzeit verschlossen ist. So belehrt Dumbledore, der große Hierophant, seinen Lieblingsschüler über diesen Raum:

> »Er enthält eine Kraft, die wunderbarer und schrecklicher ist als der Tod, als die menschliche Intelligenz, als die Kräfte der Natur. Es handelt sich wohl auch um das geheimnisvollste unter den vielen Themen, die dort zu studieren sind. Es ist diese Macht, die in diesem Raum aufbewahrt wird, die du in beträchtlichen Mengen besitzt und Voldemort überhaupt nicht. [...] Es war dein Herz, das dich gerettet hat.«*

* *Harry Potter und der Orden des Phönix.* Hamburg 2003, S. 990–991.

Versinke, – ich könnt auch sagen steige!
Goethe, Faust II

Die exoterische und die esoterische Welt

Die Welt, in der Hogwarts existiert, bildet eine Parallelwelt oder besser eine Zwischenwelt, die von der nichtmagischen Alltagsbevölkerung möglichst gut abgeschirmt ist. Die Zauberer zeichnen sich durch ihr gegenüber der Muggelwelt erweitertes Wissen und Können aus. Sie haben ein Bewusstsein von vielem, was für die Muggel schlichtweg nicht existiert. Die Zaubererwelt ist von einer bunten magischen Menagerie besiedelt. In ihr leben all die vergessenen Geschöpfe der alten Mythen und Märchen. Sie sind keineswegs Gestalten der Phantasie, sondern real. Sie sind nicht bloß Symbole seelischer Entwicklungsvorgänge, obwohl sie mit diesen in Beziehung stehen. Sie leben ihr eigenes Leben, besitzen ihren eigenen Willen und haben mitunter eine tödliche Wirkung, wenn sie mit Menschen zusammentreffen. In dieser Welt gibt es Drachen und Zwerge, Kentauren und Sphinxen, Elfen und Gespenster, aber auch sprechende Tiere, Menschen, die sich in Werwölfe oder andere Mischwesen verwandeln, Wassermenschen, Baumwesen, geheimnisvolle Geschöpfe der Finsternis, Einhörner und Geister Verstorbener. Zauberer können sich durch Gedankenkraft von einem Ort zum anderen bewegen, sie können Gedanken lesen, über große Distanzen ohne technische Hilfsmittel kommunizieren, das Gedächtnis anderer Menschen verändern, durch seelische Kräfte heilen, aber auch

Krankheiten zufügen, andere Menschen verfluchen, ja sogar durch Flüche töten. Diese Welt, in der Hogwarts existiert, ist keine andere Welt als die der Muggel. Sie befindet sich nicht auf einem unentdeckten Kontinent oder in einem jenseitigen Reich der Phantasie, sondern sie durchdringt die unsrige. Sie ist von ihr nur durch einen dünnen Schleier getrennt und kann jederzeit ›betreten‹ werden, wenn man weiß, wo sich der Eingang befindet. Ein solcher Eingang ist zum Beispiel ein Pub in London, »Der lecke Zauberkessel«, durch das man in die Winkelgasse gelangt, wenn man es durch die Hintertür verlässt. Die Winkelgasse oder »diagonale Allee« (»Diagon Alley«) ist eine Straße, in der alles eingekauft werden kann, dessen man für das tägliche Handwerk der Zauberei bedarf. Ihr Name deutet darauf hin, dass sich die Welt der Zauberer in einer Diagonalen zur Welt der Muggel befindet. Man muss sich einen ›schrägen Blick‹ aneignen, um die Diagonale zu sehen, dann kann man in sie eintreten. Einen Blick, der sich nicht an den rechten Winkeln der Muggelwelt entlang bewegt, sondern dorthin sieht, wo die rechten Winkel von schrägen Linien durchkreuzt werden, von Dimensionen, die sich mit denen unseres Alltagsbewusstseins überschneiden.

Ähnlich verhält es sich mit dem Gleis 9 3/4, jenem Gleis in der Kings Cross Station in London, das man betreten muss, wenn man den Zug besteigen will, der einen nach Hogwarts bringt. Das Gleis, das sich zwischen den Gleisen Neun und Zehn befindet, eröffnet den Eintritt in jene Zwischenwelt, in der sich die Zauberer mit ihrem gesteigerten Bewusstsein bewegen.

Die Realität der Zaubererwelt

Die Welt der Zauberer ist eine Welt voll satter Realitäten. Sie ist in vieler Hinsicht realer als die Welt der Muggel. Die Muggel halten alles für Schwindel oder für das Produkt einer überreizten Phantasie, was diese Realität der Zauberei betrifft. Natürlich glauben sie nicht an die Existenz von Drachen und Gnomen, sie halten die Vorstellungen, man könne sich durch Gedankenkraft von einem Ort zum anderen bewegen, für Narretei.

Sie haben ihr Bewusstsein gegenüber allem verschlossen, was sie auch nur im Entferntesten an die magische Welt erinnern könnte. Sie haben diese Welt von sich abgespalten, aus ihrer Wirklichkeit ausgeschlossen und bewegen sich voller Überzeugung und Selbstgerechtigkeit in ihrer eigenen, die sie für die einzig wirkliche halten. Sie empfinden den Realitätsanspruch des Anderen, des Abgespaltenen nicht nur als Zumutung, sondern auch als Bedrohung. Ihre beschränkte rationale Welt würde zusammenbrechen, wenn sie die Existenz der Zwischenwelt mit all ihren Wesen und Wirkensweisen zugestehen müssten. Sie haben sich in ihrer Muggelwelt eingerichtet und streben nach ihren endlichen Zielen, kämpfen ihre Muggelkämpfe und interessieren sich nicht für die andere Dimension.

Das war nicht immer so. Diese Trennung der beiden Sphären ist das Ergebnis einer langen, geschichtlichen Entwicklung, in der sich die Welt der Zauberer, das Übernatürliche, Paranormale, Magische, und die Welt der Muggel, das Natürliche, Alltägliche, wissenschaftlich Fassbare und Rationale immer mehr auseinander bewegt haben. Nicht dass die Zaubererwelt weniger rational oder fassbar wäre, aber ihre Rationalität ist viel umfassender als die Muggelrationalität. Nicht dass die Welt der Muggel auch nur halb so rational wäre, wie sie gerne glauben. Aber heute gibt es eine Grenze zwischen den beiden Welten, die nur von den Eingeweihten überschritten werden kann, ja die nur von den Eingeweihten überhaupt bemerkt wird. Gewiss hat es einen Sinn, dass die beiden Sphären heute getrennt sind, auch wenn sich die Autorin darüber nicht auslässt. Das beschränkte Muggelbewusstsein, das sich im Lauf der Geschichte herausgebildet hat, ist vermutlich der Preis, den die Muggel für die Emanzipation von der Bevormundung durch die Magier bezahlen mussten. Heute sind sie zwar autonom und können sich in ihrer Welt selbstständig bewegen, aber sie haben auch jeden Zusammenhang mit der magischen Wirklichkeit verloren.

Die Entwicklung, die zu den gegenwärtigen Verhältnissen geführt hat, war nicht frei von Konflikten und Verfolgungen. Gegenseitige Anfeindungen finden bis zum heutigen Tag statt. In sehr frühen Zeiten, etwa im alten Ägypten, war die Zauberei ein integrierter und anerkannter Bestandteil der Muggelwelt. Beide Welten durchdrangen sich, und die Zauberer übten bedeutende Funktionen in der Gesellschaft aus. Sie waren zum Beispiel für den Schutz der Gräber der Pharaonen durch Bannflüche zuständig, also für den Schutz der Toten. Aber dieses friedliche Zusammenleben ging allmählich in Streit und Krieg über. Im Mittelalter hatten die Zauberer an Unverständnis und Verfolgung durch die Muggel zu leiden. Nicht dass ihnen dies besonders viel ausgemacht hätte. Denn, wie die Autorin berichtet, konnten sich Hexen durch einen einfachen Feuerzauber vor Verbrennungen schützen, und es gab einzelne, die sich einen Spaß daraus machten, sich immer wieder fangen und verbrennen zu lassen. Der eigentliche Grund, warum sich das Prinzip der Geheimhaltung und Absonderung der Zaubererwelt vor der Muggelwelt durchgesetzt hat, war eher die Rücksicht der Zauberer auf Furcht und Unverständnis der Muggel. Die Zauberer nahmen also auf eine Bewusstseinsveränderung in der Muggelwelt Rücksicht und zogen sich für Jahrhunderte in die Verborgenheit zurück.

Der Rückzug des Magischen

Aber nicht nur sich selbst entzogen sie den neugierigen und verständnislosen Blicken der Muggel, sondern die gesamte magische Welt mit all ihren Kreaturen und Wesen. Sie übernahmen schließlich die Verantwortung dafür, die magische Welt vor dem Bewusstsein der Muggel vollständig zu verbergen, und ein Großteil der geistigen Anstrengungen der Zaubererwelt, insbesondere der verschiedenen Zaubereiministerien, die es wohl in allen Ländern der Erde gibt, zielt darauf ab, dies zu bewerkstelligen. Bereits im 15. Jahrhundert wurde eine Übereinkunft getroffen, das Quidditchspiel vor den Augen der Muggel zu verbergen, und Ende des 17. Jahrhunderts (1692) trat eine internationale Vereinbarung über die Geheimhaltung der Zauberei in Kraft.* Das vollständige Ver-

* Nachzulesen in: Kennilworthy Whisp (Pseudonym von J.K. Rowling), *Quidditch through the Ages*, London 2001.

schwinden der magischen Welt fällt mit dem großen Aufschwung der wissenschaftlichen Akademien in Europa zusammen. Rund dreißig Jahre vor 1692 wurde die britische *Royal Society for the Improvement of Natural Knowledge* aus den Phantasmagorien Francis Bacons gegründet, Newtons Hauptwerk erschien 1687. 1750 wurde die Zuständigkeit für die Durchsetzung der Geheimhaltung in die Verantwortung der nationalen Zaubereiministerien gelegt. Seither, also seit dem Ende des 17. Jahrhunderts, blieb die Welt der Zauberer vor der der Muggel verborgen. Aber nicht umgekehrt. Denn die Zauberer haben sowohl ein Bewusstsein der Muggelwelt als auch ihrer eigenen. Auch wenn die jahrhundertelange Trennung dazu geführt hat, dass sie sich in der Muggelwelt nicht so gut auskennen, vermögen sie sich doch mit ihren eigenen Hilfsmitteln problemlos in ihr zu bewegen. Sie durchdringen mit ihrem Bewusstsein die Muggelwelt und bewegen sich durch dieses Bewusstsein zusätzlich in ihrem Parallelreich.

Harry Potter und die Menschheitsmythen

Der Harry-Potter-Zyklus konzentriert sich zwar auf Ereignisse, die sich in den Jahren 1992-1999 abspielen, aber die Bezüge, die in ihm hergestellt werden, reichen weit in die Vergangenheit. Die Mythenerinnerung Rowlings reicht noch weiter, bis in die Anfänge der Menschheit zurück. Insbesondere die Mythen, die mit dem Ursprung des Bösen zu tun haben, stellen Bezüge zu den Anfängen der Menschheit her, zu der Paradiesesgeschichte und den babylonischen, alttestamentlichen Traditionen.

Dass die Macht des Bösen in Schlangengestalt auftritt, stellt einen Bezug zur Versuchungsgeschichte des Alten Testamentes dar. Auch die Art, wie das Böse in Gestalt seines Trägers Quirrell erstmals in Hogwarts in Erscheinung tritt, nachdem Harry Potter dort seine Schullaufbahn begonnen hat, verweist auf alttestamentliche Erzählungen.* Doch diese alten Geschichten bilden lediglich das

* Siehe weiter unten das Kapitel »Das Böse als Herr der Wünsche und die sieben Initiations-Prüfungen« über den ersten Band des Potterzyklus.

Hintergrundgemälde für aktuelle Ereignisse, die sich im 20. Jahrhundert verdichten. Zwar reicht die Geschichte der europäischen Zaubererschulen weit ins Mittelalter zurück, und Dumbledore, der große Initiierte des angelsächsischen Okkultismus, ist bereits 1844 ›geboren‹ worden, aber der Fokus der Erzählerin ist auf das zwanzigste Jahrhundert gerichtet. Alle wesentlichen Figuren des Zyklus sind im 20. Jahrhundert geboren, entfalten ihre komplexen Beziehungen zueinander in diesem Jahrhundert, und die Geschehnisse, von denen der Zyklus berichtet, steuern am Ende dieses Jahrhunderts, um das Jahr 1998 herum, auf ihren Höhepunkt zu.

Die gegenseitige Entfremdung zwischen den Eingeweihten und den gewöhnlichen Menschen zog die Notwendigkeit nach sich, Schulen zu gründen, in denen das Wissen um die Geheimnisse der Zauberei ungestört weitergegeben werden konnte. Hogwarts ist nicht die einzige Schule für Zauberei, auch wenn sie der Hauptschauplatz der Ereignisse ist, die im Harry-Potter-Zyklus erzählt werden. Rowling berichtet von der Existenz zweier weiterer Zaubererschulen in Europa. Neben Hogwarts existiert eine Schule in Frankreich mit dem Namen Beauxbatons und eine weitere, irgendwo in Nordeuropa, vermutlich in Russland. Darüber hinaus arbeitet in Brasilien eine Zaubererschule, und Nordamerika besitzt ein Hexeninstitut in Salem. Der Name des Instituts spielt auf die berühmten Hexen von Salem an, die 1692 im gleichnamigen Ort in Massachusetts verbrannt wurden. Arthur Miller hat ihnen in seinem Theaterstück *Hexenjagd* ein aufklärerisches Denkmal gesetzt.

Hogwarts – das Haus des Menschen und seine Gründer

Hogwarts ist wie gesagt der bisherige Hauptschauplatz des Geschehens. Um diese im Norden der britischen Insel angesiedelte Schule vollzieht sich die Epiphanie des Bösen und der Kampf gegen dieses Böse. Lord Voldemort ist einst Schüler in Hogwarts gewesen, Dumbledore selbst hat ihn im Jahr 1938 in sie aufgenommen. Dumbledore ist zugleich der überragende weiße Magier, der mit seinem Orden des Phönix nicht nur den ersten großen Kampf gegen Lord Voldemort in den siebziger Jahren anführte, der mit dem Scheitern Voldemorts an Harry im Oktober 1981 eine unvorhergesehene Wende fand, sondern sich ihm auch bei seiner Wiederkunft entgegenstellt. Er ist auch der einzige Zauberer, den Voldemort jemals fürchtete.

Hogwarts leitet seinen Namen vom Warzenschwein her, setzt er sich doch aus »hog« für Schwein oder Eber und »warts« für Warze zusammen, die beiden Worte sind lediglich in der Reihenfolge vertauscht. An die Herkunft des Namens von »warthog«, Warzenschwein, erinnern die beiden geflügelten Eber, die das Tor zum Gelände der Schule bewachen. Die Schulhymne, die die Schüler im ersten Band des Zyklus singen, spielt mit dem Namen Hogwarts, und ihre erste Zeile lautet: »Hogwarts, Hogwarts, Hoggy Warty Hogwarts«, die Schule wird als »schweinchenartiges, warziges Hogwarts« angesprochen. Der Eber ist ein altes germanisches Totemtier und ein Begleiter nordischer Götter. Er war nicht nur dem Gott des Ackerbaus, Freyr, heilig, der von einem Eber namens Gullinbursti begleitet wurde, auch der Göttin Freya stand ein goldener Eber, Hildisvini, zur Seite, auf dem sie durch die Wolken ritt. Schließlich gehörte der Eber auch in das Gefolge Wotans und seiner Wilden Jagd.

Die Schule des Ebers wurde »vor über tausend Jahren« in Schottland gegründet, d.h. von der Chronologie des Potter-Zyklus aus gerechnet, vor 990.* In dieser Zeit hatte England unter den Anstürmen der Wikinger zu leiden. In der Mitte des 9. Jahrhunderts regierte in England ein König Ethelwulf (839–58), der vier Söhne hatte: Ethel-Bald, Ethel-Bert, Ethel-Ried und Alf-Red, der später der Große genannt wurde. Alfred ist einer der bedeutendsten Könige in der englischen Geschichte. Er rettete nicht nur das angelsächsische England vor den Wikingern, er wirkte auch mit seiner Gründung einer Hofschule nach dem Muster der »schola palatina« Karls des Großen und seinen diversen Übersetzungen lateinischer Werke (z.B. der Kirchengeschichte von Beda Venerabilis oder der Chroni-

* *Harry Potter und die Kammer des Schreckens*, S. 157.

ken des Orosius) sowie als Auftraggeber der *Anglo-Saxon Chronicle* als Praezeptor Britanniae. Sein Großvater hatte seine Jugend am Hof Karls des Großen verbracht und sein Vater pilgerte mit ihm zweimal nach Rom. Auch in seiner späteren Lebenszeit unterhielt er enge Beziehungen zum römischen Papst. Für seine Verdienste, die er sich um den Wiederaufbau der Klöster nach den Zerstörungen durch die Wikinger erwarb, schenkte ihm der Papst nicht nur ein Bruchstück aus dem Kreuz Christi, er befreite auch die angelsächsische Schule in Rom von Steuern. Alfred, der selbst bedauerte, in seiner Jugend keine Lehrer gefunden zu haben und erst mit vierzig die lateinische Sprache erlernte, unterstützte die Klöster bei ihrem Wiederaufbau mit der Hälfte seiner Steuereinnahmen, lud Gelehrte aus Friesland, Frankreich und Wales an seinen Hof und war besorgt darum, dass die »Angelsächsische Chronik« von jedem Jungen gelesen werden konnte, weshalb er sie in der Sprache von Wessex verfassen ließ. Er war der erste König, der seine Untertanen als englisches Volk, *angelcynn*, bezeichnete. Sich selbst betrachtete er als Beschützer der Armen, die er mit einem Viertel der Steuereinnahmen unterstützte, kodifizierte das westsächsische Recht neu, dem er einen deutlichen Bezug auf die christlichen Traditionen gab, indem er seinem Kodex die Zehn Gebote voranstellte, griff in die Rechtsprechung ein, organisierte die Verwaltung des von ihm regierten Landes um und erwarb sich bleibende Verdienste für die Hebung der Bildung. An seiner Hofschule nahm er Jugendliche ohne Rücksicht auf ihre Herkunft auf, die hier zu Beamten, Richtern und Historikern ausgebildet wurden.

Alfred war, alter angelsächsischer Tradition entsprechend, von einem hohen Rat der Weisen, dem *witena gemot*, umgeben. Dieser kehrt im Potter-Zyklus als »Wizengamot«, als Rat der Zauberer wieder, dessen *Chief Warlock* – oberster Zauberer und Vorsitzender – Dumbledore ist. Alfred glaubte, dass ein guter König nur regieren könne, wenn er über gut ausgebildete und tüchtige Werkzeuge verfüge. Zu diesen Werkzeugen zählte er die Prediger (Geistlichen), die Krieger und die Werktätigen. Die Intelligenzschicht des Klerus, die Kriegerschicht des Adels und die Schicht der übrigen werktätigen Bevölkerung (Bauern und Handwerker) finden sich auch in Hogwarts, in Gestalt der verschiedenen Häuser wieder. Ravenclaw ist das Haus der Intelligenz, Gryffindor das Haus des Seelenadels, der ritterlichen Mutkräfte, und Hufflepuff das Haus der Werktätigen. Mit dem vierten Haus jedoch, dem Haus Slytherin, hat es eine besondere Bewandtnis, weil es das Böse beherbergt, das der notwendige Widerpart der vollkommenen Dreiheit ist.

Hogwarts wurde von vier Zauberern gegründet, die vier geistig-soziale, spirituelle Strömungen ihrer Zeit repräsentierten, die aber auch noch heute eine – allerdings stärker individualisierte – Bedeutung haben. Jeder dieser vier Zauberer gründete ein eigenes Haus und wurde dessen Vorsteher. Die vier Häuser existieren noch heute: Es sind die Häuser, auf die die Neuankömmlinge jeden Herbst vom »Sprechenden Hut« aufgeteilt werden: Gryffindor, Ravenclaw, Hufflepuff und Slytherin. Die Schule besitzt ein Wappen und einen Wahlspruch, der am Fuß des Wappenschildes steht. Das Wappen ist in jedem Band der englischen Originalausgabe abgedruckt. Es besteht aus vier Feldern, auf denen die Tiere der vier Häuser abgebildet sind: der Löwe, die Schlange, der Dachs und der Adler. In der Mitte befindet sich in einem fünften Feld der Buchstabe »H« für Hogwarts. Der Wahlspruch lautet: »Draco dormiens nunquam titillandus« – Einen schlafenden Drachen sollte man niemals kitzeln. Wenn man davon ausgeht, dass der Drache für das Böse steht, dann ist gut nachvollziehbar, warum dieser Wahlspruch das Wappen der Schule ziert. Das Böse, das schläft, soll nicht geweckt werden. Man darf nicht mit dem Bösen scherzen: Es zu kitzeln, ist die beste Methode, es aus dem Schlaf zu erwecken – und dann wehe über die, deren Leichtsinn sie zu dieser Torheit verführt hat!

Die Liebe herrscht nicht, aber sie bildet,
und das ist mehr ...

Goethe, Das Märchen

Der Lehrer Albus Dumbledore

Albus Percival Wulfric Brian Dumbledore ist der gegenwärtige Leiter dieser Schule. Er ist Weiser, Aristokrat und Priester in einem. Er ist uralt, im Jahr 1844 »geboren«, d.h. er ist im Jahr 1844 in die Geschichte des angelsächsischen Okkultismus eingetreten. Im Jahr 1840 begann, wie viele esoterische Schulen wissen, der Kampf des Erzengels Michael mit dem Gott Mammon, mit dem Drachen, den Geistern der Finsternis. Das Jahr 1844 markiert ein wichtiges Datum in diesem Kampf, der im Jahr 1879 mit dem Sturz der von Mammon angeführten Geister der Finsternis auf die Erde endete. Die Vornamen Dumbledores: Albus Percival Wulfric Brian, verweisen auf uralte angelsächsische, spirituelle Tradition, unter anderem auf die Artusrunde. Albus ist nicht nur der »Weiße«, womit Dumbledore mit dem Zauberer Gandalf, einer Gestalt aus Tolkiens »Herr der Ringe«-Trilogie verbunden ist, der nach seiner Bezwingung des Feuerdämons in den Minen von Moria von Gandalf dem Grauen zu Gandalf dem Weißen wurde. Albus ist auch Albion, das weiße Albion, ein arthurischer Name für den Rest des Britentums, das sich gegen die eindringenden Angeln und Sachsen zur Wehr setzte, zugleich aber auch mit dem Gral verbunden war.

Darauf verweist auch der Name Percival, Parzival, der Dumbledore unmittelbar in die Gralstradition stellt.

Wulfric (Wolf-Reich) könnte auf das Epos Beo-Wulf anspielen, das bedeutendste in angelsächsischer Sprache erhaltene Versepos. In diesem ist von einem Monster namens Grendel die Rede. Dieser Grendel wird als riesiger Menschenfresser geschildert, der dank seiner drachenartigen Hornhaut unverwundbar war. Er hauste mit seiner Mutter, einem ebenso wilden Ungeheuer, in einer sumpfigen Gegend. Beowulf, der Bienen-Wolf (Bär), zieht mit seinen Gefährten aus, um Hrodgar, dem König der Dänen gegen dieses Ungeheuer zu Hilfe zu kommen. Er tötet es und anschließend auch dessen Mutter, die den Tod des Sohnes zu rächen versucht. Später stirbt Beowulf, der inzwischen König der Geaten geworden ist, bei dem Versuch, einen feuerspeienden Drachen zu bezwingen. Das Epos, das vermutlich die christianisierte Fassung eines ursprünglich heidnisch-dänischen Mythos ist, berichtet, dass Grendel ein Nachkomme des Brudermörders Kain war. Grindel ist das von Kain abgespaltene Böse, er ist das Böse, das er in sich trägt und bekämpfen muss. Nicht zufällig ist der große schwarze Magier Voldemort, der größte Widersacher Dumbledores, einst sein Lieblingsschüler gewesen.

Ebenso wie Beo-Wulf das Monster Grendel bezwungen hat, bezwingt Dumbledore 1945 den schwarzen Magier Grindelwald. Diese Information entnimmt Harry im ersten Band einer Sammelkarte, die den unter Schülern beliebten Schokofröschen beiliegt. »Grindelwald« oder »Grendelwald« hat wohl kaum etwas mit dem Schweizer Ferienort Grindelwald im Berner Oberland zu tun. Der Namensbestandteil Wald hat auch nichts mit einem Forst zu tun, er bedeutet vielmehr »walten«. Unter »Grindel-Walt« oder »Grendel-Walt« ist also das »Walten des Grendel« zu verstehen. Das Kunstwort ist ein Deckname für das menschenverschlingende Monster Grendel, einen Nachkommen des Brudermörders Kain.

Dies könnte ein mythischer Verweis auf jenen deutschen Dämon sein, der 1945 von einer Allianz unter angelsächsischer Führung besiegt wurde. Kein anderer Schwarzmagier wurde 1945 besiegt und keiner von einer angloamerikanischen Allianz, die durch Dumbledore repräsentiert werden könnte, mit einem so deutsch klingenden Namen wie »Grindel-Walt«.* Rudolf Steiner hat darauf hingewiesen, dass im Jahr 1933 das Tier aus dem Abgrund aufsteigen werde, das in der Apokalypse des Johannes als das Tier mit den zwei Hörnern beschrieben wird.** Diese Kometenintelligenz trachtet danach, den Aufgang eines neuen Christusbewusstseins im 20. Jahrhundert zu verhindern. Bevor dieses Bewusstsein erwachen könne, müsse die Menschheit erst dem Tier aus dem Abgrund begegnen, dem die Individualität auslöschenden, alle Menschlichkeit vernichtenden Dämon der Finsternis.

Diese Intelligenz ist in der Tat 1933 mit zwei Hörnern in Erscheinung getreten: Das eine Horn war das stalinistische Regime der Sowjetunion mit seiner Ideologie des Klassenkampfs, das in diesen Jahren seinen totalitären Charakter mit den Schauprozessen gegen ideologische Abweichler unter Beweis stellte, das andere Horn war der Nationalsozialismus, die Ideologie des Rassenkampfs, die 1933 in Deutschland an die Macht gelangte. Beide Ideologien vernichteten die menschliche Individualität und alle historischen Individualitäten, um Platz für einen neuen Menschen zu schaffen, der entweder vollständig dem Klassenkollektiv oder dem Rassenkollektiv untergeordnet war.

Die Herrschaft dieser Totalitarismen im 20. Jahrhundert war die Spiegelung des europäischen Kolonialismus nach innen. Jene Bevölkerungsteile, die nicht den ideologischen Anforderungen

* Auf dieses Thema angesprochen, sagte J.K. Rowling in einem Interview, dass sie gern Bezüge zwischen Ereignissen in der Zaubererwelt und historischen ›Muggel‹-Ereignissen herstelle. David Colbert denkt in seinem Buch »The Magical Worlds of Harry Potter« über eine solche Deutungsmöglichkeit nach. Dass Grindelwald und Voldemort etwas miteinander zu tun haben, ist ohne weiteres einsehbar. Sowohl Grindelwald als auch Voldemort sind dunkle Gegenspieler Dumbledores bzw. des Ordens des Phönix. Sie könnten sich sogar in der Zaubererwelt getroffen haben, wurde doch Tom Riddle 1938 in Hogwarts aufgenommen und Grindelwald erst sieben (!) Jahre später besiegt. Siehe dazu auch die Ausführungen im Kapitel »Andere Zaubererschulen« über Durmstrang.

** Siehe *Apokalypse und Priesterwirken.* GA 346, Vortrag vom 30.9.1924.

entsprachen, wurden erbarmungslos ausgerottet, dem Hungertod preisgegeben, in Arbeits- und Konzentrationslagern ausgebeutet, erschossen und vergast. Die totalitären Regime des 20. Jahrhunderts bewirkten die totale Entmenschlichung des Menschen. Dies ist die geistige Signatur der genannten Kometenintelligenz. Der deutsche Spuk wurde nach zwölf Jahren durch eine weltweite Allianz unter der Führung des britischen und amerikanischen Volks bezwungen, der Spuk des Weltkommunismus hielt sich weitere 45 Jahre am Leben.

Der Name Brian könnte schließlich eine Anspielung auf den einzigen irischen Hochkönig sein, der sich zurecht so nannte: Brian Ború, der im Jahr 940 geboren wurde. Auch er erwarb sich Verdienste gegen die Wikinger, die damals Irland heimsuchten. Damit flössen in Dumbledore nicht nur angelsächsische, sondern auch irisch-keltische, britische (Artuskreis), römische (katholische) und dänische (Beowulf) Traditionsstränge zusammen. Er vereinigt, mit einem Wort, die spirituelle Quintessenz der englischen Geschichte in sich und ist daher wie kein anderer geeignet, die geistige Führung im Kampf gegen das Böse zu übernehmen, das aus den verborgenen Tiefen des Hauses, dem er vorsteht, aufsteigt.

Der Nachname »Dumbledore« ist eine alte englische Form für die Hummel, »bumblebee«, wie die Autorin bei Gelegenheit verraten hat. Die Hummel ist, ähnlich wie die Biene, ein honigsammelndes Insekt, aber im Gegensatz zur Biene ein ausgesprochener Individualist. Auch Dumbledore ist ein solcher Individualist, der seine eigenen Wege geht, selten jemanden ins Vertrauen zieht und es sogar mit der Übermacht des Zaubereiministeriums aufnimmt, als dieses leugnet, dass Lord Voldemort wieder auferstanden ist. Die Hummel ist aber auch ein weiteres magisches Symboltier. Die Seele einer Hexe kann in Gestalt einer Hummel den Körper verlassen, geldmachende Kobolde erscheinen ebenso als Hummeln, und die Seele des Verstorbenen nimmt gern die Gestalt einer Hummel an. Unterirdisch summende Hummeln werden vom Volksglauben als Totengeister betrachtet. Die Verbindung von Honig, Tod und Seele macht Dumbledore als Eingeweihten erkennbar, für den der Tod nur der Übergang in eine andere Bewusstseinsform, in eine andere Welt ist, der weiß, dass der Mensch in seinem Leben die Aufgabe hat, den Honig der Weisheit und der Liebe zu sammeln. Im alten Griechenland wurden in der Tat manche Eingeweihte als Honigsammler bezeichnet.

Dumbledore als Repräsentant eines esoterischen Christentums

Dumbledore trägt als Hohepriester eine Alba Longa (sein Name ist Albus und sein Bart, den er wie eine Stola oder Alba vor sich trägt, ist lang und weiß). Der Phönix ist sein Familiar: Er ist Repräsentant der mit den Auferstehungskräften Christi verbundenen Initiationsströmung im englischsprachigen Raum. Der Phönix ist im christlichen Mittelalter ebenfalls eines der Symboltiere Christi, wird von ihm doch berichtet, dass er aus seiner eigenen Asche neugeboren wiederaufersteht. Sein Ursprung liegt in Ägypten. Hier hieß der Vogel »benu« und war die Schutzgottheit der Sonnenstadt Heliopolis. Im *Ägyptischen Totenbuch*,* dessen Ritualtexte den Verstorbenen auf seinem Weg zu Osiris geleiten und das zweitausend Jahre vor Christus niedergeschrieben wurde, erscheint der Phönix als Hüter der Tafeln des Schicksals, auf denen alle Dinge, die geschehen sind und geschehen werden, verzeichnet sind.

Der Name des Phönix, »Fawkes«, taucht in der englischen Geschichte an prominenter Stelle auf: Guy Fawkes war das Oberhaupt der katholischen Pulververschwörung gegen das puritanische Parlament, die am 4. November 1605 aufgedeckt wurde. Seither wird Fawkes jedes Jahr in England bis zum heutigen Tag *in effigie* verbrannt – um jedes Jahr verbrannt werden zu können, muss er aber jedes Mal nach seiner Verbrennung wieder auferstehen. Fawkes ist ein Symbol der unverwüstlichen Kirche, in deren Tabernakeln das Geheimnis der Auferstehung verschlossen ist. Aber schon die Arche Noahs barg einen ewig lebenden Vogel in sich, der als einziger nicht von der ver-

* *Das Ägyptische Totenbuch*. Übers. u. komment. v. Gregoire Kolpaktchy. Frankfurt 2001.

botenen Frucht gegessen hatte und deswegen nicht dem Tod unterworfen war. Das Mittelalter sah in ihm den Vogel Phönix, Christus. Der Phönix ist der Repräsentant der Lebenskräfte Christi. Er ist ein Aspekt seiner göttlichen Natur: der Sohn Gottes als Lebensquell.

Dumbledore hütet aber als Schulvorsteher – und ehemaliger Leiter des Hauses Gryffindor – noch ein weiteres bedeutsames Utensil: das Schwert Godric Gryffindors, mit dem es eine besondere magische Bewandtnis hat. Auch dieses Schwert verweist auf die Artussage. Es hilft Harry an einem bestimmten Punkt seiner Entwicklung, den fürchterlichen Basilisken zu bezwingen, der in der Kammer der Geheimnisse (in der deutschen Übersetzung »Kammer des Schreckens«), die von Salazar Slytherin in verborgenen Gewölben unter dem Schloss Hogwarts eingerichtet wurde, lauert. Dieses Schwert ist natürlich das sagenhafte Schwert Excalibur des Königs Artus, das ebenso magisch erscheint und verschwindet wie dieses. Eine Sage aus Jütland erzählt, ein sächsischer Krieger habe das Wunderschwert des Schmiedes Wieland, das aus meteorischem Eisen gefertigt war, im Kampf an einen großen britischen König verloren. Dieser große britische König könnte Artus gewesen sein. Über die Herkunft seines Schwertes gibt es unterschiedliche Überlieferungen. Eine berichtet, eine geheimnisvolle Herrin des Sees habe es ihm überreicht, und nach seiner schweren Verwundung, als Artus nach Avalon entrückt wurde, musste es der Herrin des Sees wieder zurückgegeben werden. Vermutlich hat die Herrin des Sees das Schwert später Godric Gryffindor übergeben, und seither befindet es sich in der Obhut seines Hauses.

Die keltischen und germanischen Druiden, die sich auf die Kunst des Schwertschmiedens verstanden, waren der Auffassung, das meteorische Eisen, das aus dem Himmel stammt, sei von den Kräften der Götter durchdrungen und imstande, Wunder zu wirken. Ein Schwert, das mit meteorischem Eisen geschmiedet war, machte seinen Träger nicht nur unbesiegbar und unverwundbar, es konnte ihn auch unsichtbar machen. Das meteorische Eisen ist es auch, das Harry ermöglicht, mit diesem Zauberschwert den Basilisken, den König der Schlangen, eine Manifestation Mammons, zu bezwingen.

Erkenne das Höchste!

Goethe, Das Märchen

Das Haus des Löwen und des goldenen Greifs

Das Haus Gryffindor, dessen Vorsteherin Minerva McGonagall ist, steht für die Aristokratie, den Adel der Seele. Sein Begründer war ein Zauberer namens Godric Gryffindor. Der Sprechende Hut charakterisiert die Eigenschaften derjenigen, die er in dieses Haus schickt, indem er von ihren tapferen Herzen und ihrem Mut spricht. Der Greif (*englisch*: gryffin) im Namen des Hauses und seines Gründers repräsentiert die Mutkräfte des mittelalterlichen Kriegsadels. Inzwischen hat sich dieser Geburtsadel jedoch zum Seelenadel gewandelt. In der alten Mythologie sind die Greife Mischwesen aus Adler und Löwe, die meist einen Goldschatz bewachen. Sie kommen vor allem in den Mythologien und Religionen des Alten Orients, etwa bei den Babyloniern oder Ägyptern vor. Manche Mythografen sehen den Ursprung der Greife in Indien, wo sie schon Wächter des Weisheitsgoldes waren. In der griechischen Mythologie reitet Apollo, der Gott der Sonne, auf einem Greif. Und Greife sind es, die das Gold der Hyperboräer bewachen, deren Land des ewigen Tags und des ewigen Lichts jenseits des Nordwinds liegt.

Löwe, Adler und Greif – Träger von Mut und Weisheit

Der Greif des Hauses Gryffindor ist ein Wesen, das den geistigen Goldschatz des Hauses bewacht, die Kräfte des Mutes und der Standhaftigkeit, aber auch das Herzensgold der Liebe. Die Endsilbe »dor« im Namen des Greifs könnte sowohl aus dem Französischen stammen und damit auf das Bewachen des Goldes (»Gryffin d'or«) verweisen, oder sie könnte sich aus der altenglischen Form für »Tor« herleiten. Danach würde der Greif das Tor zum Herzen bewachen, das der Hort der Mutkräfte ist.

Nicht nur der Löwe, sondern auch einige weitere Symbole verweisen auf einen tiefen Zusammenhang des Hauses, seines Gründers und des gegenwärtigen Leiters mit dem Christentum. Der Löwe war in der Bildsymbolik des Christentums nicht nur das Tier des Apostels Markus, sondern auch ein Symbol Christi. Er tritt aber auch in den von Rowling geschätzten *Chroniken von Narnia* von C. S. Lewis als Symbolgestalt, als Löwe Aslan, auf, der Christus als Quell alles Lebens repräsentiert. Der Greif trägt als Mischwesen auch den Adler in sich, der dem Evangelisten Johannes zugeordnet und ein anderes Symboltier Christi ist. Der Löwe repräsentiert das königliche Element in Christus. Er ist nicht nur der König der Tierwelt, er ist auch der göttliche König, der von Gott begnadete König, oder der Gott als König.

Der Löwe ist das königliche Element im Haus Hogwarts, in der Strömung, der Dumbledore vorsteht. Deswegen kehrt der Löwe noch einmal als Wappentier des Hauses wieder. Der König ist der Meister und der Baumeister, der Herr der Maurer. Die Maurer sind die wahren Techniker, die Erbauer des Gotteshauses, die sich im Besitz des Steins der Weisen befinden. Sie sind die Schüler der technischen Intelligenz, die Kinder Kains. Deswegen trägt der aus dieser spirituellen Strömung hervorgehende Heros und Erlöser (Harry) auch das Kainsmal auf der Stirn.

Der Adler ist als König der Lüfte eine Verdoppelung des Königs der Tiere. Er ist aber auch der Herrscher der Wesen im Luftreich, in der Astralwelt. Er ist das geistige Königselement, daher dem Evangelisten Johannes zugeordnet. Weil der Greif als Mischwesen aus

Adler und Löwe sowohl den Himmel als auch die Erde beherrscht, also göttliche und menschliche Natur in sich vereinigt, wurde er im Mittelalter auch selbst zu einem Symboltier Christi.

Auch der Vorname des Gründers, »Godric«, weist auf den Zusammenhang des Menschen mit etwas Göttlichem, bedeutet er doch »Gott-Reich« oder »Gottes-Reich«. Das Christentum hat stets die Botschaft verkündet, dass das Reich Gottes nahe herbeigekommen sei. Gott ist Mensch geworden. Seitdem ist der Mensch selbst ein Tempel Gottes. Das Reich Gottes im Menschen ist das Ich, das den Geist Gottes in sich aufnimmt. Das ist nur möglich, wenn das menschliche Ich die göttliche Liebe erwidert, die sich ihm immerwährend zuneigt. Durch diese Liebe kann das Ich des Menschen das von sich abstreifen, was es in die Vereinzelung des Egoismus geführt hat. Die Kraft, den Drachen zu bezwingen, den der Mensch in sich trägt, wächst ihm aus seiner Verbindung mit dem Gottesreich zu. Der Reichtum, der aus dieser Verbindung fließt, ist unerschöpflich. Die ganze Menschheit hat in jenem Menschen Platz, der den Weg zum Reich Gottes gefunden hat.

Minerva McGonagall, die Hüterin der Mutkräfte

Minerva McGonagall, die derzeitige Vorsteherin des Hauses Gryffindor, vereinigt in ihrem Namen zwei auf den ersten Blick widersprüchliche Botschaften. Minerva ist die Göttin Athene, die jungfräulich und in voller Rüstung dem Haupt des Göttervaters Zeus entspringt. Sie repräsentiert die Gedanken- und Weisheitskräfte des Spenders alles Lebens. Ihr Vogel, in dessen Gestalt sie erscheint, ist die Eule, der Vogel der Weisheit, die in der Dämmerung heranreift. Die eulenäugige Göttin trägt aber auch, seitdem Perseus die Medusa bezwungen hat, als mächtigen Abwehrzauber deren Haupt an ihrem Schild. Damit wird McGonagall in eine geistige Reihe mit dem Grendelbezwinger Dumbledore gestellt. Sie trägt die geistige Waffenrüstung, die sich der Mensch durch die Überwindung der Medusa aneignen kann.

An die Geschichte der Medusa sollte man erinnern, weil sie in einem der Bände des Zyklus in etwas abgewandelter Form eine herausragende Rolle spielt. Schließlich ist ihr Bezwinger Perseus, neben Herakles, eines der mythischen Vorbilder Harry Potters. Die Gorgone Medusa war einst eine wunderschöne, wenn auch dämonische Frau, in die sich der Gott des Meeres, der Erderschütterer Poseidon verliebte. Zum Missfallen der jungfräulichen Göttin gaben sich die beiden in ihrem Tempel in Athen den Liebesfreuden hin. Athene rächte sich an Medusa, indem sie diese in ein abstoßendes, Grauen erregendes Monster verwandelte, dem fortan die Zunge zum Hals heraus hing, das die Hauer eines Ebers schmückten, deren Hände zu bronzenen Klauen wurden und deren Haare sich in Schlangen verwandelten. Tröstlicherweise besaß sie auch goldene Flügel. Der eigentliche Fluch aber bestand darin, dass der Blick der Medusa für alle Lebewesen, die er traf, tödlich war und sie in Stein verwandelte. Medusa ist dieselbe Gestalt wie die schöne Lilie in Goethes *Märchen von der Grünen Schlange und der schönen Lilie.*

Perseus, der jugendliche Held und einer der Söhne des Zeus, sollte Athene zum Haupt der Medusa verhelfen. Er lebte mit seiner wunderschönen Mutter Danae, die Zeus in Gestalt eines Goldregens besucht hatte, auf der Insel Seriphos. Athene schenkte ihm einen spiegelglänzenden Bronzeschild, ihr Bruder Hermes eine diamantene Sichel. Damit ausgerüstet sollte Perseus die Graien aufsuchen, die im Atlasgebirge wohnten. Diese wussten, wie er Medusa finden und töten könne. Sie gaben ihm den Rat, sich bei den Nymphen geflügelte Sandalen, einen Sack für das Haupt der Meduse und eine Tarnkappe zu holen. Mit seinen geflügelten Schuhen eilte Perseus zur Medusa, die gerade schlief, als er sie antraf. Wie Athene ihm geraten hatte, blickte er die Meduse nicht direkt an, sondern nur ihr Abbild im spiegelglänzenden Bronzeschild. Mit seiner diamantenen Sichel schnitt er ihr das Haupt ab und steckte es in den Sack. Die Meduse jedoch war von Poseidon schwanger und ihrem Leichnam entschlüpften zwei Wesen: das geflügelte Pferd Pegasus und der Riese Chrysaor. Das Haupt der Meduse blieb eine Zeit lang im Besitz des Heroen. Schließlich schenkte er es seiner Beschützerin Athene, die es an ihr Schild aus Ziegenfell heftete. Seither geht von ihr selbst jener versteinernde Blick aus, den die Weisheit auf das Leben wirft. Minerva, das ist die in der Intelligenz gezähmte Meduse, die durch ihren Blick das Leben zum Wissen erstarren lässt. Auf diese Weise schafft sie aber auch Raum für ihr Selbstbewusstsein. Athene trägt in ihrem Erscheinungsbild einen michaelischen, drachenüberwindenden Gestus.

Dieser Gestus kommt auch im Nachnamen Minervas, McGonagall, zum Ausdruck. Zwar erscheint der einzige auffindbare Nachnamensvetter der Schulleiterin, der in Edinburgh geborene Schotte William Topaz McGonagall, der ebenda 1902 verstarb, auf den ersten Blick etwas weniger ruhmreich: Er gilt in England nicht nur als der bekannteste, sondern auch als der schlechteste aller schottischen Dichter. Der Weber und Autodidakt, der nebenher als Laienschauspieler arbeitete, begann spät in seinem Leben, Gedichte zu schreiben, und sie auf Lesereisen vorzutragen. Sie waren so schlecht, dass er durch deren Schlechtigkeit Berühmtheit erlangte und zum Gegenstand des allgemeinen Gespötts wurde. Scherzbolde verliehen ihm sogar den fiktiven Orden eines »Ritters des Weißen Elefanten von Burma«. Sein bekanntestes Gedicht handelt vom Einsturz der Eisenbahnbrücke über den Firth of Tay am 28. Dezember 1879, das auch Theodor Fontane in einem Poem aufgriff.

Durch ihren Nachnamen wird die resolute Schulleiterin als Schottin gekennzeichnet. Bemerkenswert ist allerdings, dass im Zusammenhang mit dem verspotteten Dichter, der als Exzentriker und Dilettant gilt, das Jahr 1879 aufscheint, das wiederum in der okkulten Geschichte des 19. Jahrhunderts eine herausragende Rolle spielt. In diesem Jahr stürzte nicht nur die Brücke am Tay ein, in diesem Jahr begann auch der Erzengel Michael, nachdem er die Geister der Finsternis bezwungen hatte, ein neues Zeitalter aufkeimender Spiritualität zu inspirieren. McGonagall fügt sich also vorzüglich in den Auftrag, den Dumbledore und das Haus Gryffindor übernommen haben, die Herrschaft des Drachen zu verhindern und ihn von der Menschheit fernzuhalten.

Da die Auseinandersetzung mit dem Drachen und seine Überwindung eine Aufgabe des menschlichen Ich ist, kann man sagen, dass das Haus Gryffindor in Hogwarts die Stelle des menschlichen Ich vertritt. All jene Eigenschaften, die das Ich für diese Aufgabe benötigt: Wachsamkeit, Mut, und vor allem Liebe, sprechen aus den mythischen Attributen und Figuren, die dieses Haus charakterisieren.

Weide die Schafe!

Goethe, Das Märchen

Das Haus des Adlers und der Rabenklaue

Das Haus Ravenclaw wurde von Rowena Ravenclaw gegründet. Es repräsentiert den schwarzgewandeten Klerus, der das Erbe der Raben der Druiden, der keltischen Eingeweihten, angetreten hat. Im mittelalterlichen England waren die Kleriker die Träger der Intelligenz, und auch heute ist das Haus Ravenclaw besonders an jenen interessiert, die einen wendigen Geist besitzen, und, wie der Sprechende Hut sagt, voller Fleiß und Lernbegierde sind.

Der Vorname der Begründerin leitet sich vom englischen Wort für die Eberesche, die Vogelbeere ab, einem alten, zauberabwehrenden heiligen Baum. Die Eberesche ist in ganz Europa bis nach Island und in das nördliche Norwegen verbreitet. Bei den Nordgermanen war sie Thor, dem Gott des Donners und des Blitzes, heilig. Er rettete sich vor dem Ertrinken, indem er sich an einer Eberesche festhielt. Seither hieß der Baum »Thors Schutz« und schützte vor Blitzschlag. Kränze aus seinen Zweigen und Blättern wurden an Fenster gehängt oder auf Dächer gelegt. Welcher Baum könnte auch besser vor Thors Hammer schützen als der, der ihm heilig ist? Alle Teile der Eberesche galten als abwehrkräftig gegen schädliche, böse Zauber, und das können sie nur, weil sie selbst eine stärkere Zauberkraft besitzen. Der Baum galt als so heilig, dass man annahm, wer eine

Eberesche versetze, müsse sterben. Er wurde auch als Lebensrute betrachtet, als Pflanze, die fähig ist, die Gesundheit von Mensch und Tier und deren Fruchtbarkeit zu fördern. Trägt die Eberesche viele Beeren, ist das ein Omen für die Fruchtbarkeit der Familie, auf deren Grund sie steht. Der Baum bietet mit seinen Beeren vielen Vögeln Nahrung.

Rabe und Adler als Träger der Himmelsweisheit

Die mythologischen und magischen Bezüge des Raben, der dem Haus seinen Namen gegeben hat (»Rabenklaue«), sind natürlich Legion. Viele Mythen beschäftigen sich damit, dass der Vogel einstmals weiß war und durch irgendein Vergehen zu seiner schwarzen Farbe kam. Manche indianischen Überlieferungen sprechen davon, er sei schwarz geworden, als er den Menschen das Feuer stahl. Auch in der Arche Noahs war er ursprünglich weiß und wurde von Noah verwünscht, weil er nach seiner Aussendung nicht umgehend zurückkehrte, sondern erst Aas fraß. Im Alten Testament speisen Raben den Propheten Elias und gelten schon damals als Vögel der Weissagung. Dass die Vögel Aas fressen und sich gerne auf Schlachtfeldern, Kirchhöfen und an Hinrichtungsstätten aufhalten, war auch eine Folge ihrer Verfluchung durch Noah.

Ein Rabe war der erste Vogel, der von der Geburt des Christkindes wusste, seither legt er in der Nacht seiner Geburt um Mitternacht ein Ei, verklebt es mit Harz und heftet es in die Äste eines Tannenbaums. Die Raben sind kluge Vögel, kennen die geheimen Kräfte der Natur und können ihr Wissen an Menschen weitergeben, die die Sprache der Raben verstehen. Bei den alten Iranern waren zwei Raben Boten des Sonnengottes, ebenso in der Mithrasreligion und bei den Griechen, wo sie Apollo begleiten. Apoll, der Sonnengott, zeigt sich oft in Rabengestalt. Auch bei den amerikanischen Indianern verkörpert sich der Lichtgott, der Licht- und Heilbringer und Stammvater der Menschen als Rabe. Bei den Germanen ist der Rabe das Tier des Totengottes. Zwei Raben – Huginn und Munnin – sitzen auf den Schultern Wotan-Odins, fliegen durch die Welt und bringen ihm Nachricht, die sie in sein Ohr raunen. Der Rabe ist geradezu eine Animagus-Gestalt Odins. Er umflattert den am Baum hängenden Odin und stellt dessen Seele dar. Sie fliegen den auf dem Schlachtfeld Getöteten voran und werden auf den Schlachtbannern abgebildet. So prangten etwa auf den Fahnen der Dänen, die gegen Alfred den Großen kämpften, Raben mit ausgestreckten Flügeln, während Alfreds Fahnen ein weißes Pferd zierte. Auch König Artus erschien in Rabengestalt oder wurde von Raben begleitet.

Wie so oft sind das Gute und das Böse zwei Seiten ein und desselben Wesens. So wie der Rabe eigentlich weiß ist und nur schwarz wurde wegen eines Vergehens, so taucht der Rabe auch im Zusammenhang mit dem Hexenwesen und der schwarzen Magie auf. Die Schüler des schwarzen Pfades, so heißt es, sitzen in Rabengestalt nebeneinander. Hexen und böse Dämonen können als Raben erscheinen.

Durch den Einfluss des Christentums und die Dämonisierung der heidnischen Mythen gerieten auch die geheiligten Totenvögel der vorchristlichen Religion in die Nachbarschaft des Teufels. Andererseits übertrug sich die Symbolik der Künder vom Totenreich auf die Verkünder des Christentums, und der Klerus, das Priestertum, übernahm die Rabengestalt. Aber verbunden sind sie stets mit einem Wissen von übernatürlichen Dingen, vom Tod und vom Totenreich, vom Reich jenseits der Schwelle, von der Zukunft und den Geheimnissen, die sich den profanen Augen und Ohren verbergen. Raben sind weise und können als Rater auftreten. Sie wissen den Weg zum Lebenswasser, sie vermögen Heeren oder wandernden Stämmen den Weg zu weisen und deuten die Orte, an denen Häuser, Burgen oder Kirchen errichtet werden sollen.

Das Wappen des Hauses ziert aber bemerkenswerterweise nicht ein Rabe, sondern ein Adler auf blauem Feld, gewissermaßen der große Verwandte des Raben. Noch reicher sind die mythologischen Bezüge dieses »Königs der Lüfte« als die des Raben. Dass er einen Bezug der Weisheitsträger auf den Adler des Evangelisten Johannes darstellt, liegt auf der Hand.

In vielen alten Religionen ist der Adler der Vogel der Himmelsgötter. Jener Götter, deren Wohnsitz sich im Himmel oder auf hohen Bergen befindet, wo der Adler in einsamen, unzugänglichen Höhen seinen Horst errichtet. So ist der Adler der Begleiter und die Erscheinungsform des Zeus und des Jupiter, der Götter Indra, Wischnu und Agni, von Ormuzd und Odin: Götter, die ebenso königlich in den Lüften thronen wie das Tier, das ihr dem Licht und den Wolken nahestehendes Wesen zum Ausdruck bringt. Der Adler trägt die Waffen des Blitz- und Donnergottes, er trägt das Flammenbündel des Blitzes in seinen Klauen – so taucht er auf dem Siegel der Vereinigten Staaten von Amerika auf (der allerdings einen Seeadler darstellt und statt Blitzen Pfeile in einer Klaue trägt, die aber wiederum eine symbolische Ausdrucksform des Blitzes sind). Der Adler ist der Bote Odins, dessen Befehle er ausführt, und der Gott trägt den Beinamen »Adlerhaupt«.

Der Adler ist ein heiliges Tier. Die römischen Legionäre, die den Herrschaftsadler auf ihren Feldzeichen trugen, betrachteten dessen Bild als heilig und brachten ihm religiöse Verehrung entgegen. Den Giebel mancher römischen Tempel schmückte ein Adler. Der majestätische Vogel steht sowohl zur Sonne in Beziehung, in deren blendender Nähe er kreist, als auch zum Totenreich, denn er geleitet die Seelen der Verstorbenen ins Jenseits. Bei den Alten besitzt er die Kraft, der Sonne ins Antlitz zu blicken. Weil er in die Sonne zu sehen vermag, ist der Adler das Symbol der großen Mysterien, in denen das tiefste Wesen des Göttlichen enthüllt wird. In der nordischen Mythologie sitzt auf der Weltesche ein vielwissender Adler. Johannes ist der Evangelist, der die tiefgründigsten Geheimnisse, die Geistmysterien des Christentums enthüllte, deswegen ist sein Symboltier der Adler. Darüberhinaus steht der Adler im Christentum, ähnlich wie der Phönix, für die Auferstehung Christi und die geistige Wiedergeburt durch die Taufe.

Diese Anschauung hing mit einer Legende zusammen, nach der der Adler, wenn er alt wird und seine Sehkraft nachlässt, zu einer Quelle fliegt und von dort zur Sonne aufsteigt. In deren Glut verbrennt er seine Flügel und reinigt seine Augen. Auf die Erde gefallen, taucht er dreimal in die Quelle hinein und steigt verjüngt aus ihr hervor. Immer schon war der Adler wegen seiner Majestät das Tier der Herrscher, der Könige und Kaiser, die ihre Macht von den Herrschern im Himmel ableiteten. Weil der Vogel den höchsten Göttern so nahe steht, weiß er auch, was sie wissen. Er sieht die Zukunft voraus und deutet sie an. Das scharfe Auge des Adlers ist das Auge des Geistes, das in die fernsten Fernen zu blicken vermag und alles sieht. Der Adler besitzt viele magische Kräfte. Durch seinen Flügelschlag erzeugt er den Wind und Windriesen haben bei den Germanen Adlergestalt. Vielerlei Zauber vermag er abzuwehren und vielerlei Zauberkräfte zu verleihen.

Beide Totemtiere des Hauses Ravenclaw sind Vögel, die als Bewohner der Luft zwischen den Menschen und den Göttern vermitteln können. Das war sowohl die Aufgabe der heidnischen, als auch der christlichen Vögel. Nicht umsonst erscheint auch die Seele selbst in vielen Religionen in Gestalt eines Vogels. Sie bewegt sich als Vogel vom Himmel auf die Erde und wieder in diesen zurück. Tod und Leben sind mit den Vögeln verbunden, aber auch Weisheit und höchste Erkenntnis. Deshalb ist der Adler auch das Symboltier des Evangelisten Johannes, der mit seiner Logoslehre die höchste Weisheit von Gott verkündete. Vögel sind astrale Wesen, die von den Sternen, sogar von der Sonne, kommen und zu ihnen zurückkehren. Sie bevölkern nicht nur die himmlische Astralseele, sondern auch die menschliche. Ja, sie repräsentieren diese Astralseele des Menschen. Vögel sind Tiere des Windes, und der Wind, die Luft, ist eine weitere Gestalt der menschlichen Seele. So wie das Haus Gryffindor in Hogwarts (dem Haus des Menschen) das Ich repräsentiert, so das Haus Ravenclaw die Seele.

Filius Flitwick, der Hüter der Intelligenzkräfte

Gegenwärtig wird das Haus Ravenclaw von Professor Filius Flitwick geleitet, einem zwergenhaften, aber durchaus respektablen Mann, der Koboldblut in sich trägt. Flitwick unterrichtet in Hogwarts Zaubern mit Hilfe von magischen Formeln und Beschwörungen. Seine zwergenhafte Intelligenz ist das Maß, auf das die göttliche Weisheit in der menschlichen Intelligenz inzwischen zusammengeschrumpft ist. Seine zwergenhafte Gestalt und sein flatterhafter Charakter (»to flit« heißt flattern, »wick« ist der Docht, der flackert), sind weitere Sprachbilder für den wandelbaren Charakter der menschlichen Seele, die sich ständig zwischen Himmel und Erde bewegt. Auch sein Vorname Filius lässt erkennen, dass er ein Abkünftling und so wie die Weltseele aus dem göttlichen Demiurgen hervorgegangen ist. In der christlichen Trinitätslehre ist der Sohn an die Stelle der platonischen Weltseele getreten.

Das Schwert an der Linken, die Rechte frei!

Goethe, Das Märchen

Das Haus des Dachses

Das Haus Hufflepuff wurde von Helga Hufflepuff begründet. Der Name Hufflepuff hängt wohl mit dem Wappentier des Hauses, dem Dachs zusammen, denn »huff and puff« bedeutet »Schnaufen und Pusten«, Geräusche, die der Dachs von sich gibt, wenn er in der Nacht im Waldesdickicht umherstreift und nach Nahrung sucht. Wer aber, wie die Angehörigen dieses Hauses, »keine Scheu vor Arbeit« haben darf, kann mitunter auch ins Schnaufen geraten. Das Haus nimmt alle Schüler auf, ohne Rücksicht auf ihre Herkunft oder auf ihre besonderen Begabungen, vorausgesetzt, sie sind gerecht und treu, geduldig und wahrhaftig. All diese Qualitäten deuten auf die dritte Schicht der mittelalterlichen Bevölkerung hin, von der König Alfred gesprochen hat: die »workmen«, die Arbeiter der Hand, die Bauern, Handwerker und Gewerbetreibenden. Damit vervollständigt das dritte Haus in Hogwarts das Abbild der Gesellschaft seiner Gründungszeit und eröffnet heute auch jenen einen Zugang in die Zaubererwelt, die nicht durch besondere intellektuelle Begabungen oder durch besondere Mutkräfte hervorstechen. Der Dachs, das Wappentier des Hauses, ist ein Tier, das wiederum zu den magischen Künsten in Beziehung steht. Sprichwörtlich ist seine Scheu, die ihn in der Dunkelheit, im Verborgenen seinen Geschäften nachgehen lässt. Man bekommt ihn kaum zu Gesicht. Wenn man ihm in der Dämmerung im Wald begegnet, dann kündigt er sich durch sein Schnüffeln und Schnaufen an und wenn man nicht weiß, was da schnüffelt und schnauft, dann kann das Erschrecken beträchtlich sein, wenn plötzlich dieses große, massige Tier an einem vorbeihuscht.

Der Dachs – ein Symboltier der Lebenskraft

Schon die Alten sprachen dem Dachs mancherlei zauberabwehrende Kräfte zu. Sein Fell und seine Pfoten schützten vor Verletzungen und Krankheiten, überhaupt vor Unglück. Die angelsächsischen Krieger glaubten, sieghaft aus dem Kampf hervorzugehen, wenn sie den rechten Vorderfuß des Dachses bei sich trugen, und sein Blut galt als heilkräftig. Ein Dachszahn schützte die Angelsachsen nicht nur vor der Pestilenz, sondern auch gegen Hagel, Sturm, die bösen Einflüsse der Gestirne und gegen jede Art von Schadenszauber. Der Dachs ist ein mit den Elben in Verbindung stehendes Tier, die seine Gestalt annehmen, wenn sie erscheinen. Er begleitet die Frau Harke oder Holda bei ihrem nächtlichen Zug mit der Wilden Jagd, den Seelen der Toten, durch die Wälder und tritt hier als dreibeiniges oder einäugiges Tier in Erscheinung. Aber nicht nur Elben, auch Erdmännchen können die Gestalt des Dachses annehmen. Der Dachs scheint in alter Zeit auch als Stellvertreter oder Epiphanie einer Gottheit, wahrscheinlich der Gattin des Wotan, Holda oder Harke, verehrt worden zu sein.

Pomona Sprout, die Hüterin der Lebenskräfte

Die gegenwärtige Vorsteherin des Hauses Hufflepuff ist Pomona Sprout, die magische Pflanzen- und Kräuterkunde unterrichtet. Auch ihr Vorname stammt, ebenso wie der Minerva McGonagalls, von einer Göttin, aber keiner griechischen, sondern einer etruskisch-römischen. Sinnigerweise ist sie jene Göttin, die die Bäume reiche Früchte tragen lässt. Ihr Gatte ist der Gott Vertumnus, der etruskische Voltumna, der als Gott des Wandels und der Veränderung, als Geist der Umlaufzeiten die Jahreszeiten mit all ihren Umwandlungsprozessen hervorruft. Als Geliebte des Picus, hinter dem sich möglicherweise Mars verbirgt, wird sie Mutter des Faunus, des lateinischen Pan, des Gottes der alleserzeugenden und unerschöpflich fruchtbaren Natur. Faunus, der in Gestalt des Wolfes erscheint, ist auf allen Feldern, in Wäldern, fruchtbaren Tälern, aber auch einsamen Gebirgen gegenwärtig, und alle Bauern und Hirten, Acker und Vieh, stehen unter seinem besonderen Schutz. Seine unerschöpfliche, lebenspendende Kraft erweist er auch gegenüber dem Menschen, aus dessen hochzeitlicher Vermählung unter seinem Segen viele Nachkommen hervorgehen.

Die römischen Priester des Faunus, die Luperci, Wölfe, hießen und Wolfsfelle trugen, opferten während seines Festes im Februar Böcke und schnitten aus ihren Häuten Riemen, mit denen sie die Zuschauer schlugen, während sie den Palatin umrundeten. Durch diesen Ritus wurden die Menschen gereinigt und die kinderlosen Frauen wurden von der Berührung der Bocksriemen fruchtbar. Faunus, der mit dem griechischen Satyr verschmolz, ist ein Mischwesen, das einen menschlichen Oberkörper besitzt und die behaarten Beine einer Ziege. An heißen Sommertagen können die Hirten die bezaubernden Schalmeienklänge hören, welche die Faune, auf einem Felsen oder an einer Quelle im Schatten sitzend, ertönen lassen.

Unter dem Einfluss eines asketischen, naturfeindlichen Christentums wandelte sich die Gestalt des immer zeugungsbereiten Fauns in den bocksfüßigen Teufel. Pomona ist also ein überaus treffender Name für jene Lehrerin, die den Schülern die Aufzucht und Pflege magischer Pflanzen wie zum Beispiel der Alraune beibringen muss, die in der Heilkunst und im Verwandlungszauber eine bedeutende Rolle spielen. In vollkommenem Einklang mit ihrem Vornamen steht auch der Nachname der Hausvorsteherin von Hufflepuff. Denn »sprout« ist der Spross einer Pflanze, das Erste, was sich von ihrer unbezwingbaren Lebendigkeit zeigt, wenn sich der Frühling naht und die trübe Trostlosigkeit des Winters wieder der sprühenden Lebensfülle des Großen Pan weicht. Als Verb bezeichnet dasselbe Wort die Vorgänge des Sprießens und Wachsens.

Das Haus des Dachses vertritt in Hogwarts die Lebenskräfte des Menschen. Alles, was mit diesem Haus zu tun hat, zeugt von diesem sprießenden, sprossenden Leben, das unermüdlich bildend und gestaltend tätig ist und ständig neue Sprossen hervorbringt. Auch der emsige Dachs, der in der Dämmerung schnüffelnd nach Nahrung sucht, ist ein Bild dieser Vitalität. Helga, der Vorname der Gründerin, bedeutet »gesund« oder »heil«, »heilig«. Die Lebenskraft ist nicht nur heilend, sondern auch heilig.

Wer wird die Welt beherrschen?

Goethe, Das Märchen

Das Haus der Schlange

Das vierte Haus schließlich wurde von Salazar Slytherin begründet. Einer merkwürdigen, düsteren Gestalt, die besonders durch ihren Vornamen Rätsel aufgibt. Es ist das Haus, das all jene aufnimmt, denen, wie der Sprechende Hut sagt, jedes Mittel recht ist, um zu ihrem Ziel zu gelangen, insbesondere Irreführung, Täuschung und Verrat (»those cunning folks use any means to achieve their ends«). Manche glauben, der Vorname leite sich vom portugiesischen Diktator Antonio de Oliveira Salazar her. Rowling verbrachte nämlich einige Zeit ihres Lebens in Portugal. Aber diese Spur führt in eine Sackgasse.

Salazar Slytherin und Belsazar

Man muss tiefer schürfen, um die Abgründe aufzudecken, die sich hinter diesem Namen verbergen. »Salazar« ist ein Anagramm von »al sazar«, und »al sazar« führt uns zu einem babylonischen König, von dem im Buch Daniel des Alten Testaments die Rede ist: zu Belsazar (»[b] al sazar«). In Zusammenhang mit König Belsazar, dem Sohn Nebukadnezars, berichtet das Buch Daniel von zwei Traumvisionen des Propheten und einem Ereignis, bei dem eine flammende Inschrift auf der Wand seines Palastes erschienen ist, die von Daniel gedeutet wurde. Diese unheilverkündende Schrift an der Wand taucht auch in Hogwarts in Folge der Öffnung der Kammer des Schreckens auf, die von Salazar Slytherin in die unterirdischen Gewölbe des Geländes hineingebaut wurde. Das Auftauchen dieser Schrift an der Wand ist – abgesehen von seinem Vornamen – ein starkes Argument, die Gestalt Slytherins in eine Verbindung mit König Belsazar, dem Sohn Nebukadnezars, zu bringen.

Im dritten Jahr der Regierung Belsazars hatte Daniel ein Gesicht. In diesem bekämpften sich ein Widder mit zwei Hörnern und ein Ziegenbock mit einem Horn zwischen seinen Augen. Der Widder wurde bezwungen und der Ziegenbock trat die Herrschaft an. Als er auf der Blüte seiner Macht stand, zerbrach sein Horn und vier andere kamen hervor. Aus einem der vier wuchs ein kleines Horn, das sehr groß wurde. Es wuchs bis an das Heer des Himmels und warf einige von dem Heer und den Sternen zur Erde und zertrat sie. Bis zum Fürsten des Heeres wuchs es, nahm ihm das tägliche Opfer weg und verwüstete sein Heiligtum. Es warf die Wahrheit zu Boden. Was es tat, gelang ihm. Ein Heiliger aber sagte: 2300 Abende und Morgen soll der Frevel währen, dann wird das Heiligtum wieder geweiht werden.

Daniel berichtet auch die Geschichte von Belsazars Gastmahl und Ende. Eines Tages veranstaltete König Belsazar ein herrliches Mahl für seine tausend Mächtigen und betrank sich mit ihnen. Und während sie tranken, lobpriesen sie die Götzenbilder, die sie anbeteten. Auf dem Höhepunkt ihres Gelages erschienen Finger wie von einer Menschenhand, die schrieben auf die getünchte Wand im Königssaal. Der König konnte nicht verstehen, was die Hand schrieb. All seine Weisen, Gelehrten und Wahrsager konnten die Schrift weder lesen noch deuten. Erst Daniel konnte sie deuten. Er kleidete seine Deutung in eine Anklage gegen Belsazar. Dieser habe sich gegen den Herrn des Himmels erhoben, und an seiner Stelle Götzenbilder angebetet, die weder sehen noch hören könnten. Den Herrn seiner Seele und seines Lebens aber habe er nicht verehrt. Die Inschrift laute: *Mene mene tekel u-parsin* und bedeute, Gott habe ihn gewogen und zu leicht befunden, sein Königtum beendet, sein Reich unter seine Feinde zerteilt. Noch in derselben Nacht wurde Belsazar, der König der Chaldäer, getötet.

Der Verweis auf Belsazar und die Visionen Daniels führt uns wiederum zu einem anderen Seher, dessen Gesichte an die Daniels anknüpfen, den Verfasser der Apokalypse des Johannes. In seinen Visionen spielen Tiere, die aus dem Meer und der Erde aufsteigen, in den Geschehnissen der Endzeit eine bedeutende Rolle. Von ihnen ist im 13. Kapitel der Offenbarung die Rede. »Und ich sah ein Tier aus dem Meer steigen, das hatte zehn Hörner und sieben Häupter und auf seinen Hörnern zehn Kronen und auf seinen Häuptern lästerliche Namen. Und das Tier, das ich sah, war gleich einem Panther und seine Füße wie Bärenfüße und sein Rachen wie ein Löwenrachen. Und der Drache gab ihm seine Kraft und seinen Thron und große Macht ... Und ich sah ein zweites Tier aufsteigen aus der Erde, das hatte zwei Hörner wie ein Lamm und redete wie ein Drache. Und es übt alle Macht des ersten Tieres aus vor seinen Augen, und es macht, daß die Erde und die darauf wohnen, das erste Tier anbeten ... Und es wurde ihm Macht gegeben, Geist zu verleihen dem Bild des Tieres, damit das Bild des Tieres reden und machen könne, dass alle, die das Bild des Tieres nicht anbeteten, getötet würden. Und es macht, dass sie allesamt, die Kleinen und Großen, die Reichen und Armen, die Freien und Sklaven, sich ein Zeichen machen an ihre rechte Hand oder an ihre Stirn, und dass niemand kaufen oder verkaufen kann, wenn er nicht das Zeichen hat, nämlich den Namen des Tieres oder die Zahl seines Namens. Hier ist Weisheit! Wer Verstand hat, der überlege die Zahl des Tieres; denn es ist die Zahl eines Menschen, und seine Zahl ist 666.«

Salazar Slytherin und die Schlange

Mit der Nennung dieses Tieres und seiner Zahl 666 sind wir bei den eigentlichen Inspirationsquellen angelangt, mit denen das Haus Slytherin und Lord Voldemort verbunden sind. Lord Voldemort ist demnach eine Inkorporation jenes

Tieres, das im Jahr 1998 erneut sein Haupt erhebt. 1998 ist das Jahr, in dem die Ereignisse um die Wiederauferstehung Lord Voldemorts nach der Chronologie des Harry-Potter-Zyklus' ihrem Höhepunkt zustreben, spielt doch der sechste Band in den Jahren 1997–98 und der siebente in den Jahren 1998–99. Das Jahr 1998 ergibt sich aus der dreifachen Wiederholung von 666.

Bereits zur Zeit der Gründung zerstritten sich die vier Zauberer, die Hogwarts ins Leben riefen. Genauer gesagt, Salazar Slytherin wurde immer unzufriedener mit dem Bestreben der anderen drei, die Zaubererschule für alle Menschen mit entsprechenden Begabungen zu öffnen. Er wollte die Schulung der magischen Künste allein jenen vorbehalten, die aus reinblütigen Magierfamilien stammten. Er hielt an der Auffassung fest, nur reinblütige Magier seien würdig, die Magie zu praktizieren, und die große Kunst dürfe nicht demokratisiert werden. Die anderen drei aber wollten die Ausübung der Magie allen Menschen zugänglich machen, gleichgültig welcher Herkunft. Slytherin vertrat das Prinzip der Blutsverwandtschaft und der Vererbung geistiger Fähigkeiten durch das Blut.

Diese Auffassung mochte zur Zeit der Gründung der Schule noch eine gewisse Berechtigung haben, aber im Lauf der Jahrhunderte geriet das Blut der Reinblütigen, gerade wegen ihrer strengen Beachtung dieser Reinheit in Dekadenz. Aus dem Blut ging das Böse hervor. Ganze Familien, die auf die Reinheit ihres Zaubererbluts schworen, verfielen der schwarzen Magie wie das Haus Black, aus dem auch Sirius Black, der Pate Harrys, hervorgegangen ist.

Seit dem Anbruch der Neuzeit hat aber die Betonung der Vererbung geistiger Eigenschaften alle Berechtigung verloren. Der Erzengel Michael, der im Jahr 1879 seine Regentschaft als Zeitgeist antrat, ist unter anderem der Überwinder des Vererbungsprinzips. Dumbledore steht im Dienste dieses Erzengels. Die Geister der Finsternis hingegen, die sich seit ihrem Sturz in die Seelen der Menschen einschlichen, versuchen diese Überzeugung von der Reinheit des Blutes und der Bedeutung der Abstammung gegen das Prinzip der Demokratisierung geistiger Fähigkeiten zu stärken. Sie sind die eigentlichen Gegenspieler Dumbledores.

Allen Zauberern, die Anhänger Voldemorts geworden sind, ist der Hass auf die Muggel, die »Schlammblütler«, gemeinsam. Sie glauben, dass nur jene rechtmäßig die Zauberei ausüben, die von reinblütigen Zauberern abstammen. Salazar Slytherin fiel von dem in die Zukunft weisenden Bestreben der drei anderen Schulhäupter ab und wandte sich schon zur Zeit der Gründung von Hogwarts der schwarzen Magie zu. Schon damals schuf er in den verborgenen Tiefen des Hauses eine Kammer des Schreckens, die er versiegelte und die nur der wahre Erbe des Hauses Slytherin würde öffnen können. In dieser Kammer verbarg sich eine geistige Macht, mit deren Hilfe es dem künftigen Erben gelingen würde, die Muggelherrschaft zu beenden und die Macht der Reinblütigen wieder herzustellen.

Slytherin ließ sich mit der Schlange ein. Sein Nachname ist lautmalerisch und alle Bedeutungen verweisen auf Eigenschaften, die man auch der Schlange zuspricht oder die sich in ihrem Erscheinungsbild finden: »slither« bedeutet schlangenartig gleiten, »slithery« schlüpfrig, »sly« schlau, verschlagen. »Slither in« heißt »schlangenartig hineingleiten«, und eben dies tut das Böse, als es in Hogwarts wieder in Erscheinung tritt.

Das Wappentier des Hauses ist eine silberne Schlange auf grünem Grund. Die silberne Farbe verweist auf den Mond, so wie die goldene Farbe des Gryffindor-Löwen auf die Sonne verweist. Das Silber der Schlange ist Ausdruck dafür, dass durch sie die Kräfte des Mondes wirken, die mit der Fortpflanzung und Vererbung zu tun haben. Im Mittelalter wurde der Regent des Mondes als der Herr der Formen bezeichnet, als jene himmlische Intelligenz, die dafür verantwortlich ist, dass auf der Erde immer dieselben Formen durch die Fortpflanzung der Lebewesen hervorgebracht werden. Die Intelligenz des Mondes ist eine spiegelnde Intelligenz, keine schöpferische, wie die der Sonne. Der Mond spiegelt das Licht der Sonne wider, so wie der menschliche Intellekt die Weisheit widerspiegelt, die ihm durch die Sonne sichtbar gemacht wird. Der menschliche Intellekt, der die Weisheit der Natur widerspiegelt, ist an das Gehirn des Menschen gebunden. Das Gehirn ist ebenso ein Organ des Mondes wie die menschlichen Fortpflanzungsorgane. So wie die Fortpflanzungsorgane die menschliche Form reproduzieren, so reproduziert das Gehirn des Menschen die Weisheit, die ihm durch seine Sinne und seinen Verstand zugänglich ist.

Aber das ist eine Weisheit, die aus der Vergangenheit stammt, nicht eine, die auf die Zukunft gerichtet ist. Es ist die Weisheit der gewordenen Schöpfung. All dies deutet darauf hin oder bekräftigt, dass das Haus Slytherin mit geistigen Kräften verbunden ist, die etwas Vergangenes aufrechterhalten wollen, das heute nicht mehr zeitgemäß ist. Und auch in Lord Voldemort und dem geistigen Prinzip, das sich durch ihn ausdrückt oder in ihm verkörpert, bäumt sich im Grunde die Vergangenheit gegen die Zukunft auf, in welcher die Sonnenkräfte des menschlichen Herzens den Kosmos schöpferisch umgestalten.

Er nennt's Vernunft und braucht's allein
Nur tierischer als jedes Tier zu sein ...

Goethe, Faust I

Das Schicksal der Intelligenz

Im Lauf der Jahrtausende, in denen der Mensch unter dem Einfluss der Schlange der Intelligenz stand, hat sich sein Wesen gewandelt. Die Intelligenz ist selbst zu einem Teil seines Wesens geworden. Indem er vom Baum der Erkenntnis aß, wurden seine Augen aufgetan und er hat sich die Fähigkeit des Erkennens angeeignet. Dieses Erkennen ist ein Erkennen durch die Sinne. Der Verstand, der ihm diese Erkenntnis vermittelt, ist an die Sinnestätigkeit gebunden und hilft ihm bei der Bewältigung der Lebensaufgaben. Eine völlig neue Welt hat sich dem Menschen dadurch aufgetan, dass die Schlange zu einem Teil seines Wesens geworden ist. »Siehe, der Mensch ist geworden wie unsereiner«, spricht Jahwe nach dem Sündenfall. Das heißt, der Mensch ist durch den Einzug der Erkenntniskraft in seine Seele dem Schöpfer gleich geworden. Er kann erkennen, zwischen gut und böse unterscheiden. Aber er ist auch von der paradiesischen Einheit ausgeschlossen. Er ist auf sich allein gestellt. Er ist zur selbstständigen Persönlichkeit geworden, die es wagt, sich ihres eigenen Verstandes zu bedienen. Es ist die Anwendung der Intelligenzkraft auf die Sinneserscheinungen, die den Menschen zu einer autonomen Persönlichkeit hat heranreifen lassen. Der Schlange verdankt der Mensch also das Gute, er selbst, eine selbstständige Eigenpersönlichkeit geworden zu sein.

Die Schattenseite der Individualisierung

Aber nun, da er eine solche autonome Einzelpersönlichkeit geworden ist, beginnt sich die Kehrseite dieser Entwicklung abzuzeichnen. Die Intelligenz, die ihren eigenen Gesetzen gehorcht, beginnt sich vom Menschen zu emanzipieren, sie beginnt ihn zu tyrannisieren. Wenn sich die Seele des Menschen den Intelligenzkräften unterwirft und sie nicht mit ihren Mitgefühlen und Liebeskräften durchdringt, dann entfremden sie ihn von der Natur und von seinen Mitmenschen. Er beginnt, Sklave einer kalten Rationalität zu werden, für die es keinen Zauber in der Welt mehr gibt. Alles unterwirft diese kalte Rationalität ihren Berechnungen, sie taxiert die elterliche Liebe, die zwischenmenschlichen Beziehungen und rechnet ihren Preis aus. Sie verführt uns zum Glauben, dass sich Taten der Liebe und der Aufopferung nicht lohnen, weil sie sich nicht auszahlen, weil sie sich nicht in die Rechenmünze des Verstandes umrechnen lassen.

Diese kalte Rationalität, in der sich die Schlange des Menschen bemächtigt, verbindet sich mit einem bornierten Egoismus. Der Egoismus hat die Intelligenz stets auf seiner Seite. Was nützt es mir, wenn ich etwas tue, was sich nicht auszahlt? Was bringt es mir ein, wenn ich etwas um seiner selbst willen tue, ohne Rücksicht auf möglichen Gewinn, aus der Freude am Tun, aus Liebe? Warum soll ich auf dem Weg zu meinem persönlichen Erfolg Rücksicht auf andere nehmen? Die kalte Rationalität, die heute unsere gesamten Lebensverhältnisse der technokratischen Logik unterwirft, ist die Metamorphose der Schlange im zur autonomen Einzelpersönlichkeit herangereiften Menschen. Der Löwe des Herzens muss heute die Schlange der Intelligenz verschlingen, wenn wir nicht von ihr verschlungen werden wollen.

Dabei würden wir aber unser Menschlichstes verlieren. Das, was uns erst zu Menschen im wahren Sinne des Wortes macht: unsere Liebesfähigkeit, unsere Begeisterung, unsere Freude an Taten der Nächstenliebe und der Selbstlosigkeit. Erneut stellt sich uns die Schlange der Versuchung entgegen. Aber diesmal will sie uns einflüstern, dass wir nicht auf die Stimme des Herzens hören sollen, weil diese Stimme angeblich irrational, weil sie unvernünftig ist. Die Versuchung, vor der die gegenwärtige Menschheit steht, birgt in der Tat die Gefahr in sich, dass wir zu kalten Intelligenzbestien mutieren, die gefühllos ihren vollkommen logischen Beweggründen folgen und mitleidlos über Alte, Kranke, Benachteiligte und Wehrlose hinweggehen, weil sie ineffiziente und nutzlose Existenzen sind.

Vol de Mort, der Flug des Todes, der Kuss der Dementoren, die uns unsere Seele rauben wollen, ist es, der uns heute bedroht. Sie wollen alles, was uns Hoffnung gibt, was unser Herz erwärmt, was uns mit Freude erfüllt, ausmerzen, weil es nur unsere Effizienz beeinträchtigt, weil es uns davon abhält, ein fügsames Rädchen im Getriebe einer gigantischen Maschine zu werden, einer Maschine, die aus unserem seelenlosen Verstand hervorgegangen ist. Dieser Versuchung können wir nur etwas entgegenstellen, wenn wir die Kräfte unseres Herzens unseren Verstand durchwärmen lassen, wenn wir unseren Verstand dazu erziehen, sich demütig vor Liebe und Mitleid zu beugen, weil er außerstande ist, ihren göttlichen Glanz zu verstehen.

Severus Snape, ein Hüter des dunklen Erbes von Slytherin

Severus Snape ist der gegenwärtige Vorsteher des Hauses Slytherin, zumindest bis zu jenem Zeitpunkt, an dem er Dumbledore verrät und tötet. Snape ist die ganze Zeit von einem dunklen Geheimnis umwoben. Er ist die geheimnisvollste Figur im ganzen Romanzyklus. Sein schroffes, bösartiges und parteiisches Verhalten gegen Harry und seine Freunde scheint sich aus einer alten Verletzung zu speisen, die ihn möglicherweise auch zu einem Anhänger Voldemorts hat werden lassen. Aber aus irgendeinem Grund hält Dumbledore seine schützende Hand über ihn und vertraut ihm völlig. Er wirkt als Spion Dumbledores bei den Todessern und ist zugleich Doppelagent oder wird es. Aber hinter dieser Doppelrolle verbirgt sich vielleicht nur eine weitere Rolle, die keiner kennt und vermutlich auch nie erfährt. Er ist ein Schwarzmagier, der dem dunklen Pfad abgeschworen hat und ihn am Ende doch wieder beschreitet – oder ihn nie wirklich verlassen hat. Er rettet Harry, trotz seines Hasses gegen ihn, das Leben. Dieser hagere, bleiche, hakennasige, von Hass und Neid verzehrte Snape, der ein hochbegabter Gedankenleser und Gedankenverheimlicher – ein Meister der Okklumentik und Legilimentik – ist, ein erfindungsreicher Brauer von Zaubertränken und Schöpfer neuer Zauberflüche, repräsentiert das Haus Slytherin. Er bringt all die Eigenschaften zum Ausdruck, die der Sprechende Hut den Schülern des Hauses zuspricht, und hält doch jahrelang zu Dumbledore.

Snape ist mit scharfer Intelligenz und zugleich einem eisernen Willen begabt, und muss jahrelang darunter leiden, dass ihm sein Wunschtraum, Verteidigung gegen die schwarzen Künste zu unterrichten, nicht erfüllt wird. Seine beiden Namen bekräftigen nur diese Charakterzüge. Das Lateinische »severus« bedeutet »ernst«, »grausam«, »hart« und »streng«, das Englische »snape« heißt »tadeln«, »jemanden hart behandeln«. Der altnordische Vorfahr des englischen Wortes, »sneypa«, fügt diesen Facetten noch die Entehrung und das Missfallen hinzu. Snape klingt fast wie »snake«, die Schlange. Snape ist der »Halbblutprinz«, dessen geheimnisvolles, früheres Schulbuch Harry hart an die Grenze zum Abweg der schwarzen Magie führt. Von Harrys Vater und seinen Freunden seine ganze Schulzeit über gehänselt, trägt er einen glühenden Hass gegen Harry in sich, in dem er den Widergänger seines Vaters sieht.

Der Vorname Severus weist uns aber auch in das verfallende Rom des 3. Jahrhunderts. Der in der Nähe Karthagos als Sohn römischer Eltern geborene Septimius Severus begründete die Dynastie der Severer, der Caracalla, Heliogabal und Severus Alexander angehörten. Mit der Ermordung des letzten Severers in der Nähe des heutigen Bad Kreuznach begann die Epoche der Soldatenkaiser. Aber bereits Septimius Severus wurde 193 in der Militärsiedlung Carnuntum in der Nähe des heutigen Wien von seinen Soldaten zum Kaiser ausgerufen. Er besiegte die Parther und eroberte den nördlichen Teil Mesopotamiens, einschließlich der Hauptstadt Ktesiphon. In England ließ er den Hadrianswall wieder aufbauen und starb im Jahr 211 in York.

Nach dem kurzen Zwischenspiel des Usurpators Macrinus gelangte 218 der Syrer Elagabal (Heliogabalos) auf den Thron.

Heliogabal versuchte den Kult des syrischen Gottes in Rom und im ganzen Reich als Staatsreligion einzuführen. Das Kultsymbol Elagabals, den heiligen Stein von Emesa, ließ er nach Rom bringen und zu seiner Verehrung einen Tempel auf dem Palatin errichten. Den Tempel stattete er mit einer Priesterschaft aus. Bestandteil des Mythos dieses Gottes, dessen Name »Gott Berg« oder »Gott Anhöhe« bedeutet, war seine Vermählung mit zwei Göttinnen, einer Kriegs- und einer Liebesgöttin oder einer Göttin mit dieser Doppelnatur.

Als Oberpriester des Elagabal vermählte sich der Kaiser mit der Vestalin Julia Aquilia Severa, der Hüterin des heiligen Feuers im Tempel der Vesta, um die heilige Hochzeit seines Gottes abzubilden, die Unbesiegbarkeit und Fruchtbarkeit seiner Herrschaft garantierte. Mit seiner Gestalt sind viele Gerüchte über Orgien, sakrale Prostitution und ähnliches verbunden. Er ist in die Geschichte als Muster eines unter orientalischem Einfluss verweichlichten römischen Herrschers eingegangen. Der niederländische Maler Sir Lawrence Alma-Tadema, der in London lebte, setzte dem Kaiser im Jahr 1888 mit seinem Gemälde »Die Rosen des Heliogabalos« ein neoklassizistisches Denkmal.

Im Jahr 222 wurde Heliogabal auf das Betreiben seiner Tante, die ihren Enkel, Alexander Severus, auf den Thron bringen wollte, ermordet. Alexander war wie Heliogabal Priester des syrischen Sonnengottes. Heliogabal hatte seinen Cousin 221 als Nachfolger adoptiert. Er ließ den heiligen Stein des Elagabal wieder nach Emesa zurückbringen und widmete viele von Heliogabal geschaffene Tempel auf römische Götter um. In seiner Herrschaftszeit kamen in Persien 230 die Sassaniden an die Macht, und Alexander sah sich gezwungen, gegen diese in den Krieg zu ziehen. Nachdem er die Provinz Mesopotamien zurückerobert hatte, musste er die Rheingrenze gegen andringende Germanen verteidigen. Im März 235 wurde er schließlich von unzufriedenen Soldaten zusammen mit seiner Mutter im Feldlager ermordet.

Am ehesten ist es Heliogabal, jener Kaiser, der einem fremden, orientalischen Gott in Rom zur Macht verhelfen wollte, der zur mythischen Vorgeschichte Snapes gehören könnte. Wie Heliogabal ist Snape im Haus Hogwarts Agent einer fremden geistigen Macht, der er schließlich Dumbledore, den Hohepriester des Löwen, den Eingeweihten des Phönix zum Opfer bringt. Schließlich führt uns die Spur des Namens Severus wieder in den geistigen Umkreis Belsazars, der ebenso wie Heliogabal Götterbilder aus Stein verehrte.

Die Schlange des Hauses birgt noch ein anderes Geheimnis in sich. Sie steht für des Menschen physische Gestalt. Der Mensch ist das Lebewesen, das die Schlange aufgerichtet hat. Seine physische Gestalt hat er nur erhalten, weil er sein Wesen mit der Schlange vereinigte. Seither trägt er sie in sich, in seiner aufgerichteten Wirbelsäule. Seit dem Sündenfall besitzt der Mensch diesen Leib, den er der Schlange verdankt. Sie wohnt in ihm und wendet ihr Haupt im menschlichen Haupt der Welt zu. Sie sieht durch seine Sinne und vermittelt ihm das Wissen, das ihm sein Schöpfer vorenthalten wollte.

Zwei Pole: Gryffindor und Slytherin

Das Haus Slytherin ist ein Bild des Menschen, der die Schlange in sein Wesen aufgenommen hat. Es ist der Mensch nach dem Sündenfall. Es steht dem Gottesreich (»Godric«) des Hauses Gryffindor am fernsten und ist doch am stärksten auf es bezogen. Hätte der Mensch seine Gestalt durch die Schlange nicht erhalten, hätte das Reich Gottes nie in ihn einziehen können. Insofern stützt sich das Haus Gryffindor auf das Haus Slytherin und könnte sich ohne es nicht entfalten. Gleichzeitig ist es aber auch gerade die Schlangennatur des Menschen, die sich diesem Reich Gottes am stärksten widersetzt. Deswegen gehen die größten Antipoden in der Zaubererwelt auch aus diesen beiden Häusern hervor: aus dem Haus Gryffindor und dem Haus Slytherin.

In Liebe und Hass sind sie unzertrennlich miteinander verbunden. Voldemort, der schwarze Abkömmling des Hauses Slytherin, und Harry sind einander auf geheimnisvolle Weise zugeordnet. Beide besitzen einen Zauberstab, der eine Feder desselben Phönix als Kern enthält. Der Kern ihrer Zaubermacht ist derselbe. Sie unterscheiden sich allein dadurch, wie sie diese Macht verwenden. Der eine nutzt die Macht des Phönix, um sich in Hass von seinen Mitmenschen abzuschließen. Der andere nutzt sie, um ihnen zu helfen. Der eine kapselt sich im Haus seines Leibes ab und möchte die Gestalt, die er der Schlange verdankt, auf ewig festhalten. Deshalb seine Suche nach der Unsterblichkeit. Der andere öffnet sich für die Kraft, die ihn über seine Sterblichkeit hinausführt. Das kann er aber nur, wenn er sich von der Illusion befreit, er könnte physische Unsterblichkeit erlangen. Doch davon später mehr.

Gib dem Gewöhnlichen ein Geheimnis ...

Novalis

Hogwarts und seine Räume

Noch auf einige weitere Besonderheiten von Hogwarts müssen wir eingehen: die Räumlichkeiten und die geografische Lage. Hogwarts ist ein Schloss, das an einem ›Loch‹, einem See in Schottland liegt. In seiner Nähe erstreckt sich ein Wald von beträchtlichen Ausmaßen, der sogenannte Verbotene Wald, in dem eine Reihe von magischen Geschöpfen wohnt. Unweit der Schule befindet sich ein Dorf, in dem nur Zauberer leben: Hogsmeade. Es ist die »Wiese der Wildschweine«, die auch Hogwarts seinen Namen gegeben haben. Das Dorf spielt in der Geschichte der Zaubererwelt unter anderem als Zentrum der Koboldaufstände im Jahr 1612 eine Rolle. Heute ist es ein beliebtes Ausflugsziel der Schüler von Hogwarts.

Die Schule selbst zeichnet sich durch einige Geheimnisse aus. Sie ist, wie das ganze Gelände, auf dem sie steht, durch Unsichtbarkeitszauber vor unbefugten Eindringlingen und neugierigen Muggelaugen geschützt. Sie ist von Abwehrzaubern umgeben, die es Zauberern mit bösen Absichten nahezu unmöglich machen, sich in sie einzuschleichen. Auf dem Gelände von Hogwarts ist es ausgeschlossen, ohne weiteres zu »apparieren«, in der Sprache der Magier eine Methode, sich in Nichts aufzulösen und an einem anderen Ort wieder zu erscheinen. Das Gebäude verfügt über viele Stockwerke oberhalb wie unterhalb der Erde und die vier »Häuser« sind auf vier Trakte bzw. Stockwerke des Schlosses verteilt.

Der Eingang wird von einem schweren, großen Eichentor verschlossen, und seine Stockwerke und Zimmer, seine Keller und Türme sind durch ein magisches Treppensystem miteinander verbunden, das sich in ständiger Bewegung befindet. Keine Treppe führt immer zum gleichen Ziel, manche führen nirgendwo hin und andere an Orte, an denen man noch nie war. Die Beweglichkeit der Wegesysteme, die die einzelnen Schauplätze miteinander verbinden, ist ein Ausdruck der spirituellen Beweglichkeit, über die ein Zauberer verfügen muss. Die Schüler werden durch das bewegliche Haus gezwungen, einen Spürsinn und eine Geistesgegenwart zu entwickeln, die weit über Muggelmaß hinausgehen. Manche Treppen besitzen Trickstufen, in die man einsinken kann. Zahlreiche Geheimgänge unter dem oder im Schloss führen an Orte, die innerhalb und außerhalb des Gebäudes liegen, einer davon sogar nach Hogsmeade.

Die Türen sind ein besonderes Kapitel in Hogwarts. Manche Türen sind plötzlich verschlossen, andere erscheinen aus dem Nichts, wieder andere verschwinden vorübergehend oder endgültig. Sie führen auf einmal in andere Räume oder in keinen Raum mehr. Viele lassen sich nur durch magische Passworte oder anderen Zauber öffnen. Um in den Gemeinschaftsraum von Gryffindor und seine Schlafräume Einlass zu finden, muss man ein Passwort kennen, das von einer launischen, dicken Zauberin ständig geändert wird, die ein Porträt über der Eingangstür bewohnt. Sie ist eine jener Toten, die die Schule seit Jahrhunderten nicht verlassen haben. Ein Gespenst, das in seinem Bild gegenwärtig ist.

Eine Reihe von Unterrichtsräumen sind im Schloss verteilt, wie das Turmzimmer, in dem Kassandra Trelawney die Kunst des Wahrsagens unterrichtet, oder der Kerker unter dem Erdgeschoss, in dem Snape das Brauen von Zaubertränken lehrt. Andere sind auf dem Gelände verstreut, wie die Gewächshäuser von Pomona Sprout oder das Areal vor Hagrids Hütte am Rand des Verbotenen Waldes, auf dem er Pflege magischer Geschöpfe unterrichtet. Auf dem Rasen vor der Schule befindet sich ein Quidditchgelände, auf dem alljährlich die Schulmeisterschaften stattfinden. Die Lehrer besitzen ihre eigenen Arbeitszimmer und Wohnräume, die ebenfalls durch Zauber geschützt sind.

Einige der Räume oder Gewölbe sind geheim oder erscheinen nur, wenn man sie äußerst dringend benötigt, wie jener Raum, in dem die Armee Dumbledores unter der Leitung Harrys Verteidigung gegen die dunklen Künste übt, der nach Bedarf als mächtiges Gewölbe erscheint, in dem Generationen von Schülern und Lehrern Dinge versteckt haben, die sie aus irgendeinem Grund verbergen oder vergessen wollten. In einem dieser Gewölbe, das dem zweiten Band des Zyklus seinen Namen gegeben hat, haust auch ein schreckliches Geheimnis, das mit der Wiederkunft Voldemorts verbunden ist. Dieser Raum wurde von Salazar Slytherin in das Schloss eingebaut, und es ist anzunehmen, dass auch die anderen Schulgründer im Gebäude ihre Geheimnisse hinterlassen haben. Die große Halle, in der die Mahlzeiten und Versammlungen der Schule stattfinden, ist mit schwebenden Kerzenleuchtern geschmückt, mit magischen Tischen, die von den in unterirdischen Küchen arbeitenden Hauselfen zauberisch bedeckt werden und von Überfluss überquellen. Die Halle kann bei Bedarf umgeschmückt werden. Die Decke der Halle ist zum Himmel hin offen, oder zumindest wird die Illusion einer solchen Offenheit erweckt, denn auf ihr leuchten die Sterne, scheint die Sonne, ziehen Wolken dahin usw.

Jedes der vier Häuser besitzt sein eigenes Gespenst. Gryffindor den Fast Kopflosen Nick, Slytherin den Blutigen Baron, Hufflepuff den Fetten Bettelmönch, Ravenclaw die Graue Lady. Gespenster sind Seelen verstorbener Zauberer, die die Erde nicht verlassen wollten oder konnten und sich jetzt in einer Zwischenwelt befinden, weder hier noch dort. Nur Zauberer können Gespenster werden, weil sie die magische Technik beherrschen, einen Teil ihrer selbst an die Erde zu binden. Der Fast Kopflose Nick erklärt Harry bei einer Gelegenheit, was es mit diesen Gespenstern auf sich hat. Er selbst weiß nichts von den Geheimnissen des Todes, denn er ist nicht wirklich tot. Er hat sich vor dem Tod gefürchtet und ist deshalb in der Nähe der Lebendigen geblieben. Er hat die schwache Imitation des Lebens gewählt und einen Abdruck seiner selbst auf der Erde hinterlassen, der an den Orten als blasser Schatten herumwandelt, wo einst sein lebendiges Vorbild lebte.

Die Gespenster der Toten

Was ist das für ein Abdruck? Die Zauberer haben die Erde verlassen, sie sind tot. Aber sie haben ein schattenhaftes Abbild ihrer lebendigen Gestalt erzeugt, und dieses bleibt bei der Erde und ihren früheren Schauplätzen. Die Erklärung, die der Fast Kopflose Nick gibt, ist eine genaue Beschreibung der Astralleichname, die bei spiritistischen Sitzungen erscheinen können. Es sind abgelegte Seelenteile, die die Züge der Person an sich tragen, die sie ihnen einst aufgeprägt hat. Um diese Seelenteile, die sich eigentlich nach dem Tode auflösen würden, an die Erde zu binden, sind bestimmte magische Fähigkeiten erforderlich. Die Zauberer müssen sich dazu entschließen, ihre abgelegten Seelenteile an diese Existenzform zu fesseln. Man könnte solche Gespenster als ahrimanische Äthergestalten bezeichnen.

In diesen Gespenstern, die im Schloss herumgeistern, ist die ganze Geschichte der Schule und die Geschichte Englands gegenwärtig. Einer der Gäste, der zur Geburtstagsparty des Fast Kopflosen Nick erscheint, ist der letzte angelsächsische König Harold II., der 1066 in der Schlacht von Hastings gegen William den Eroberer durch einen Pfeilschuss ins Auge getötet wurde. Der Fast Kopflose Nick war ein Zauberer, der im Jahr 1492 exekutiert wurde. Aber die Axt vermochte seinen Kopf nicht völlig vom Rumpf zu trennen, obwohl der Scharfrichter es fünfundvierzigmal versuchte.

Ein anderes Gespenst, das bei Harrys Teilnahme am Trimagischen Turnier eine große Rolle spielt, ist die Maulende Myrte, eine ehemalige Schülerin von Hogwarts, die dem Basilisken zum Opfer gefallen ist. Bemerkenswert ist, dass das Ministerium für Zauberei eine gewisse Macht über diese Astralleichname besitzt. Es hat die

Maulende Myrte dazu gezwungen, in Hogwarts, am Ort ihres Ablebens, zu spuken.

Die Gespenster haben am Leben in Hogwarts teil, greifen in vielfältiger Art in das Schicksal seiner Bewohner ein, erscheinen in Bildern an den Wänden oder schweben frei durch die Räume. Sie warnen die Schüler oder helfen ihnen, kommentieren das Geschehen und dienen mitunter als Boten zwischen Zauberern. Ihr Einfluss auf die Lebenden ist nicht unbeträchtlich. Was aber mit den wirklichen Toten geschieht, weiß niemand. Einer der wirklichen Eingänge ins Totenreich, der im Zaubereiministerium steht, ist ein steinerner Torbogen, der nur von einem dünnen Schleier verhüllt wird. Hinter ihm hört man das Raunen von Stimmen, aber ob es die Stimmen der Toten sind, ist zweifelhaft. Die Gespenster wissen nichts über den wirklichen Tod, weil sie ja in der Erdensphäre zurückgeblieben sind. Noch viel weniger, eigentlich gar nichts, erfährt man über die Welt, aus der die Seelen kommen, bevor sie sich inkarnieren, die Welt der Präexistenz.

Das Schloss besitzt sieben Stockwerke sowie eine Reihe von Türmen und Kellern. Natürlich können es bei einem Zaubererschloss nur sieben Stockwerke sein. Wo sich diese Schauplätze befinden, sagt etwas über die Nähe der betreffenden Räumlichkeiten oder der Personen, die sie bewohnen, zu den unterirdischen oder himmlischen Kräften und über die geistige Hierarchie von Hogwarts aus. So liegen das Klassenzimmer und das Büro Snapes unter dem Erdgeschoss, in einer Art Kellergewölbe. Auch der unheimliche, in grünlichem Licht schimmernde Gemeinschaftsraum der Slytherins liegt unter der Erde. Die Küchen, der Arbeitsort der Hauselfen, die Kammer des Schreckens, die Gruft, in welcher der Stein der Weisen aufbewahrt wird und der Gemeinschaftsraum von Hufflepuff sowie die Schlafräume dieses Hauses liegen ebenfalls unter der Erde.

Der Aufbau von Hogwarts

Erdgeschoss:	■ die Große Halle; ■ der Ess- und Versammlungsraum, das Lehrerzimmer und das Büro des Hausmeisters.
Erster Stock:	■ die Klassenräume für Muggelstudien, für Verteidigung gegen die schwarzen Künste, für Geschichte der Magie; ■ das Büro von Minerva McGonagall; ■ der Krankenflügel der Schule, der später in den dritten Stock umzieht.
Zweiter Stock:	■ die Toilette, die von der Maulenden Myrte bewohnt wird; ■ der Eingang zum Büro des Schulvorstehers; ■ das Büro des Lehrers für Verteidigung gegen die dunklen Künste.
Dritter Stock:	■ der Eingang eines Geheimgangs, der in Hogsmeade endet; ■ ein verbotener Korridor, in dem sich eine Falltür befindet, die zum Raum führt, in dem der Stein der Weisen versteckt ist; ■ ein Raum, in dem Trophäen aufbewahrt werden; ■ das Klassenzimmer Flitwicks.
Vierter Stock:	■ Bibliothek.
Fünfter Stock:	■ das Badezimmer der Vertrauensschüler.

Über den sechsten ist nichts Näheres bekannt.

Siebter Stock:

- der Raum der Wünsche, der sich nur öffnet, wenn man ihn ganz besonders intensiv herbeiwünscht;
- der Gemeinschaftsraum der Gryffindors;
- das Klassenzimmer Trelawneys für den Unterricht im Weissagen;
- das Büro von Professor Flitwick.

In den mindestens fünf Türmen sind weitere Lehrer oder Gruppen angesiedelt: Es gibt einen Astronomieturm, einen Turm, in dem das Büro des Schulleiters liegt, einen Nordturm mit dem Klassenzimmer Trelawneys im siebten Stock, einen Gryffindorturm, einen Westturm mit der Eulerei und den Turm des Hauses Ravenclaw, in dem die Schüler dieses Hauses wohnen und schlafen.

> Vertraut nicht jedem Geist, sondern prüfet die Geister, ob sie aus Gott sind.
>
> *1. Brief des Johannes, 4.1*

Andere Zauberschulen

Hogwarts ist nicht die einzige Schule für Zauberei. Zwei andere Schulen spielen im Harry-Potter-Zyklus eine bedeutende Rolle: Beauxbatons und Durmstrang. Beide Schulen schicken im vierten Band Mannschaften zum Trimagischen Turnier, das nach über einem Jahrhundert zum ersten Mal wieder durchgeführt wird, und ihre Favoriten kämpfen um den Pokal.

Das weltflüchtige Beauxbatons

Zweifellos liegt Beauxbatons irgendwo in Frankreich, vermutlich in Südfrankreich. Zu Ehren der Schüler wird eine Bouillabaisse, eine Fischsuppe serviert, eine südfranzösische Spezialität. Der Name der Schule spielt mit der Schönheit, dem schönen Schein und den Stäben, »batons«, mit denen Zauberstäbe gemeint sein könnten. Beauxbatons wird derzeit von Olympe Maxime geleitet. Damit ist auf die riesenhaften Maximen hingedeutet, von denen die französische Republik beherrscht wird, die sie in den Olymp der Nationen versetzen, auf dem sie ihre eigene Schönheit und ihren Ruhm genießt. Von Hagrid darauf angesprochen, verleugnet Madame Maxime ihre Riesenhaftigkeit und verweist darauf, dass sie nur große Knochen habe. Sie ist sich der Riesenhaftigkeit ihrer Maximen und der Selbstglorifizierung zwar bewusst, aber sie behauptet, sie seien lediglich eine Folge ihrer physischen Konstitution, also eine Naturgegebenheit.

Die Neigung zu maximalistischen Entwürfen, zu pompösen Programmen und zum schönen Schein bringen auch die Schüler, die Madame Maxime nach Hogwarts begleiten, zum Ausdruck. Es sind lauter schöne Mädchen, elegant gekleidet, ziemlich eingebildet und hochnäsig, die auf die barbarischen Engländer, ihre Essgewohnheiten und ihre albernen Vorlieben für alte Ritterrüstungen und Gespenster herabsehen. Sowohl die Schulleiterin als auch die Favoritin der Schule, Fleur Delacour, sprechen Englisch mit starkem französischem Akzent, was zu allerlei Verballhornungen englischer Namen führt. Die Delegation aus Frankreich reist standesgemäß mit einer riesigen graublauen Kutsche an, die von einem Dutzend geflügelter goldener Pferde, lauter Palominos, gezogen wird. Auf der Kutschentür ist das Wappen der Schule angebracht: zwei gekreuzte goldene Zauberstäbe, aus denen jeweils drei Funken stieben. Palominos gelten mit ihrem goldglänzenden Fell, das durch die weiße Mähne und den weißen Schweif in seiner Wirkung unterstützt wird, als die Schönheiten in der Pferdewelt. Eigenartigerweise trinken diese Palominos jedoch mit Vorliebe Single Malt Whisky, ein hochprozentiges Gesöff aus Wasser und Gerste.

Der leicht weltflüchtige, schwärmerische, ja verführerische Charakter dieser Schule kommt auch darin zum Ausdruck, dass deren Favoritin beim Trimagischen Turnier, Fleur Delacour, von einer Veela abstammt. Veela üben auf Angehörige des männlichen Geschlechts eine fatale Wirkung aus, was man bestens an Ron, Harrys Freund, studieren kann, der Fleur schon bei ihrem ersten Auftritt bis zur Blödsinnigkeit verfällt. Auch ihr Zauberstab aus Rosenholz enthält ein Veelahaar: Seine und ihre Wesensart bringen die exotischen Orchideen zum Ausdruck, die Mr. Ollivander bei der Eichung des Stabs hervorzaubert. Veela (Wila, Víla) sind entfernte Verwandte der Sirenen und Harpyien und entstammen der slawischen Mythologie. Sie verführen, ebenso wie die Sirenen, mit denen Odysseus zu kämpfen hatte, mit ihren süßen Stimmen und Versprechungen Männer, um sie anschließend in den Tod zu ziehen oder zu verschlingen. In der slawischen Mythologie können sie die Gestalt von Schwänen, Pferden oder Wölfen annehmen. Sie sind ewig jung und schön, wissen von zukünftigen Dingen und besitzen eine unwiderstehliche Kraft, Sehnsucht und Begierde zu erwecken. Die Quidditch-Weltmeisterschaft bietet Rowling im vierten Band eine wunderbare Gelegenheit, die Eigenart dieser Veela zu schildern. Hier kommt der verführerisch-schwärmerische Charakter dieser vogelartigen Wesen im Kontrast mit den Leprechauns greifbar zum Ausdruck, die als zwergenartige Kreaturen das erdverbundene Gegengewicht zu den Veelas darstellen.

Das erdverbundene Durmstrang

Die dritte Schule trägt den Namen »Durmstrang« und bildet einen bemerkenswerten Gegenpol zur eben beschriebenen. Der Name verweist womöglich auf einen deutschen Ursprung, spielt er doch auf die Epoche des Sturm und Drang, also auf die Schiller- und Goethezeit an. Allerdings hat sie sich seither weit von ihrem Ursprung entfernt. Heute ist die Durmstrangschule verrufen, weil sie schwarze Magie lehrt. Sie ist auch dem Wahn der Reinblütigkeit verfallen und nimmt keine »Schlammblütler« auf, wie Draco Malfoy gelegentlich erwähnt. Das, was einmal in der Sturm- und Drangperiode, der frühen Schiller- und Goetheepoche vor der klassischen Wende gelebt hat, für die solche Werke wie *Werther, Die Räuber, Kabale und Liebe,* der *Urfaust* und *Götz von Berlichingen* stehen, ist in den hohen Norden abgewandert und hat sich dort über Marx, Engels und Lenin in den Stalinismus verwandelt, eines der beiden totalitären Systeme des 20. Jahrhunderts. Geblieben ist vom Erkenntnisdrang des *Faust,* der ihn einen Pakt mit dem Teufel eingehen ließ, um herauszufinden, was die Welt im Innersten zusammenhält, nicht viel mehr als das revolutionäre Vorwärtsstürmen, der ungezügelte Wille, der vor Umwälzung und Zerstörung nicht Halt macht. Der einzige Magier des 20. Jahrhunderts mit deutsch klingendem Namen, der im

Harry-Potter-Zyklus erwähnt wird, ist, wie wir gesehen haben, ein schwarzer Magier, der im Jahr 1945 von Dumbledore besiegt wurde. An eine bemerkenswerte Tatsache sei an dieser Stelle erinnert: dass Tom Riddle, der spätere Lord Voldemort, 1938, im Jahr des Anschlusses Österreichs an Nazideutschland, des Appeasementabkommens über das kurz darauf einverleibte Sudentenland und der Reichskristallnacht, in Hogwarts aufgenommen wurde und 1945 die Schule verließ, um im Verborgenen seinen Aufstieg zur größten Bedrohung der Zauberer- und Muggelwelt vorzubereiten.

Geleitet wird Durmstrang von einem ehemaligen Anhänger Lord Voldemorts namens Igor Karkaroff. Igor ist die russische Form des germanischen Namens Ingwar, der mit den Warägern, den schwedischen Wikingern, nach Russland gelangte. »Ingo War« ist der »Wahrer Gottes«. Der Sohn des Warägers Rurik, des sagenhaften Gründers der Kiewer Rus, hieß Igor. Er herrschte über das Fürstentum im 10. Jahrhundert und verbrachte seine Regentschaft mit Kriegen gegen slawische Stämme und Byzanz. Auch dieser Vorname birgt Anspielungen auf das Drängen und Vorwärtsstürmen in sich, das die eroberungslustigen Wikinger ebenso kennzeichnete, wie die Dichtung der Sturm- und Drangepoche. Karkaroff aber ist der, auf dem eine Last, eine Bürde (= carc) liegt, der im Kerker seines Leibes oder seiner Geschichte gefangen ist (corpus = carcer = Kerker). Das Schicksal Karkaroffs ist von Tragik und Schuld gekennzeichnet. Er selbst ist äußerst misstrauisch und wittert überall Verschwörungen gegen sich und seine Schüler. Erst verrät er sich selbst an die schwarze Magie, später verrät er die ehemaligen Anhänger Lord Voldemorts, um seine eigene Haut zu retten und sich aus dem Kerker, dem Zauberergefängnis Askaban, zu befreien. Schließlich wird er von Voldemort aus Rache für seinen Verrat umgebracht.

Der Sitz dieser Schule befindet sich irgendwo im hohen Norden, wo die Tage im Winter sehr kurz sind – die Namen des Schulleiters sowie der Schüler weisen auf Russland. Sie wird hauptsächlich von Slawen besucht, ihr bekanntester Schüler ist Viktor Krum, der für seine meisterhafte Beherrschung des Quidditchspiels berühmt ist und zu den vier Champions gehört, die um den Pokal des Trimagischen Turniers kämpfen. Die Schüler tragen Pelzmäntel und Pelzmützen, als sie am 30. Oktober in Hogwarts ankommen. Auch das deutet darauf hin, dass die Schule im hohen Norden angesiedelt ist. Ihrer mythischen Wikingervergangenheit entsprechend reisen die Abgeordneten der Schule mit einem gespensterhaften Schiff an, das aus dem See aufsteigt, der zu Füßen von Hogwarts liegt.

Okkultes in Deutschland

Neben Frankreich und England wird also auch Deutschland bzw. dem deutschsprachigen Raum eine eigenständige okkulte Tradition zugestanden, die allerdings in zwei Formen entartete. Jene esoterische Strömung im 20. Jahrhundert, die in Mitteleuropa begründet wurde und sich als Trägerin eines spirituellen Christentums verstand, als Gegenbewegung gegen die Herrschaft des Totalitarismus, ist der Verfasserin anscheinend nicht bekannt. Diese mitteleuropäische Schule der weißen Magie, die an die spirituelle Sehnsucht des Humanismus, der Klassik und Romantik und des deutschen Idealismus anknüpfte, die den dunklen Mächten des 20. Jahrhunderts das Licht einer bedingungslosen Menschenliebe entgegenstellte und sich in der zweiten Hälfte des 20. Jahrhunderts zu einer beachtlichen kulturellen Gegenbewegung zur Herrschaft des Mammon entfaltete, taucht im Harry-Potter-Zyklus nicht auf. Der berühmte Zauberer Newt Scamander teilt in seinem Buch *Fantastic Beasts and where to find them** jedoch mit, dass das deutsche Zaubereiministerium insbesondere mit der Bekämpfung von Werwölfen beschäftigt ist. Die Bekämpfung von Werwölfen erinnert an den Fenriswolf, der in der germanischen Mythe droht, die Sonne zu verschlingen. Er ist neben der Midgardschlange und der Todesgöttin Hel eines der drei Kinder des nordischen Luzifer, der bei den Germanen Loki heißt. Nachdem es dem deutschen Zaubereiministerium nicht gelungen ist, den mit Grindelwald verbündeten

* Newt Scamander (Pseudonym von J.K. Rowling), *Fantastic Beasts and where to find them.* London 2001.

sonnenverschlingenden Fenriswolf zu bezwingen, der von 1933 bis 1945 wütete, ist ihm nach dem Sieg Dumbledores über Grindelwald die Aufgabe verblieben, dessen Nachkömmlinge im Zaum zu halten. Aber der Fenriswolf kehrt als Fenrir Greyback ebenso zurück wie Grindelwald als Voldemort, diesmal in England. Der Werwolf ist einer der mächtigsten und gefährlichsten Anhänger des Dunklen Lords im sechsten Band des Erzählzyklus'.

Himmel und Hölle sind in uns,
und alle Götter sind in uns.

Joseph Campbell, Die Kraft der Mythen

Orte der Zaubererwelt

Die Schulen für Zauberei sind nicht die einzigen Institutionen der Zaubererwelt. Um funktionieren zu können, bedarf sie einer Reihe weiterer Einrichtungen. Die wichtigsten dieser Institutionen sind die nationalen Zaubereiministerien, die so etwas wie eine Regierung der Zauberergesellschaft darstellen. Näher bekannt ist uns aus den Erzählungen Rowlings nur das Zaubereiministerium in England. Dieses Ministerium führt die Oberaufsicht über sämtliche Zauberer und wacht darüber, dass die Gesetze und Vereinbarungen, die die Anwendung magischer Kräfte regeln, von ihnen eingehalten werden. Es entspricht eher einer Regierung mitsamt ihren Behörden in der Muggelwelt. Es ist Legislative und Exekutive in einem. Seine verschiedenen Abteilungen haben sowohl gesetzgeberische als auch rechtsprechende und exekutive Aufgaben. Die Organisation dieses Ministeriums bildet merkwürdigerweise eine Gesellschaft vor der Einführung der Gewaltenteilung ab. Es ist im Grunde eine Theokratie oder eine Monarchie mit einem spirituellen Charisma. Nur ist diese Monarchie wieder demokratisch organisiert, wie ein angelsächsisches Königreich mit einem Wahlkönigtum, das seinen obersten Lenker durch den Rat der Weisen bestimmt. Wir haben bereits gesehen, dass die Institution des Wizengamot bis in die Zeit Alfreds des Großen und weiter zurück reicht.

Die sieben Aufgaben des Zaubereiministeriums

Eine der Hauptaufgaben des Londoner Ministeriums besteht darin, die Welt der Zauberer vor der Welt der Muggel geheim zu halten. Um einen Eindruck von der Fülle seiner Verantwortlichkeiten zu erhalten, brauchen wir uns nur seine verschiedenen Abteilungen zu vergegenwärtigen. Das Ministerium verfügt über sieben Abteilungen. Sie residieren jeweils auf einer der neun Ebenen des Ministeriumsgebäudes.

Die wichtigste seiner Abteilungen, jene für die Durchsetzung der Magischen Gesetze, die während des ersten großen Zaubererkriegs gegen Lord Voldemort in den Jahren 1970-1981 von Bartemius Crouch dem Älteren geführt wurde, erfüllt gewisse polizeiliche und richterliche Aufgaben, verfolgt unerlaubte Zauberei wie z.B. von Minderjährigen oder vor Muggeln, Verstöße gegen das Verbot bestimmter Flüche und den Missbrauch von Magie und Muggelartefakten. Sie verfügt über eine eigene Sondereinsatzgruppe für Strafverfolgung, deren Aufgabe in der Ergreifung und Verurteilung von Zauberern besteht, die sich nicht an Gesetze und Regeln halten.

Auch für die Bekämpfung der schwarzen Magie, die ebenfalls einen Missbrauch der Zauberei darstellt, ist sie zuständig. Zu diesem Zweck beschäftigt sie eigens ausgebildete, besonders befähigte Zauberer, die sogenannten Auroren, deren Spezialität im Aufspüren und in der Gefangennahme schwarzer Magier, notfalls in deren Tötung besteht. Die Abteilung führt gerichtliche Untersuchungen durch und verwaltet das Zauberergefängnis Askaban, das sich irgendwo im Meer auf einer Insel im Norden befindet. Sie ist für den obersten Zaubererrat und den Gerichtshof für Magie (Wizengamot) mit seinen fünfzig Mitgliedern zuständig. Sie befindet sich auf der zweiten Ebene des Ministeriumsgebäudes, das Gericht in einem besonderen Raum unterhalb der neunten Ebene. Der Vater von Ron Weasley arbeitet bis zur Gründung des Phönixordens im Jahr 1996 in deren Sonderabteilung gegen Missbrauch von Muggelartefakten.

Der Abteilung für Magische Unfälle und Katastrophen untersteht das magische Unfall-Umkehr-Kommando. Bei einer bestimmten Art magischer Fortbewegung, dem Disapparieren und Apparieren, kann es zu schweren Unfällen kommen, bei denen Teile der verschwundenen Personen am Ausgangsort zurückbleiben oder nicht am Bestimmungsort ankommen, der Fachausdruck dafür lautet »Zersplintern«. Solche bedauernswerten Opfer stümperhafter Zauberei werden vom genannten Kommando behandelt, das aber auch für alle anderen Arten von Unfällen zuständig ist, die sich aus der Unfähigkeit von Zauberern ergeben. Deshalb ist es auch für die Informationspolitik der Zauberer gegenüber der Muggelwelt verantwortlich und muss sich für alle magischen Unfälle und Katastrophen, die die Muggelwelt betreffen, irgendwelche Erklärungen ausdenken, die ihren magischen Ursprung verschleiern. Auch das Hauptquartier der Magier, die sich damit befassen, das Gedächtnis der Muggel zu manipulieren, und ihre Erinnerungen an magische Vorfälle auszulöschen, untersteht dieser Abteilung. Sie befindet sich auf der dritten Ebene des Ministeriums.

Ebenfalls mit Geheimhaltung beschäftigt ist die Abteilung zur Führung und Beaufsichtigung magischer Geschöpfe, die dafür sorgt, dass beispielsweise das Verbot der Aufzucht von Drachen aus dem Jahr 1709 befolgt wird. Die Einführung mehrerer Drachen für das Trimagische Turnier erfolgt unter Aufsicht dieser Abteilung. Die Abteilung zählt sogar einen Henker zu ihren Mitarbeitern, der mitunter magische Geschöpfe zu Tode befördern muss, die sich als gefährlich erwiesen haben. Hagrid, der Aufzucht und Pflege magischer Geschöpfe in Hogwarts unterrichtet, kommt andauernd mit dieser Abteilung in Konflikt, weil er eine besondere Vorliebe für Kreaturen besitzt, deren Haltung von ihr für illegal erklärt wurde. Auch solche magischen Lebewesen wie die Thestrale, jene gespenstischen Pferde, die die Kutschen von Hogwarts ziehen, und nur von jemandem gesehen werden können, der dem Tod ins Auge geblickt hat, gehören wohl in seinen Zuständigkeitsbereich.

Die Abteilung ist auch für die Umsetzung der Politik des Ministeriums gegenüber allen magischen Kreaturen verantwortlich, die in diesen einen teilweise starken Hass gegen die Zauberergemeinschaft erzeugt hat, weil sie von Entrechtung, Verfolgung und Ausrottung geprägt war. Zu diesen Kreaturen gehören insbesondere die Riesen, aber auch Kobolde, Elfen und Kentauren. Sie verhandelt auch mit Geistern von Verstorbenen. Die Abteilung ist auf der vierten Ebene des Londoner Hauptquartiers angesiedelt.

Die Aufgaben der Abteilung für internationale magische Zusammenarbeit reichen von der Normierung der Dicke von Zaubererkesseln bis hin zur Organisation der Quidditch-Weltmeisterschaft. Diese Abteilung, die bis 1995 von Bartemius Crouch dem Älteren geleitet wird, liegt auf der fünften Ebene des Ministeriumsgebäudes und ist auch für Beziehungen zu ausländischen Ministerien, für Handelsverträge und internationale Rechtsfragen zuständig.

Geregelt werden müssen auch die Verkehrsströme in der Zaubererwelt. Diese Aufgabe fällt der Abteilung für Magischen Personenverkehr zu, die das Floo-Netzwerk betreibt und beaufsichtigt. Dieses Netzwerk besteht aus miteinander verbundenen Kaminen, zwischen denen Zauberer hin- und herfliegen können. (Das englische Wort »floo« wird wie »flew«, die Vergangenheitsform von »fliegen« und »flue«, Rauchfang, ausgesprochen und hat nichts mit Flöhen zu tun.) Die Abteilung verwaltet und überwacht auch die Portschlüssel, Gegenstände der Muggelwelt, die als magische Transportmittel dienen und den, der sie anfasst, von einem Ort zum anderen tragen. Sie ist für Zauberbesen zuständig und für die Examen zur Erteilung einer Erlaubnis für das Apparieren. Die Abteilung befindet sich auf der sechsten Ebene des Londoner Ministeriumsgebäudes.

Für alle Freunde des Quidditchspiels von besonderer Bedeutung ist die Abteilung für magische Spiele und Sportarten, die auch an der Organisation des sogenannten Trimagischen Turniers beteiligt ist, das im Mittelpunkt des vierten Bandes (Feuerkelch) steht. Diese auf der siebten Ebene angesiedelte Abteilung des Ministeriums wurde bereits im Jahr 1750 gegründet und ist dafür verantwortlich, dass das Quidditchspiel für Muggelaugen unsichtbar bleibt. Sie muss im Sommer 1995 bei der Quidditchweltmeisterschaft zusammen mit 500 Mitarbeitern der Abteilung für magische Transporte einen Ansturm von rund 100.000 Gästen aus aller Welt bewältigen. Ludo Bagman, selbst ein ehemals berühmter Quidditchspieler, leitet diese Abteilung.

Die Mysteriumsabteilung schließlich ist die geheimnisvollste aller Abteilungen des Ministeriums. Sie befindet sich auf der untersten, neunten Ebene des Gebäudes, und verbirgt in ihren Räumen nur ausgewählten Personen zugängliche Geheimnisse. Die Zauberer, die in dieser Abteilung arbeiten, von der niemand so genau weiß, was in ihr getrieben wird, heißen »Unsägliche« oder »Unaussprechliche« (Unspeakables). Sie spielt im fünften Band (Orden des Phönix) als Schauplatz einer dramatischen Auseinandersetzung eine bedeutende Rolle. Die Auseinandersetzung lüftet auch ein wenig die Geheimnisse dieser Abteilung. Eine ihrer größten Entdeckungen besteht darin, dass allen Dingen eine Magie innewohnt, die schwer zu erklären und noch schwerer zu kontrollieren ist. Ihre Mitarbeiter erforschen diese geheimnisvollen magischen Kräfte und experimentieren mit ihnen. Zu ihr gelangt man durch eine schwarze Tür, die Eintritt in einen runden Raum gewährt, aus dem wiederum zwölf schwarze Türen in weitere Räume führen. Sobald man den ersten Raum betritt, beginnen die Wände sich zu drehen, sodass man nie weiß, vor welcher Tür man gerade steht.

Magische Räume im Ministerium für Zauberei

Sechs der Räume, die sich hinter diesen Türen verbergen, sind aus Rowlings Erzählungen bekannt. In einem der Räume, den man als *Raum der Intelligenz* bezeichnen könnte, befindet sich ein riesiger Glastank, in dem Gehirne herumschwimmen. Wenn jemand diese Gehirne aus der Flüssigkeit hebt, senden sie Gedankenströme aus, die sich um den Kopf des Betreffenden winden und ihn mit reiner Gedankenkraft in einen Zustand der Paralyse versetzen können.

In einem anderen Raum, den man als *Raum des Todes* bezeichnen könnte, befindet sich eine tiefe Grube, in deren Mitte sich eine steinerne Plattform erhebt. Auf der Plattform steht ein ebenfalls steinerner Rundbogen, der mit einem schwarzen Vorhang oder Schleier verhängt ist. Dieser bewegt sich leicht, als würde er berührt oder von einem sanften Windzug erfasst. Der Vorhang sieht aber von beiden

Seiten des Torbogens gleich aus, und scheinbar befindet sich nichts auf der jeweils anderen Seite. Steht man jedoch vor dem Vorhang, dann kann man Stimmen hören. Wer durch dieses Tor hindurchgeht wie Sirius Black, kommt nicht mehr zurück. Er ist in die Welt der Toten eingegangen.

In einem dritten Raum, dem *Raum der Zeit*, hängen alle möglichen Arten von Uhren an Wänden oder stehen auf Tischen. Mächtige und gefährliche Zaubermittel werden dort aufbewahrt wie die Zeitumkehrer, mit deren Hilfe man die Zeit zurückstellen kann und deren Gebrauch eigentlich nicht erlaubt ist.

In einem vierten Raum, der *Halle der Prophetie*, den man durch den Raum der Zeit betritt, stehen endlose Reihen von Regalschränken, auf denen sich unzählige Glasgefäße befinden. Auf jedem Gefäß klebt ein Etikett, das den Inhalt bezeichnet. Es handelt sich um Prophezeiungen, die über Menschen ausgesprochen wurden.

Im fünften Raum, sagen wir, der *Halle der Levitation*, schweben Planeten herum, die etwas mit den magischen Kräften zu tun haben müssen, die beim Schwebezauber Anwendung finden.

Ein sechster Raum schließlich birgt laut Dumbledore die mächtigste Magie in sich, die es gibt, *die Liebe*. Dessen Tür ist verschlossen und keine magische Beschwörung vermag sie zu öffnen.

Schließlich sind noch zwei weitere Einrichtungen des Ministeriums zu erwähnen: das Komitee für experimentelle Zauberei und die Prüfungsbehörde für Zauberer, eine Art von Bildungsministerium. Vielleicht gehört diese Behörde zu einer weiteren Abteilung des Ministeriums, denn von den neun Ebenen sind lediglich sieben einer bestimmten Abteilung zugeordnet. Was sich auf der ersten und achten Ebene des Ministeriumsgebäudes befindet, ist bis jetzt ein Geheimnis der Autorin. Warum also nicht eine Bildungsabteilung, die eine strenge Oberaufsicht über die Zauberschulen führt, sich solche Grausamkeiten wie den OWL und die NEWTs, den Gewöhnlichen Zauberergrad (deutsches Akronym ZAG) und die Schrecklich Erschöpfenden Zauberer-Prüfungen (zu deutsch UTZ: Unheimlich Toller Zauberer) ausdenkt und zeitweise Hogwarts unter Zwangsverwaltung stellt?

Außerhalb des Ministeriums liegt eine Einrichtung, hinter der sich eine andere, siebente Abteilung verbergen könnte, eine Art Schatzamt. Auch die Zauberer benötigen Geld. Sie verfügen über eine eigene Währung und eine Bank, die den sicherlich aufwendigen internationalen Geldverkehr ermöglicht. Der Sitz dieser Gringotts-Bank befindet sich in London, ihr Eingang in der Diagon Alley, der Winkelgasse. Ihre Räumlichkeiten liegen Kilometer unter der Erdoberfläche, und sämtliche Geldgeschäfte werden von Kobolden geführt. Die Bank besitzt Schalterräume für den Publikumsverkehr, Schließfächer und Verliese, in denen auch andere Dinge als Geld deponiert werden können. Das Gerücht geht um, manche der Verliese würden von Drachen bewacht. Sicher aber ist, dass viele durch Zauberbanne geschützt werden. Im Eingang der Bank prangt eine Inschrift, die jeden Dieb vor den verderblichen Folgen eines Versuches warnt, sich etwas anzueignen, das ihm nicht gehört. Papiergeld scheint es in der Zaubererwelt nicht zu geben, sondern nur Münzen aus Gold, Silber und Bronze. Die Goldmünzen heißen Galleonen, wie die spanischen Galleonen, die, bis zum Rand mit Gold aus den lateinamerikanischen Kolonien gefüllt, in der Zeit Elisabeth Tudors Beute von Piraten wie Sir Francis Drake wurden, die im Auftrag der Königin oder mit deren Billigung unterwegs waren. Die Silbermünzen heißen Sickel. Die silberne Sichel ist die Sichel des Mondes und solcher Mondgöttinnen wie Isis und Artemis sowie der himmlischen Gottesmutter Maria, die in der Apokalypse des Johannes als auf einer Mondsichel stehende und mit der Sonne bekleidete Frau erscheint. Natürlich erinnert der Name der Silberwährung auch an die alten Druiden, nur bestanden deren Sicheln aus Gold, nicht aus Silber. Die Münzen aus Bronze schließlich heißen Knuts. Hier lässt sich ein eindeutiger Zusammenhang mit einer Episode der englischen Geschichte herstellen. Denn in der Epoche der Bedrohung durch die dänischen Wikinger wurde das sogenannte Danegeld von den angelsächsischen Königen erhoben, um jene durch Tributzahlungen von einer Invasion Englands abzuhalten. Einer der Könige, der dieses Danegeld erhob, hieß Cnut und war selbst ein Däne, der nach der Invasion seines Vaters Sweyn Forkbeard (Schweinchen Gabelbart) auf den Thron gelangt war. Er benutzte das Geld, um sein nordisches Großreich zu konsolidieren, das in der ersten Hälfte des 12. Jahrhunderts bestand und Dänemark, Schweden, Norwegen, die Hebriden sowie die britische Insel einschloss. Mit seinem Tod 1033 ging die zweihundertjährige Ära der Wikinger in England zu Ende, und rund dreißig Jahre später sollte mit der Invasion Wilhelm des Eroberers die Zeit der Normannen beginnen. Eine Galleone entspricht 17 Sickeln und 493 Knuts. In der Gringottsbank kann man Muggelgeld in Zaubererwährung umtauschen.

Die Shopping Mall der Magier

Von ebenso exquisiter Eigenart wie die Gringotts-Bank ist die Diagon Alley, die Winkelgasse insgesamt, ein Einkaufsparadies für Zauberer, zentral gelegen und zu Fuß begehbar. Wie in einer amerikanischen Supermall findet der Kunde dort alles, was sein Herz begehrt und sein Magen benötigt – vor allem aber findet der Zauberer hier die unverzichtbaren Utensilien für die Ausübung seiner Künste. Von A wie Aalaugen bis Z wie Zauberstab kann der angehende Zögling der Zauberkünste alles erwerben, wenn er über das nötige Kleingeld verfügt. Die Apotheke in der Diagon Alley verkauft natürlich keine Sonnenschutzcreme oder Rheumamittel, sondern Zutaten für Zaubertränke. Der Kesselladen liefert dazu die nötigen Behältnisse.

Die Zeitung »Der Tagesprophet« unterhält hier ein Büro, um über die neuesten Gerüchte auf dem Laufenden zu sein, die im »Leaky Cauldron« (Tropfender Kessel), dem Pub am Eingang der Diagon Alley ausgebrütet werden. Der Obscurus Buchverlag sitzt hier, in dem – welch zauberhafte Durchdringung der Sphären – das von J.K. Rowling unter dem Pseudonym Newt Scamander verfasste Buch *Fantastic Beasts and Where to Find Them* erschienen ist und ebenso der Verlag WhizzHard Books, der Rowlings Buch *Quidditch Through the Ages* veröffentlicht hat. Hier finden sich Kleiderläden, die Zauberer mit Umhängen und die Schüler von Hogwarts mit ihren Schuluniformen ausstatten, ein Eulenladen, in dem Harry seine Schneeeule Hedwig erhält, die »Magische Menagerie«, in der Hermine ihre krummbeinige Katze erwirbt, ein Laden verkauft Zubehör für das Quidditchspiel, darunter Rennbesen wie den Feuerblitz, ein Reisebüro namens Terrortours bietet Abenteuerferien für Zaubererfamilien, transsylvanische Schlösser mit Vampiren als Gastgeber für den Erholungsurlaub, Ausflüge auf dem Zombiepfad und Kreuzfahrten durch das Bermudadreieck, und der wunderbare Mr Ollivander verkauft in seinem Laden, der 382 vor Christus eröffnet wurde, die besten Zauberstäbe Englands. Bei »Flourish & Blotts« können sich die Hogwarts-Zöglinge mit ihren Schulbüchern eindecken und andere Kostbarkeiten erwerben, wie beißende Bücher oder vollkommen unsichtbare Publikationen, die leider etwas schwer aufzufinden sind. Die Weasley-Zwillinge eröffnen hier nach ihrem fulminanten Abgang aus Hogwarts ihren Laden »Weasleys Zauberhafte Zauberscherze«, und Florean Fortescue bietet nicht nur das beste Eis in London, sondern auch wertvolle Informationen über mittelalterliche Zauberei, die Harry für eine Hausaufgabe benötigt.

Das dunkle Gegenstück zur Winkelgasse ist eine andere Gasse, die von dieser in der Nähe der Gringotts-Bank abzweigt: die Knockturn Alley. Der Name wird wie »nocturnally« ausgesprochen, was »nächtlich« bedeutet. Ihrem Namen entsprechend ist die Gasse ein Ort, an dem sich lichtscheues Gesindel herumtreibt, das dem Missbrauch der Zauberkünste zugeneigt ist. Den Schülern von Hogwarts wird nicht empfohlen, sich in dieser Gasse aufzuhalten, zu groß sind deren Versuchungen. Auch hier befinden sich Läden, in denen graue Magier Schrumpfköpfe, riesige schwarze Spinnen und giftige Kerzen einkaufen können.

Nur ein Geschäft, das in dieser Straße liegt, »Borgin & Burkes«, ist dem Namen nach bekannt und spielt in der Geschichte Lord Voldemorts und seines Kampfes gegen Dumbledore und Harry eine herausragende Rolle. Tom Riddle alias Lord Voldemort hat nach dem Abschluss seiner Ausbildung in Hogwarts einige Zeit hier gearbeitet und im Auftrag des Besitzers, Mr Borgin, Verhandlungen mit Kunden geführt. Bei dieser Tätigkeit stieß er auf zwei besonders mächtige magische Gegenstände: den Becher Helga Hufflepuffs und ein Medaillon, das einst Salazar Slytherin gehörte. Er ermordete ihre Besitzerin und verschwand. Später spielt der Laden auch bei den Intrigen Draco Malfoys gegen Dumbledore eine wichtige Rolle. Wenn schon die ganze Zaubererwelt sich gegen die Alltagswelt der Muggel wie die Welt der Träume gegen die nüchterne Tagesrealität der irdischen Zwecke und Absichten verhält, dann ist die Knockturn Alley die Straße der Albträume, die tiefe Finsternis, in der das Böse lauert.

Askaban – ein Ort des Todes

Noch finsterer aber als diese Gasse ist der schrecklichste Ort in der Zaubererwelt, den alle nur mit Schaudern nennen: das Gefängnis Askaban (im englischen Original: Azkaban), insbesondere seit das Ministerium sich dazu entschlossen hat, die Gefangenen von Dementoren bewachen zu lassen. Neben seinen ironischen Anklängen an das englische »escape«, »fliehen« und das portugiesische »escapam«, »sie fliehen«, Assoziationen, die darauf anspielen, dass das Gefängnis tatsächlich nicht so ausbruchsicher ist, wie das Ministerium stets behauptet, birgt der Name aber noch eine andere Anspielung in sich. Eine altnordische Saga erzählt von Asmund dem Kämpentöter, »Asmundar kappabana«, der unwissentlich seinen Bruder Hildebrand mit einem verfluchten Schwert, das im Mälarsee versenkt war, im Kampf tötet. Durch Zusammenziehung lässt sich aus »kappabana« leicht »kaban« gewinnen und unter Hinzufügung der Silbe »as«, des Namens der nordischen Götter, ist ein Gegenbild Asgards entstanden, in dem nicht Thor, Odin, Baldur, Freyr und Freja selig ihr Leben im Licht genießen, sondern die Todesser und Gesetzesbrecher einem jammervollen Untergang in Verzweiflung und Wahnsinn entgegensehen. Im wahren Sinne des Wortes ist Askaban ein »Kämpentöter«, denn mag ein Kämpe, ein Mitstreiter Voldemorts oder ein Unschuldiger, auch noch so verwegen oder verbissen sein, den Dementoren ausgeliefert, siecht er dahin, verliert seinen Lebenswillen und endet in Agonie, Wahnsinn und Tod.

Hogsmeade – ein Ort der Kommunikation

Erfreulicher gestaltet sich da schon ein Aufenthalt in Hogsmeade, jenem einzigen Dorf in England, das ausschließlich von Zauberern bewohnt wird. Es liegt in der Nähe von Hogwarts, ist vom Schloss aus zu Fuß zu erreichen und verfügt über eine Bahnstation, an der der Hogwarts Express Halt macht, der die Schüler im Herbst aus London bringt und im Sommer wieder zurücktransportiert. Gegründet wurde es dem Vernehmen nach zur selben Zeit wie Hogwarts, von einem Zauberer namens Hengist of Woodcroft, der sich auf der Flucht vor Muggeln befand. Sein Vorname ist eine Erinnerung an einen jener beiden sächsischen Heerführer aus Holstein, die in der Mitte des fünften Jahrhunderts begannen, die romanisierten Briten aus ihren Wohngebieten in Südostengland zu vertreiben. Sein Bruder hieß Horsa (Hengist = Hengst und Horsa = Pferd). Was macht das Dorf bei den Hogwarts-Zöglingen so beliebt? Die Läden und Lokale sind es. Sie bieten eine willkommene Abwechslung für das harte Schulleben, das zwar reich an Erlebnissen ist, die Schüler aber zugleich einer strengen Disziplin unterwirft.

Von dieser Disziplin sind die Schüler vorübergehend befreit, wenn sie an bestimmten Wochenenden ab der dritten Klasse einen Ausflug nach Hogsmeade machen dürfen. Dann lockt die Jugendlichen der »Honigtopf« (Honeydukes Sweetshop) mit seinen kunterbunten Süßigkeiten und seinen riesigen Schokoladetafeln, die Verliebten ziehen sich in Madam Puddifoots Teehaus zurück, wo sie unter lauter Verliebten nicht weiter auffallen, »Zonkos Zauberscherze« bietet eine Fülle von Artikeln, echte Zauberutensilien, wie Dungbomben, Schluckaufbonbons und Nasenblutkekse, die mitunter Filch, dem Hausmeister von Hogwarts, das Leben schwer machen und deren Erwerb jedesmal zu Schuljahresbeginn verboten wird. Nur wenige wissen, dass sich im Keller des »Honigtopfes« der Eingang zu dem Geheimgang befindet, dessen anderes Ende in Hogwarts mündet. Wer keine Kleider oder Schreibutensilien benötigt, die andere Geschäfte anbieten, oder sich, von seinen Einkäufen ermüdet, ausruhen möchte und alt genug ist, begibt sich in eines der Pubs, um sich an einem Butterbier oder einem Feuerwhisky zu laben. Das etwas vornehmere der beiden Pubs heißt »Zu den drei Besen« und wird von Madam Rosmerta geführt, deren Name an eine keltische Muttergöttin mit ihrem Füllhorn erinnert.

Im etwas weniger vornehmen, dem »Eberkopf«, dessen Schild ein blutender Eberkopf ziert, bedient ein namenloser, alter mürrischer Wirt. Hier finden sich nur selten Schüler ein, es sei denn, sie planen eine Verschwörung, wie Hermine und Harry, als sie in Harrys fünftem Schuljahr ihre Studiengruppe zur Verteidigung gegen die dunklen Künste, genannt »Dumbledores Armee«, gründen, aber sie müssen auf der Hut sein, dass ihre Geheimnisse nicht von zwielichtigen Gestalten belauscht werden und den Falschen zu Ohren kommen. Wenn man den nach Ziegen riechenden »Eberkopf« besucht, empfiehlt es sich, seine eigenen Gläser mitzubringen, weil es der Wirt mit der Hygiene nicht sonderlich genau nimmt.

Schließlich befindet sich im Dorf eine Post mit Hunderten von Eulen und an dessen Rand eine verrufene Hütte (The Shrieking Shack), die in ganz England wegen der Gespenster berühmt ist, von denen sie heimgesucht wird. Ihre Fenster und Türen sind verrammelt, und nachts dringt ein schreckliches Heulen aus ihr. Selbst die Gespenster von Hogwarts meiden diesen Ort. Ein Geheimgang, der unter der Peitschenden Weide beginnt, endet in dieser Hütte. Beide spielen eine große Rolle im »Gefangenen von Askaban«.

St. Mungos Spital – ein Ort der Heilung

Nun geschehen Zauberern mitunter auch Missgeschicke, oder sie werden Opfer bösartiger Anschläge, deren Folgen sie selbst nicht beheben können. Für solche Fälle ist das St. Mungos Spital für Magische Krankheiten und Unfälle zuständig. Es wurde Anfang des 16. Jahrhunderts von Mungo Bonham gegründet und befindet sich in London. Dort liegt es in einer belebten Einkaufsstraße, getarnt als leerstehendes Warenhaus.

Die Zauberer, die hier arbeiten, verstehen sich als Heiler, die ihre Patienten nicht wie die Muggelärzte auseinander schneiden und wieder zusammenflicken, sondern sie geistigen Heilungsprozessen unterziehen. Das Signet der Heilstätte ist ein Knochen, der von einem Zauberstab gekreuzt wird. Ähnlich wie man sich auf Gleis 9 3/4 zum Hogwarts Express begibt, findet man Eintritt in das Krankenhaus durch ein Schaufenster des leerstehenden Warenhauses, hinter dem es sich verbirgt. Die Abteilungen des Krankenhauses geben eine Vorstellung von den Krankheiten und Unfällen, von denen Zauberer und Hexen heimgesucht werden können. Im Erdgeschoss werden Unfälle mit magischen Artefakten behandelt, wie Folgen von Kesselexplosionen, explodierender Zauberstäbe oder Besenzusammenstößen. Im ersten Stock Verletzungen, die von magischen Kreaturen zugefügt wurden, wie Bisse, Stiche, eingewachsene Stacheln. Hier wird zum Beispiel Ron Weasleys Vater aufgenommen, nachdem er im Zaubereiministerium von einer Schlange gebissen wurde.

Im zweiten Stock befindet sich die Abteilung, die sich mit magischem Ungeziefer befasst, sie nimmt sich ansteckender Krankheiten wie Drachenpocken, Verschwinditis oder Scrofungulus an, einer Art Pilzkrankheit. Im dritten Stock werden Vergiftungen, insbesondere solche durch Pflanzen behandelt, wie Ausschläge, Erbrechen, Dauerkichern. Im vierten Stock beschäftigen sich die Heiler mit Schäden durch Zaubersprüche und kämpfen mit unaufhebbaren Flüchen, Hexereien, nicht korrekt angewandten Zaubern, im fünften schließlich befinden sich die Besucher-Cafeteria und der Krankenhauskiosk.

Das Haus der Blacks

Einen letzten Schauplatz sollten wir noch kurz erwähnen, der im »Orden des Phönix« eine große Bedeutung erhält, ein Haus in London, das »fürnehme und höchst alte Haus« der Familie Black. Es befindet sich am Grimmauld Platz Nummer 12, kaum 20 Minuten vom Bahnhof Kings Cross entfernt, und wird von Sirius dem Orden des Phönix als Hauptquartier zur Verfügung gestellt. Seit Jahrhunderten hat die reinblütige Familie Black hier gehaust, und es trägt die Spuren ihrer abseitigen, der schwarzen

Magie zugeneigten Geschichte in sich. Die Eltern von Sirius waren zwar keine Todesser, aber überaus stolz auf ihre Reinblütigkeit und dem Dunklen Lord anfänglich zugeneigt.

Eines der Prunkstücke des Hauses ist ein Familienstammbaum, der auf einem Wandteppich angebracht ist und bis ins Mittelalter zurückreicht. Über dem Stammbaum prangt das Motto: »Toujours pur« – »immer rein«, das auf das Lebensmotiv der konservativen Fraktion innerhalb der Zaubererwelt hinweist: die Reinheit des Blutes und der Zaubererrasse zu bewahren. Diese Blutsideologie und das ihr entsprechende Verhalten führt aber, wie wir wissen, in die Dekadenz und mündet in moralische und körperliche Entartung. Sie ist Ausdruck einer spirituell elitären Geisteshaltung, eines Gruppenegoismus, der vom Adel der Geburt den Adel des Geistes und den Anspruch auf Herrschaft über die restliche Welt ableitet. Bereits Salazar Slytherin verfiel, wie wir gesehen haben, diesem Irrtum, der ihn auf spirituell-moralische Abwege führte, und viele der Gegenspieler Dumbledores und des Phönixordens, allen voran natürlich Lord Voldemort, sind Anhänger dieser Ideologie. Das Blut, das in alter Zeit, vor der Gründung des Hauses Hogwarts, Träger eines Gentilcharismas, einer an Verwandschaftsclans gebundenen Spiritualität war, hat sich im Lauf der Jahrhunderte zum Träger des menschlichen Ich gewandelt. Während es früher das magische Band war, das Familien und Stämme zusammenhielt, wurde es im Lauf der Jahrtausende immer mehr zu einem Ausdruck der sich aus diesem Kollektivbewusstsein herauslösenden Einzelpersönlichkeit, des individuellen Menschen-Ich. War die Endogamie, die Heirat und Fortpflanzung unter Verwandtschaftsclans, einst der Garant für die Vererbung spiritueller Fähigkeiten, wurde sie immer mehr zu einem Quell der Dekadenz, des Niedergangs in moralischer und geistiger, aber auch körperlicher Beziehung.

Diese moralische Dekadenz zeigt sich an allen Familien, die das Ideal der Reinblütigkeit bis heute aufrechterhalten haben: an der Familie Black, der Familie Malfoy, der Familie Gaunt, aus der Tom Riddle, der spätere Lord Voldemort hervorgeht. Der Glaube an die Reinheit des Blutes, die noch im mittelalterlichen Europa eine zentrale Rolle im Selbstverständnis des Adels, der aristokratischen Herrschaftsschicht spielte, der im 19. Jahrhundert zu einem Kernelement der sich in den Nationalstaaten etablierenden Volksrassen wurde, war einer der mächtigsten Triebkräfte für die geschichtlichen Katastrophen des 20. Jahrhunderts. Auf der anderen Seite stand die auf das Christentum zurückgehende Tendenz der Demokratisierung, die gesellschaftliche Macht und Herrschaft und spirituelle Autorität von der Verwandtschaftsgeistigkeit unabhängig machen wollte, die ja auch zur Gründung des Hauses Hogwarts geführt hat.

In ihr drückte sich die Wandlung der spirituellen Bedeutung des menschlichen Blutes aus: Immer mehr verdrängte das individuelle Menschen-Ich die Familien- oder Clangeister aus diesem »besonderen Saft« – so nennt Mephisto in Goethes *Faust* das menschliche Blut – und setzte sich selbst an deren Stelle. Mit dieser Entwicklung ist die Entstehung der Exogamie, die Ehe und Fortpflanzung über Stammes- und Clangemeinschaften, über Völker und Rassen hinweg verbunden. Während die Vertreter der Blutsreinheit im 19. und 20. Jahrhundert in der Exogamie, der Bluts- und Rassenmischung eine Hauptursache des Niedergangs der Rassen erblickten, ist sie in Wahrheit Ausdruck für die Tatsache, dass die Entwicklung der individuellen Menschenseele sich immer mehr von den körperlichen Bedingungen emanzipiert.

Die Demokratisierung, die Herrschaft und Autorität in den einzelnen Menschen verlegt (die Gruppe der Herrschenden und die Gruppe der Beherrschten sollten in einer demokratischen Gesellschaft identisch sein, weil es das Volk der gleichberechtigten Individuen ist, das sich selbst beherrscht), – diese Demokratisierung hat alle Klassen- und Rassenschranken niedergerissen und das Ideal einer egalitären Gesellschaft verfolgt. Paradoxerweise ging aus der Demokratisierung jedoch auf dem Weg geistiger Infektion ein neuer Glaube hervor, der an der aristokratischen Blutsideologie festhielt: der Nationalismus und Rassismus. Die Frage, wie und warum es dazu kam, weiterzuverfolgen, würde hier zu weit führen.

Die Verachtung jeder Art von Gemischtblütigkeit spielt jedenfalls in der konservativen Fraktion der Zaubererwelt eine bedeutende

Rolle: Nicht nur »Blutsverrätern«, Zauberern, die sich mit Muggeln oder nichtmenschlichen magischen Kreaturen einlassen, schlägt der Hass der Aristokraten entgegen, er gilt auch den aus solchen Verbindungen hervorgehenden »Schlammblütlern«. Draco Malfoy beschimpft Hermine in der »Kammer des Schreckens« mit diesem unfeinen Ausdruck, aber auch Halbmenschen wie Hagrid, der Riesenblut in sich trägt, werden verachtet. Es ist also nicht verwunderlich, dass der Familie Black solche Individuen wie Araminta Meliflua angehören, eine Cousine von Sirius' Mutter, die versuchte, die Muggeljagd zu legalisieren, oder Tante Elladora, die die Familientradition begründete, Hauselfen zu köpfen. Sie stellt auch einige der fanatischsten Anhänger Lord Voldemorts, wie Bellatrix Black, die mit dem Todesser Rodolphus Lestrange verheiratet ist, und die Eltern von Neville Longbottom mit dem Cruciatusfluch in den Wahnsinn trieb, oder Narcissa Black, die Frau von Lucius Malfoy und Dracos Mutter, die Severus Snape dazu bewegt, Dumbledore zu töten.

Aber wie man an Sirius, dem Paten Harrys und anderen sehen kann, vermag der Einzelne sich aus dieser Familientradition zu lösen und sich vom Blutskonservatismus loszusagen. Auch das ist wieder ein Hinweis darauf, dass die Abstammung und die Verwandtschaftsbande nicht mehr entscheidend sind für die individuelle Seelenentwicklung.

Alles ist voll von Göttern

Thales

Die magische Menagerie

Werfen wir noch einen Blick auf einige magische Kreaturen, die die Welt der Zauberer und Muggel bevölkern, auch wenn sie für die Muggel unsichtbar sind. Zu ihnen gehören Elfen, Riesen, Zwerge und Kobolde (Goblins, Leprechauns), Drachen, Einhörner, Kentauren und viele andere, die im Harry-Potter-Zyklus teilweise eine bedeutende Rolle spielen. Im Atrium des Zaubereiministeriums steht ein großer Brunnen, der »Brunnen der Magischen Geschwister«. In diesem Brunnen erhebt sich eine Statuengruppe: ein Zauberer mit einem in die Luft gereckten Stab, um ihn herum eine schöne Hexe, ein Kentaur, ein Kobold und ein Hauself. Die magischen Geschöpfe sehen voller Ehrfurcht zu dem Zauberer und der Hexe auf. Aus den Spitzen ihrer Zauberstäbe, dem Kentaurenpfeil, dem Koboldhut und den Ohren des Hauselfen, sprudelt Wasser.

Dieser Brunnen ist ein Bild des Anspruchs, den die Zauberer gegenüber den anderen Geschöpfen der magischen Welt erheben: Sie erwarten, dass diese voller Ehrfurcht und Bewunderung zu den Zauberern aufblicken. Mit subtiler Ironie beschreibt Rowling, wie Dumbledore beim Zweikampf mit Lord Voldemort diesen Brunnen zertrümmert und das verlogene Arrangement in Stücke schlägt. Denn Dumbledore hält den Herrschaftsanspruch, den die Zauberer gegenüber den anderen magischen Geschöpfen erheben, für falsch und kritisiert ihn offen. Hierin ist er sich einig mit Hermine, die das Los der Hauselfen dauert und die sich um deren Befreiung aus der Sklaverei bemüht. Allerdings schildert Rowling diese Bemühung auch mit beträchtlicher Ironie. Sie hält den Weg, den Hermine einschlägt, offenbar für falsch, der doch sehr an die Kommunisten und ihre Bemühungen erinnert, in den Proletariern ein Klassenbewusstsein zu erwecken und sie zu einer Revolution zu bewegen, an der sie kein Interesse hatten. Ihre »Gesellschaft zur Beförderung des Elfischen Wohlbefindens« stößt nicht nur unter den Hogwartsschülern auf Desinteresse und Spott, auch die Elfen selbst erweisen sich gegenüber ihrer Agitation als ausgesprochen harthörig. Ja, es gibt für die meisten von ihnen nichts Schlimmeres als die Freiheit, die sie als Demütigung und Sinnentleerung ihres Daseins empfinden. Sie gehen ganz im Dienst an den Familien auf, mit denen sie verbunden sind, und die Entlassung aus diesen Diensten empfinden sie als Bestrafung. Abgesehen von einem einzigen Hauself, Dobby, der durch eine List Harrys von seiner Bindung an Lucius Malfoy befreit wird, stößt die Zumutung der Freiheit bei den Elfen auf Empörung oder führt, wie im Fall von Winky, zu einem Zerfall ihrer Persönlichkeit. Von Ironie zeugt auch das Akronym der von Hermine gegründeten Gesellschaft, das im Englischen S.P.E.W. lautet. »Spew« bedeutet Spucken, Erbrechen. Der Doppelkode ist ein Mittel ironischer Distanzierung: Was Hermine für eine gute Tat hält, ruft in den Objekten ihres Mitleids Brechreiz hervor.

Nichtsdestotrotz sind die Hauselfen die jämmerlichsten, erbärmlichsten Kreaturen von allen, die in engeren Beziehungen zu den Zauberern stehen. Sie sind die letzten, kümmerlichen Überreste eines einst großen, leuchtenden Volkes, dessen tragisches Geschick sie zum Dahinschwinden bestimmte.

Elfen – geistige Naturmächte des Gefühls

Nach dem irischen »Lebor Gabála«, dem *Buch der Einwanderungen*, kamen die Tuatha dé Danann, die Kinder der Göttin Danu, von den Inseln des Nordwestens, eroberten Irland und brachten eine Reihe von Zauberutensilien mit: das Schwert des Nuadu, vor dem niemals jemand entkommt, den unfehlbaren Speer des Lug, den unerschöpflichen Kessel des Dagda und Fál, den Stein des Schicksals, den Krönungsstein, der schreit, wenn der rechtmäßige König der Insel auf ihn gesetzt wird. Die Tuatha dé Danann mussten die einäugigen, einbeinigen und einarmigen Riesen bekämpfen, die die Insel bewohnten. Diese Fomorier, deren Namen aus »fo«, »unter« und »more« oder »mahr« (wie in Nachtmahr) zusammengesetzt ist, sind die Mächte der Unterwelt, des Chaos, die die ordnenden Mächte des Lichts in die Tiefen unter der Erde zurückdrängen müssen. Aus verschiedenen Schlachten gehen die Tuatha dé Danann siegreich hervor, wenn auch ihr König Nuadu auf dem Schlachtfeld von Mag Tuired seine rechte Hand verliert. Die Fomorier werden ins Meer getrieben, die Herrschaft der Riesen auf der Insel ist für immer gebrochen. Doch der Sieg erweist sich für die Dé Danann als Pyrrhussieg. Ihre Macht verfällt zusehends. Die Tuatha Dé Danann ziehen sich ins Jenseits, in die Anderwelt, jenseits des Meeres zurück. Die Kelten Britanniens nennen dieses Feenreich Avalon, die Insel der Apfelbäume. Es ist das Reich der Hesperiden, das keltische Elysion. Von diesem neuen Wohnort haben die nun unsichtbaren Tuatha Dé Danann ihren neuen Namen erhalten. Sie heißen jetzt *Aes síde*, Volk der Hügel, verkürzt síde oder shee, ein Name, der in Irland das unsichtbare Volk der Feen bezeichnet. Die *banshee* (bean síde), die Feenfrau, deren Erscheinen den Tod ankündigt, ist die keltische Göttin des Lebens und des Todes. Sie ist aber von einer universellen, alle Naturerscheinungen und den menschlichen Lebenszyklus durchdringenden Gestalt zu einer schattenhaften Erscheinung zusammengesunken. Bis heute sind die Banshee in Irland mit einzelnen Clans verbunden, lenken aus der Anderwelt deren Geschicke und kündigen durch ihren furchterregenden Ruf den Tod von Familienmitgliedern an.

Diese Banshee sind die Vorbilder der jammervollsten Gestalten des Harry-Potter-Kosmos: der Hauselfen. Durch einen mächtigen Zauber sind sie an die Magierfamilien gekettet, in deren Häusern sie manchmal seit Generationen dienen, und die Unterwerfung ist so vollständig, dass sie zu einer Charaktereigenschaft der Elfen geworden ist. Dennoch besitzen sie eine eigene Würde und ihre eigenen Ehrbegriffe und wissen sehr wohl, was sich mit ihrer Ehre verträgt und was nicht. Sie verfügen über mächtige Zauberkräfte und folgen ihren eigenen Vorstellungen von Gut und Böse, die ihr Verhalten bestimmen, auch wenn sie sich nicht aus dem Bann befreien können, der sie an ihre Familien bindet, es sei denn, sie werden von ihnen in die Verbannung geschickt. Aber selbst dann gelingt es nicht jeder Hauselfe, sich von der Bindung an ihre Herren oder Herrinnen zu befreien, wie man an Kreacher sehen kann, der seiner alten Herrin, der Mutter von Sirius, längst nach ihrem Tode solidarisch verbunden ist, oder auch an Winky, die immer noch ihrem Barty nachtrauert, obwohl er sie aus seinem Haus verbannt hat.

Elfen besitzen ein starkes Gefühlsleben und sie sind sowohl in Freude und Schmerz, wie auch in Zuneigung und Hass zu extremen Emotionen fähig, die sie auch äußern. Das kann man an Kreacher sehen, der seinen Hass gegen alle Schlammblütler auf seinen verbitterten Lippen trägt, an Dobby, der mit seinem Kopf gegen Wände hämmert, um sich selbst zu bestrafen, und der in euphorische Freudentänze ausbricht, wenn er von Harry oder Hermine Zuwendung erfährt oder Verantwortung zugesprochen erhält, aber ebenso an Winky, die bis zur Selbstauflösung in ihrem Schmerz über die Verbannung aus dem Hause Crouch und in Sehnsucht nach ihrer einstigen Heimat zerfließt. Diese mächtigen Gefühle verleiten sie mitunter sogar zu Handlungen, für die sie sich anschließend bestrafen müssen, weil sie der magischen Bindung widersprechen, die sie zu völliger Loyalität gegenüber ihren Herren verpflichtet.

Riesen – geistige Naturkräfte des Wollens

Ganz anders die Riesen, deren monströse Gestalten Ausdruck ungeformter, naturhafter Willenskräfte sind. Nicht nur ungeschlacht, sondern auch ungestüm, haben diese wohl am meisten selbst dazu beigetragen, dass sie kurz vor dem Aussterben stehen. Während es noch vor Jahrhunderten Dutzende von Stämmen gab, sind sie heute zu einem kleinen Grüppchen zusammengeschrumpft, das irgendwo in der Gegend des Ural in Wäldern lebt.

Einst Träger mächtiger schöpferischer und zerstörerischer Naturkräfte, die in urtümlicher Wildheit Landschaften formten, sind sie heute eigentlich nur noch eine Bedrohung für die Ordnung der Welt. Ihre dumpfe, chaotische Willensnatur, die sich gegen alle Zivilisierungsanstrengungen resistent erweist, wenn man einmal von Hagrids Bruder Grawp absieht, der dank seiner zähen Anstrengungen sogar an Dumbledores Begräbnis teilnehmen kann, bricht sich in ungezähmter Brutalität regelmäßig Bahn und äußert sich in gegenseitiger Selbstzerstörung. Von ihrer kosmogonischen Funktion, von der viele Mythologien berichten, seien es die griechischen Erzählungen über die Titanen, oder die germanischen vom Urriesen Ymir, ist nichts mehr übriggeblieben. Sie gehören einem anderen Weltalter an und existieren nur noch als Schatten ihrer selbst, in einer Welt, die längst von anderen Mächten beherrscht wird.

Bereits die mythischen Tuatha Dé Danann haben ihre Vorfahren, die Fomorier, von der Insel vertrieben. Weil sie sich nicht in die neue Ordnung einfügen und diese nicht verstehen, werden sie leicht zu Opfern der Manipulation der Mächte des Bösen, und die Zauberer sind gezwungen, ihrem verwüstenden Treiben Einhalt zu gebieten.

Zwerge – Naturgeister der Intelligenz

Am besten haben sich in die neue Welt die Kobolde, Verwandte der Zwerge und Gnomen eingefügt, die ihre wichtige Rolle, die sie in der Zaubererwelt spielen, wohl ihrer Intelligenz verdanken. Sie haben sich den Zauberern durch ihre Kunstfertigkeit und ihre Talente im Umgang mit Edelmetallen unentbehrlich gemacht, durch die sie zu Verwaltern des gesamten Geldwesens geworden sind. Auch als Kunstschmiede und Verfertiger von magischen Waffen oder anderen magischen Gebrauchsgegenständen haben sie bis heute eine Bedeutung. Die Geschichte der Zauberei berichtet von Koboldaufständen, was zeigt, dass sie sich stets darum bemüht haben, einen gewissen Grad von Unabhängigkeit und Selbstständigkeit zu bewahren, und bis in unsere Tage vermögen sie ihre Monopolstellung in der Gringottsbank zu ihren eigenen Gunsten zu nutzen. Während die Elfen als Träger eines nichtmenschlichen, der Muttererde zugehörigen Gefühlslebens erscheinen, und die Riesen als urtümliche, aus den Tiefen aufsteigende, aufbauende und zerstörende Willenskraft, repräsentieren die Zwerge und Kobolde die Intelligenzkräfte der Erde.

Die Urgewalt der Drachen

Die andere Dreiheit, die der Drachen, Einhörner und Kentauren spiegelt auf ihre Art auch die Dreiheit der menschlichen Seelenkräfte des Wollens, Fühlens und Denkens wider. Sie sind aber eher kosmischer als irdischer Natur. Die Drachen können fliegen und weisen sich dadurch als Astralwesen aus, die Einhörner sind Symboltiere der alles erhaltenden göttlichen Liebe und Barmherzigkeit des Christus, und die Kentauren sind Träger einer Weisheit, die sie den Sternen verdanken. Durch ihre Wildheit und ihre zerstörerischen Kräfte sind die Drachen noch am ehesten mit den Riesen verwandt. Sie atmen Feuer, haben eine Beziehung zum Gold und zur Weisheit und eine Fülle magischer Bedeutungen. Ihre Magie ist, ebenso wie die der Elfen, Riesen und Zwerge, älter als die menschliche, deshalb können sie Zauberern auch gefährlich werden. Trotzdem beschäftigen sich die Zauberer, unter ihnen Percy Weasley, mit der Aufzucht und der Haltung von Drachen, aus denen eine Vielzahl bedeutender Materialien gewonnen werden kann. Dumbledore wird gerühmt, die zwölf Anwendungen von Drachenblut entdeckt zu haben, über die wir aber nichts Näheres erfahren. Vielleicht gehört dazu die Unverwundbarkeit, wie wir sie aus der Sigfridsage kennen, und gewiss bildet es auch einen Bestandteil mancher zauberkräftiger Mixturen. Aus ihrem Herz werden Bestandteile von Zauberstäben gewonnen, und ihr Dung leistet bei der Aufzucht magischer Pflanzen gute Dienste.

Die reinigende Kraft des Einhorns

Die Einhörner mit ihren goldenen Hufen und ihrem silberblau schimmernden Blut sind die wohl wunderbarsten unter den magischen Kreaturen. Als Fohlen sind sie ganz golden, werden silbern, wenn sie zwei Jahre alt sind, entwickeln mit vier ihr Horn und sind mit sieben ganz ausgewachsen und werden weiß. Sie lassen sich lieber von Mädchen als von Knaben berühren, ihr Blut besitzt eine wunderbare Heilkraft und verlängert das Leben. Diese Eigenschaft macht sich Lord Voldemort in »Der Stein der Weisen« zunutze, wenn er ein Einhorn erschlägt und sich durch dessen Blut am Leben erhält. Aber, wie der Kentaur Firenze erzählt, das Leben dessen, der ein so unschuldiges, reines Wesen wie ein Einhorn erschlagen hat, ist von diesem Augenblick an verflucht und er wird, wenn das Blut seine Lippen berührt hat, nur noch ein jammervolles Halbleben führen.

Die mittelalterliche Legende berichtet von einer Methode, das Einhorn durch eine reine Jungfrau zu fangen. Das sonst wilde Tier nähert sich ihr traulich und legt seinen Kopf in ihren Schoß. Wunderbare Tapisserien, wie jene aus einer flämischen Werkstatt aus dem 15. Jahrhundert, die im Musée de Cluny in Paris zu sehen ist, haben dieses Motiv ausgestaltet. Hier steht eine schöne, blonde Jungfrau inmitten eines Paradiesgartens, mit ihrer rechten Hand in einen goldenen Kelch greifend, der ihr von einer zweiten, an ihrer linken Seite knieenden Jungfrau entgegengehalten wird. Rechts und links wird sie von zwei Fahnenstangen eingerahmt, auf denen jeweils ein Banner mit drei Mondsicheln zu sehen ist. Die rechte Fahnenstange wird von einem eleganten weißen Einhorn festgehalten, die linke von einem Löwen.

Das weiße Tier ist ein Symbol für Christus, der in den Schoß der Jungfrau Maria eingegangen ist. Das Einhorn ist nicht nur ein Bild für den göttlichen Sohnesgeist, der von der reinen Seele aufgenommen wird, es reinigt auch das von der Schlange vergiftete Wasser des Lebens, wie der Physiologus berichtet. Die Schlange hat ihr Gift in das Wasser geworfen, und das Einhorn macht die Kraft dieses Giftes durch ein Kreuzzeichen unschädlich, das es mit seinem Horn ins

Wasser zeichnet, sodass alle Tiere unbeschadet davon trinken können. Die erneuernde und belebende Kraft der göttlichen Liebe, die vom Kreuz verströmt, reinigt das Wasser vom Gift der Schlange und gibt ihm seine ursprüngliche Lebendigkeit zurück, in der fortan die Liebe Gottes strömt.

Es ist von beeindruckender Folgerichtigkeit, wenn Lord Voldemort als der große Widersacher dieser lebenerneuernden Liebeskraft ausgerechnet ein Einhorn tötet, um sich von dessen Blut zu nähren. Das Einhorn war das Wappentier der schottischen Stuartdynastie, die mit Jakob I. nach dem Tod von Königin Elisabeth I. auf den englischen Thron gelangte und die walisische Tudordynastie ablöste. Jakob I. fügte das Einhorn dem Löwen im britischen Staatswappen hinzu. Während die Drachen die aus dem Kosmos auf die Erde fließenden Willenskräfte mit ihrer aufbauenden und zerstörenden Macht repräsentieren, steht das Einhorn als Symbol Christi für das spirituelle Herz des Kosmos, das durch das Kreuz zum Herzen der Erde geworden ist.

Die Weisheit der Kentauren

Die Kentauren schließlich, Mischwesen aus Pferd und Mensch, sind die Träger einer überirdischen Weisheit, die ihnen aus der Sternenwelt zufließt, sie stellen die in die Tiernatur des Menschen einströmende göttliche Weisheit dar. Schon bei den alten Griechen waren die Kentauren für ihre Weisheit berühmt und traten als Lehrer von Heroen auf. Apollo brachte Asklepios in die Höhle des Kentauren Chiron, von dem er in die Heilkunst eingeführt wurde. Er erlernte die Chirurgie und den Gebrauch von heilkräftigen Pflanzen. Doch er konnte nicht nur Kranke heilen: Dank des Blutes der Medusa, das er von Athene erhalten hatte, konnte er Tote wieder erwecken bzw. Lebende augenblicklich töten.

Aber nicht nur Asklepios wurde von Chiron erzogen. Zu seinen Schützlingen gehörten auch Aison, der Vater des Argonauten Iason, Achilleus, der Sohn des Peleus und der Meeresgöttin Thetis, Äneas, der Gründer Roms, Odysseus und andere Heroen. Chiron wurde später, als er von einem Pfeil des Herakles zufällig verwundet und seiner Unsterblichkeit müde geworden war, von Zeus als Sternbild des Kentauren an den Himmel versetzt. Ein anderer an den Himmel versetzter Kentaur ist zum Sternbild des Schützen geworden.

Wenn die Kentauren sich so sehr mit dem nächtlichen Sternenhimmel beschäftigen, wie sie dies im Harry-Potter-Zyklus tun – eine Beschäftigung, die ihnen einen tieferen Einblick in die Zukunft und das Wirken der Schicksalsmächte gewährt als die Künste Sibyll Trelawneys –, dann tun sie dies auch in ehrendem Angedenken an ihre Vorfahren, die ihnen aus der Fixsternwelt entgegenblicken. Auch die Züge der Wildheit, der Kampfbereitschaft, des Aufbrausens und des Stolzes, die die Kentauren im Verbotenen Wald an sich tragen, sind Kennzeichen der griechischen Vorbilder, die in eine Vielzahl von Kämpfen mit Menschen verwickelt werden, die meist aus Missverständnissen oder einem Übermaß an genossenem Wein entspringen. Sie erklären sich aber auch daraus, dass sich in ihnen die himmlische Weisheit mit einem noch nicht menschlich gewordenen Tierkörper verbindet.

> Heute haben all diese Mysterien ihre Kraft eingebüßt … der Mensch selbst ist jetzt das zentrale Geheimnis … Der Mensch verstanden aber nicht als Ich, sondern als Du.
>
> *Joseph Campbell, Der Heros in tausend Gestalten*

Harry Potter als Heros des Bewusstseins-Seelen-Zeitalters

Der Harry-Potter-Zyklus ist die Geschichte der Initiation eines Angehörigen des angelsächsischen Okkultismus. Er ist auch eine Geschichte der Inkarnation des Bösen und des Kampfes gegen dieses Böse. Er ist die Geschichte eines Heros, eines Heilands und Erretters vor diesem Bösen. Dieser Heros ist ein auf den ersten Blick eher durchschnittlich begabter Jugendlicher, der weder körperlich noch geistig aus der Masse herausragt. Bei näherer Betrachtung müsste man ihn sogar als Paria bezeichnen, als jemanden, der von allen getreten und missachtet wird. Man denke nur daran, wie seine Stiefeltern und sein Stiefbruder ihn behandeln. Sie geben ihm mit jedem Atemzug, mit jedem Blick zu verstehen, dass sie ihn für einen Nichtsnutz halten, für einen überflüssigen Esser, einen Wechselbalg, der ihnen von einem bösartigen Schicksal vor die Tür gelegt wurde. Seit er Fragen stellen konnte, haben sie ihm Lügen erzählt, seit sich seine kindliche Selbstständigkeit zu regen begann, haben sie ihn misshandelt, ausgelacht, bloßgestellt. Mit hemmungsloser Parteilichkeit bevorzugen Onkel und Tante seinen Stiefbruder Dudley und lassen ihm jene blinde Affenliebe zuteil werden, von der das Beste, was man über sie sagen kann, ist, dass Harry vor ihr verschont bleibt.

Ihr ganzes Verhalten ist Ausdruck einer abgrundtiefen Verachtung, für die es in Harry selbst keine Erklärung gibt. Wie Aschenputtel muss er buchstäblich in Sack und Asche gehen, in einem dunklen Verschlag hausen, die Brosamen aufsammeln, die vom für die anderen reich gedeckten Tisch herunterfallen. Der Junge wächst in einer Atmosphäre permanenter Vernachlässigung auf und wird für Dinge bestraft, für die er nicht verantwortlich ist. Alle Bedingungen wären also gegeben, um aus ihm einen lebensüberdrüssigen Junkie zu machen oder ihn in den Selbstmord zu treiben.

Die Erwählung

Wäre da nicht jenes unergründliche Geschick, das ihm eine spirituelle Bestimmung zugedacht hat, das ihn über alle erhebt und ihn zum Auserwählten, eben zum Heros macht. Aber er ist nicht als Heros geboren. Er muss in diese Rolle erst hineinwachsen, er muss diese Rolle in gewisser Weise selbst erwählen und dem Ruf antworten, der aus einer anderen Welt an ihn ergeht. Er ist zwar auch ein Mischwesen, wie die antiken Halbgötter – halb Gott, halb Mensch jene, halb Zauberer, halb Mensch dieser –, aber seine Bestimmung zum Heldentum muss sich erst langsam und allmählich entfalten, wie sich eine Pflanze entfaltet.

In unseren Tagen wird kein Mensch mehr als Heros geboren, weil die Götter keine Nachkommen mehr mit Sterblichen zeugen, in unseren Tagen müssen sich auch Helden erst zu solchen entwickeln. Ob man von Zauberern gezeugt wird, ist dabei nicht maßgeblich, denn die Fähigkeit des Zauberns kann man erlernen, und um Held sein zu können, bedarf man anderer Qualitäten.

Und doch steht das Leben Harrys von Anfang an unter mythischen Vorzeichen. In ihm fließen gleichsam wie in einem Brennspiegel die Strahlen zusammen, die von den Heroen ausgehen, die ihm vorangegangen sind. Die besonderen Eigenschaften, die sie kennzeichnen, die Ereignisse, die ihr Leben bestimmt haben, durch die sie bis heute als mythische Gestalten in Erinnerung geblieben sind: Sie blitzen im Leben Harrys auf, wie Leuchtkugeln, deren Glanz er zurückspiegelt. Harry besitzt eine mythische Patchwork-

Identität, er ist kein Held aus einem Guss, wie die Heroen der Antike. Kaleidoskopisch schillert sein Wesen, in ihm klingen Reminiszenzen an eine Vielzahl mythischer Gestalten nach.

Aufgrund einer Prophezeiung übt ein von seiner Macht Besessener einen Anschlag auf sein Leben aus, wie Herodes beim betlehemitischen Kindermord. Dieselbe Prophezeiung ruft sein tragisches Schicksal hervor, das ihn zum Waisenkind macht. Er wächst bei Stiefeltern auf, er tritt der Sphinx gegenüber und löst ihr Rätsel wie Ödipus. Er trägt das Mal des Kain an seiner Stirn. Er heißt Töpfer (Potter), wie der Töpfergott, der Weltenbildner Platos. Er erwürgt eine Schlange in der Wiege, wie Herakles, er besänftigt den Kerberos mit Musik wie Orpheus, er findet und verliert das Elixier der Unsterblichkeit wie Gilgamesch, er besiegt einen Medusa-Basilisken wie Perseus. Er übersteht wie Theseus das Labyrinth des Minotaurus, er sucht und findet im Trimagischen Turnier wie einst Sir Galahad den Gralskelch. Er wird gekreuzigt wie Jesus von Nazareth. Er ist aber auch ein tumber Tor wie Parzival: Dass er ein Ritter der Magie ist, darüber muss er erst aufgeklärt werden, denn die Dursleys tun alles, um diese Wahrheit von ihm fernzuhalten, ebenso wie die Mutter Parsifals, Herzeloide, alles tat, um seine wahre Abkunft vor ihrem Sohn geheimzuhalten. Aber von allen unterscheidet er sich auch wieder. Sein Schicksal ist keine bloße Zitatensammlung, sondern eine freie Abwandlung von Urbildern, die er in völlig neuer Form durchlebt.

Harry ist ein Heros. Sein Leben und sein Schicksal greift eine Vielzahl von Motiven mythischer Heldenleben auf. Seine Abenteuer entsprechen der Grundstruktur jedes klassischen Heroenlebens. Er ist der verlorene Prinz oder der heimliche König wie Ödipus, Moses, König Arthur. Er ist der Verstoßene und Misshandelte, der nicht seiner königlichen Natur entsprechend behandelt wird. Er ist der Goldkern, der in den Schmutz gefallen oder gestoßen ist, wie der Mensch des gnostischen Urmythos.

Wie jeder Heros wird er aus der Alltagswelt in eine andere Welt voll übernatürlicher Kräfte und Geheimnisse berufen. In dieser anderen Welt muss er Abenteuer und Prüfungen bestehen. Es ist die Welt der Initiation. Nach seiner Initiation kehrt er wieder in die Alltagswelt zurück, um seine neu erworbenen Fähigkeiten und Kenntnisse den gewöhnlichen Sterblichen mitzuteilen, nur, dass die gewöhnlichen Sterblichen Menschen mit außergewöhnlichen Fähigkeiten, Zauberer, sind. Aber der Sieg, den Harry am Ende gegen Voldemort erringen wird – woran kaum Zweifel möglich sind –, kommt nicht nur der Zaubererwelt zugute, sondern auch den Muggeln, die von den verbrecherischen Absichten des Dunklen Lords ebenso betroffen sind wie die Zauberer. Auch wenn dieser Sieg kein endgültiger sein kann, wie Harry von Dumbledore belehrt wird, würde doch jeder Versuch, die Auseinandersetzung zu vermeiden, die Kräfte des Bösen nur stärken.

Der Weg des Heros

Das Leben eines jeden Heros verläuft über die drei Stufen der Berufung (Aufbruch und Abschied), der Initiation und der Rückkehr. Bei genauerer Betrachtung lassen sich in diesen drei großen Schritten zwölf kleinere unterscheiden.*

1. Irgendein Unheil, ein Leid oder eine Schuld in dieser Welt rufen nach einer Lösung, die nur in einer anderen Welt gefunden werden kann.

Dieses drohende Unheil verlangt nach einem Heros, der die Wiederkehr der dunklen Zeit verhindert und das Böse bezwingt. So wird der Heros berufen. Er lebt wie alle anderen Menschen in der Welt der gewöhnlichen Sterblichen. Allmählich oder auf einen Schlag entfernt er sich aus dieser. Oft kommt ein Bote zum werdenden Heros, der ihm ankündigt, das Schicksal habe ihn auserwählt.

Im »Stein der Weisen« geschieht eben dies. Dem Jungen, der sein Schattendasein im Haus der Dursleys fristet, wird mitgeteilt, dass ein anderer Ort, Hogwarts, für ihn bestimmt ist. Nachdem die Brief-

* Ausführlich behandelt die Situationen des mythischen Heldenlebens Joseph Campbell in seinem Buch *Der Heros in tausend Gestalten.*

botschaften von den Dursleys abgefangen werden, tritt der Bote, der ihn abholt, in Gestalt Hagrids persönlich in Erscheinung. Aber am Ende jedes Schuljahrs muss Harry in den Ligusterweg zurückkehren, und jede neue Initiationsstufe beginnt wieder hier, in der Muggelwelt. In Hogwarts warten bereits neue Botschaften und neue Berufungen auf ihn, hier muss er weitere Schwellen überschreiten, in tiefere Schichten des Seins und seiner Seele vordringen, weit jenseits des Alltagsbewusstseins und auch weit jenseits des Bewusstseins vieler Schüler oder Zauberer. Wie er sehr spät erst erfahren wird, ist er der »Auserwählte«. Und dieses Wissen selbst verdankt er nur der Tatsache, dass er eine weitere Schwelle überschritten, eine weitere Prüfung bestanden hat.

Oft wehrt sich der Heros gegen seine Berufung oder lehnt sie ab, wie Moses oder Odysseus. Er kann eine Menge Gründe ins Feld führen, dass er nicht für die Aufgabe geeignet ist, die das Schicksal ihm auferlegen will. Aber all seine Einwände erweisen sich letztlich als bedeutungslos. Er hat in Wirklichkeit keine Wahl. Im »Stein der Weisen« ist Harry noch der »tumbe Tor«, der ganz mit dem Staunen über die neue Welt beschäftigt ist, die sich ihm in Hogwarts erschließt. Erst ganz am Ende nimmt er die Aufgabe an, die das Schicksal ihm stellt.

In der »Kammer des Schreckens« flüchtet er sich bereits vor dem Ruhm, den seine ersten Heldentaten hervorgerufen haben, in die Anonymität. Doch das Schicksal sucht ihn, er kann ihm nicht entrinnen. Er hört die Stimme des Basilisken, er kommt dem Geheimnis der Kammer des Schreckens auf die Spur.

Im »Gefangenen von Askaban« wird er von Todesomen verfolgt und muss die Angst vor dem Tod überwinden, um einen wirksamen Schutz vor dieser Angst hervorrufen zu können.

Im »Feuerkelch« will und darf er nicht am Trimagischen Turnier teilnehmen. Aber jemand anders wirft seinen Namen in den Feuerkelch und dieser erwählt auf unerklärliche Weise ihn, obwohl er zu jung ist und seine Schule bereits einen Kandidaten stellt.

Im »Orden des Phönix« muss er zu einer Anhörung vor dem Zaubereiministerium erscheinen, um sich wegen ungerechtfertigter

Anschuldigungen zu verteidigen. Er kann dem Konflikt mit dem Ministerium nicht ausweichen, das entschlossen ist, ihn zum Schweigen zu bringen.

Erst im »Orden des Phönix« beginnt sich Harry ganz mit der Bestimmung zu identifizieren, die das Schicksal ihm zugedacht hat, auch wenn er deren Tragweite noch nicht völlig zu überschauen vermag.

2. Der Berufene begegnet einem Beschützer und Führer, der ihm mit seinen übermenschlichen Kräften beisteht oder ihm magische Hilfsmittel übergibt.

Wesen aus einer anderen Welt bieten Schutz oder Hilfe an, oft aufgrund eines Versprechens oder eines Bundes, die erfüllt werden müssen.

Im »Stein der Weisen« ist Hagrid Harrys Beschützer seit seiner Geburt. Er ist es, der Harry mit dem fliegenden Motorrad seines Paten Sirius zu den Dursleys in Sicherheit bringt. Später wird Harry von geflügelten Boten aus der anderen Welt aufgesucht, die nach ihm rufen, und als diese ihm ihre Nachricht nicht überbringen können, erscheint der Halbriese Hagrid erneut, um ihn aus den Fängen seines Onkels Vernon zu befreien. Er ist der Führer aus der Anderwelt, der Harry nach Hogwarts geleitet. Er beschafft ihm seine ersten Zaubererutensilien, seinen Zauberstab und seine Eule Hedwig.

Und hinter Hagrid steht der Hierophant, der größte aller Mystagogen, Albus Dumbledore, der aus der Ferne das Schicksal Harrys in Fluss bringt. Im »Stein der Weisen« ist es Dumbledore, der Harry den Tarnumhang schenkt, der unsichtbar macht. In der »Kammer des Schreckens« erhält Harry in größter Not ein magisches Schwert, das ihm der Bote Dumbledores, der Phönix Fawkes bringt.

Aber auch andere schenken ihm magische Utensilien, wie Fred und George im »Gefangenen von Askaban« die Karte des Rumtreibers, die es Harry ermöglicht, heimlich in Hogwarts und auf dem Gelände der Schule herumzustreunen. Im »Feuerkelch« erhält er von der Hauselfe Dobby ein Zauberkraut geschenkt, das ihm hilft, die zweite Aufgabe des Trimagischen Turniers zu bestehen. Im »Orden des Phönix« erhält er von seinem Paten einen magischen Zweiwegspiegel, den er tragischerweise nicht nutzt. Im »Halbblutprinzen« ist es eine vergiftete Leihgabe, ein Schulbuch, das Harry nahe an den Rand der schwarzen Magie bringt, das ihm aber auch das Glückselixier verschafft, mit dessen Hilfe er eine Schlüsselerinnerung Slughorns, Lehrer für Zaubertränke in Hogwarts, erlangen kann.

3. Der Berufene macht sich auf die Reise, geht ins Exil fern der Heimat, um einen magischen Gegenstand, die gesuchte Hilfe oder tiefere, heilende Erkenntnis zu suchen.
Er muss Schwellen überschreiten, wenn er die andere Welt betreten will. Der Beschützer kann ihn nur bis zur Schwelle führen. Überschreiten muss der Heros sie alleine. Es gilt, einen Hüter durch Kampf oder List zu überwinden, der ihn daran hindern will, die Schwelle zu überschreiten.

Alle Harry-Potter-Bände erzählen von dieser Reise in die magische Welt, in deren Verlauf Harry eine ganze Reihe von zauberischen Gegenständen erwirbt und nach der heilenden Erkenntnis sucht, wie er Lord Voldemort besiegen kann. Jedes von Harrys Abenteuern beginnt mit einem solchen Schwellenübertritt. Im »Stein der Weisen« können Ron und Hermine ihm bei den sieben Aufgaben helfen: Ron beim Schachspiel, Hermine bei der Prüfung mit den Zaubertränken. Aber nur Harry allein kann das letzte Zimmer betreten, in dem er Quirrell und Lord Voldemort gegenüberstehen wird. In der »Kammer des Schreckens« sind es Ron und Lockhart, die mit ihm in die Unterwelt absteigen, um dem Basilisken gegenüberzutreten und Ginny zu befreien. Aber den letzten Teil des Weges muss Harry allein zurücklegen. Im »Gefangenen von Askaban« sind Ron und Hermine dabei, als sie den Verräter Wurmschwanz jagen, aber der Begegnung mit den Dementoren muss Harry ganz alleine standhalten. Im »Feuerkelch« muss Harry alle drei Aufgaben alleine bestehen, auch wenn er von seinen Freunden und Lehrern Hilfen erhält. Zwar gelangen er und Cedric Diggory gemeinsam zur Trophäe des Trimagischen Pokals, aber die anschließende Konfrontation mit Voldemort muss Harry alleine durchstehen. Im »Orden des Phönix« kann Arthur Weasley ihn bis zur Tür des Zaubergamots begleiten, muss aber an der Schwelle zurückbleiben. Dem Duell der Zauberergiganten Voldemort und Dumbledore wohnt Harry am Ende als einziger Zeuge bei – der Kampf der Giganten tobt um seinen Besitz, seine Seele. Im »Halbblutprinzen« schließlich begleitet Harry Dumbledore allein in die Höhle der Inferi und wird zum einzigen Zeugen der Ermordung seines Lehrers.

4. Der Heros steigt in den Hades ab, wie Orpheus oder Herakles, er verschwindet im Bauch des Wals wie Jonas, um nach drei Tagen wieder hervorzukommen.
Diese Abstiege vollzieht Harry im »Stein der Weisen«, wenn er auf der Suche nach dem Stein durch die Falltür steigt, in der »Kammer des Schreckens« durch den Abstieg in die Höhle des Basilisken, im »Gefangenen von Askaban«, wenn er durch den unterirdischen Gang in die Heulende Hütte gelangt, im »Feuerkelch«, wenn er durch das Labyrinth seinen Weg findet und vom Portschlüssel entführt wird, im »Orden des Phönix«, wenn er im tiefsten Kerker des Zaubereiministeriums dem Obersten Zauberergericht alleine gegenübertreten muss, und indem er in die Mysteriumsabteilung eindringt und nach der Waffe sucht, die sich Voldemort aneignen will, und schließlich im »Halbblutprinzen«, als er mit Dumbledore zusammen auf der Suche nach dem Horcrux die Höhle der Inferi betritt und in den Abgrund blickt, den seine Einsicht öffnet, dass er sich von seiner eben erst gewonnenen Gefährtin Ginny trennen muss.

5. Der Held durchlebt seine Initiation oder eine Reihe aufeinanderfolgender Initiationen.
Er beschreitet einen Prüfungsweg. Er muss sich mit dem Unbekannten auseinandersetzen. Gefährten mögen ihm beistehen, auch übernatürliche Kräfte können ihm hilfreich sein. In jeder Folge durchlebt Harry eine Initiation. Im »Stein der Weisen« muss er gleich sieben Prüfungen bestehen, in der »Kammer des Schreckens« muss er den Basilisken und Tom Riddles Phantomgestalt töten, im »Gefangenen von Askaban« muss er der Versuchung

widerstehen, den Verräter zu töten und andere davon abhalten, im »Feuerkelch« steht er die Begegnung mit Voldemort durch, im »Orden des Phönix« die Torturen, die ihm Umbridge zufügt, den Tod seines Paten und den Kampf gegen die Todesser, im »Halbblutprinzen« das Leiden und den Tod seines Meisters.

6. Der Heros gerät auf Irrwege oder muss in der Nacht oder auf dem Meer reisen.

Jede Fahrt nach Hogwarts ist eine Art Geisterfahrt, ob im Hogwarts Express, der von einem Gleis abfährt, das es »gar nicht gibt«, oder im Ford Anglia mit Ron, oder im »Knight Bus«, dem Fahrenden Ritter. Im »Feuerkelch« wird Harry körperlich entführt, im »Orden des Phönix« geistig. Im »Gefangenen von Askaban« ist er das ganze Buch über auf einer falschen Fährte, weil er glaubt, der Grimm, der ihm erscheint, sei ein Todesomen und Sirius sei tatsächlich ein Todesser.

7. Der Heros muss einen Drachen, die Symbolgestalt des Bösen, bekämpfen. Er erleidet einen mystischen Tod oder verliert Teile seines Körpers.

Harry bekämpft einen Basilisken, Dementoren und vor allem Lord Voldemort, die Verkörperung des Bösen. Jedesmal wird Harry verletzt oder nähert sich der Schwelle des Todes. Im »Stein der Weisen« wird er nach der Begegnung mit Quirell ohnmächtig und wacht erst nach drei Tagen wieder auf. In der »Kammer des Schreckens« bricht er sich beim Quidditchspiel den Arm, und seine Knochen verschwinden durch einen falsch ausgeführten Heilzauber Lockharts. Im »Gefangenen von Askaban« verliert er beim Auftauchen der Dementoren ständig das Bewusstsein, stürzt von seinem Rennbesen und landet am Ende wieder im Krankenflügel. Im »Feuerkelch« verliert er auch nach der Konfrontation mit Lord Voldemort und der Rückkehr mit dem Portschlüssel das Bewusstsein. Im »Orden des Phönix« fällt er ständig in traumartige, visionäre Zustände, im »Halbblutprinzen« hält er das erste Mal mit vollem Bewusstsein der Konfrontation mit dem Bösen stand. Aber diesmal ist es auch nur Snape, dem er gegenübersteht.

8. Der Heros begegnet seinem Vater oder seiner Mutter, und es gelingt ihm, die spirituellen Kräfte, die sie repräsentieren, in sich selbst zu entfalten.

In beinahe jedem seiner Abenteuer begegnet Harry auch seinen Eltern. Sie erscheinen im Spiegel Nerhegeb im »Stein der Weisen«. Im »Gefangenen von Askaban« tauchen sie in den Erzählungen ihrer ehemaligen Schulfreunde auf, und die Animagusgestalt seines Vaters wird zu Harrys Patronus. Sie erscheinen als Geistgestalten im »Feuerkelch«, als er sich mit Voldemort duelliert. Im »Orden des Phönix« begegnet er ihnen erneut, als er die Erinnerung Snapes im Denkarium wahrnimmt. Dadurch wird Harry klar, warum Snape ihn seit Anbeginn hasst.

9. Der Heros erlangt Anteil an göttlichen Eigenschaften, die Initiation ist ein Weg der Anähnlichung an Gott. Er muss Unwissenheit und Furcht hinter sich lassen.

Bei jeder seiner Initiationen muss Harry Angst überwinden. Aber mit jeder bestandenen Prüfung wächst auch seine Gewissheit, dass er dem Dunklen Lord nicht unterliegen wird. Am Ende erlangt der Heros, wonach er sucht. Es kann sich um ein Lebenselixier handeln, es kann aber auch etwas sein, was er gar nicht gesucht hat, weil er durch die Prüfungen von seinen Illusionen befreit worden ist und erkannt hat, dass das höchste Gut in etwas ganz anderem besteht. Im »Stein der Weisen« findet Harry den Stein, das Elixier des Lebens, den der Spiegel Nerhegeb auf magische Weise in seine Tasche zaubert. In der »Kammer des Schreckens« bezwingt er das Ungeheuer, das in den Tiefen unter dem Schulgelände haust, und rettet Ginny das Leben. Im »Gefangenen von Askaban« findet er den meistgesuchten Zauberer, Sirius Black, und enthüllt seine wahre Natur: Er ist weder ein Massenmörder, noch ein Verräter. Er ist selbst Opfer eines Verrats geworden. Im »Feuerkelch« geht Harry als Sieger aus dem Trimagischen Turnier hervor. Er duelliert sich mit Lord Voldemort und entrinnt dem Tod, diesmal aus eigener Kraft. Er beginnt zu ahnen, wie groß seine Zauberkräfte sind. Im »Orden des Phönix« erfährt er die Wahrheit über die Prophezeiung, die Voldemort dazu treibt, ihn zu töten, und kann verhindern, dass diese Prophezeiung in die Hand Voldemorts fällt. Im »Halbblutprinzen« erlangt er die Schlüsselerinnerung Slughorns, die das Geheimnis der Horcruxe verstehen hilft, wird Zeuge von Snapes Verrat an Dumbledore und entrinnt knapp seinem eigenen Tod. Er erhält von Dumbledore die Aufgabe, seine Suche nach den Horcruxen fortzuführen, in denen Voldemort Teile seiner Seele verborgen hat. Und er erlangt das ›Elixier‹ Ginny, das Glückselixier, das mit keinem Zaubertrank vergleichbar ist.

10. Der Heros kehrt in die Welt der Sterblichen zurück. Er wird auf magische Art gerettet. Manchmal erhält er Unterstützung durch Weggefährten oder durch Menschen bzw. Gegenstände aus seiner Alltagswelt.
Im »Stein der Weisen« wird Harry auf magischem Weg gerettet und kehrt bewusstlos nach Hogwarts zurück. In der »Kammer des Schreckens« ist es der Phönix Fawkes, der Harry rettet und in das Schloss zurückbringt. Im »Gefangenen von Askaban« wacht Harry nach der Konfrontation mit den Dementoren und der scheinbaren Begegnung mit seinem Vater im Krankenflügel auf, ohne zu wissen, wie er dorthin gelangt ist. Im »Feuerkelch« verspricht Harry Cedric, seinen Leichnam nach Hogwarts zurückzubringen. Er selbst gelangt mit Hilfe des Pokals, der als Portschlüssel dient, zurück. Im »Orden des Phönix« ist es der abgeschlagene Kopf des Zauberers aus dem Brunnen des Friedens, der im Atrium des Zaubereiministeriums steht, der Harry in das Büro Dumbledores zurückträgt. Im »Halbblutprinzen« geht er zu Fuß und mit Bewusstsein vom Schauplatz des Mordes an Dumbledore fort, denn er ist jetzt reif, dessen Nachfolge anzutreten.

11. Nachdem er in die Alltagswelt zurückgekehrt ist, fällt es dem Helden schwer, sich in sie einzufügen. Er stößt auf Unverständnis und Ablehnung.
Am Ende jedes Schuljahrs muss Harry in den Ligusterweg zu den Dursleys zurückkehren, die ihm Ablehnung und Hass entgegen-

bringen und die Existenz von Zauberei hartnäckig leugnen. Sogar andere Zauberer haben es schwer, Harry und seine Wahrheit zu akzeptieren. In Hogwarts begegnet Harry unter seinen Mitschülern von Anfang an Misstrauen und Skepsis, die sich mit jedem der von ihm bestandenen Abenteuer steigern. Er trägt diese merkwürdige Narbe im Gesicht, hat einen Angriff Lord Voldemorts überlebt, ist von einer Aura des Unerklärlichen, Furchterregenden umgeben. Seine Fähigkeit, mit Schlangen zu sprechen, macht ihn erst recht verdächtig, manche halten ihn in der »Kammer des Schreckens« für den Erben Slytherins, der das Monster freigelassen hat. Im »Gefangenen von Askaban« weiß keiner der Schüler, was genau passiert ist. Alle möglichen Theorien kursieren unter den Schülern, aber keine kommt der Wahrheit nahe. Die führende Zeitung der Zaubererwelt hat es im »Feuerkelch« darauf angelegt, Harry zu verleumden. Der Kampf um die Wahrheit und deren Leugnung tritt im »Orden des Phönix« sogar ins Zentrum des Geschehens. Und erst am Beginn des »Halbblutprinzen« gesteht das Ministerium zu, dass es sich geirrt hat und dass Harry und Dumbledore die Wahrheit erkannt haben.

12. Der Heros hat die Kluft zwischen Diesseits und Jenseits überwunden.
Harry hat Gefahren erlebt und überlebt, wie kaum ein anderer Zauberer. Mehr als einmal ist er Lord Voldemort gegenübergetreten. Im »Stein der Weisen« kehrt er ihm, getragen von Quirrell, sein Antlitz zu. In der »Kammer des Schreckens« tritt er ihm in der Gestalt Tom Riddles gegenüber. Im »Gefangenen von Askaban« begegnet Harry Voldemorts Knecht, den er zusammen mit seinen Freunden enttarnt. Im »Feuerkelch« tritt er ihm persönlich gegenüber. Im »Orden des Phönix« beginnt er, sich in dessen Seele einzufühlen, bevor er ihm erneut gegenübertritt. Im »Halbblutprinzen« kommt er unter Dumbledores Anleitung seiner Magie auf die Spur, indem er das Geheimnis der Horcruxe zu entschlüsseln beginnt und einen Weg erkennt, wie er Voldemort bezwingen kann.

Der Tod Dumbledores stellt vermutlich das größte seiner Initiationserlebnisse dar. Durch all diese Erfahrungen ist er in die Tiefen seiner Seele hinabgetaucht und hat die darin verborgenen Schätze ans Tageslicht befördert. Er hat erkannt, wie stark er mit Voldemort verbunden ist und welchen Anteil des Bösen, das ihm in Voldemort gegenübertritt, er in sich selbst trägt. Indem er dieses Böse in seiner eigenen Seele überwindet, kann er es auch in Voldemort überwinden.

Auf seinem Weg muss der Heros die Angst vor dem Tod überwinden, die ihn daran hindert, sich dem Leben bedingungslos zuzuwenden. Angst ist der größte Feind Harrys, größer noch als Voldemort. Professor Lupin verhindert im »Gefangenen von Askaban«, dass Harry in Verteidigung gegen die Dunklen Künste dem Irrwicht gegenübertritt, weil er annimmt, Harry fürchte sich am meisten vor dem Dunklen Lord, und dessen Abbild möchte er nicht im Klassenzimmer sehen. Aber was Harry am meisten fürchtet, sind die Dementoren. Das scheint Lupin weise: Wovor Harry am meisten Angst hat, ist die Angst selbst. Diese Angst lernt er überwinden und vermag schließlich den Patronus heraufzubeschwören, der die seelentötende Angst in die Flucht schlägt.

Der Patchwork-Charakter von Harrys Helden-Identität liegt in der Natur des Bewusstseinsseelen-Zeitalters begründet. Er ist ein Heros der Bewusstseins-Seele. In ihr kommt das menschliche Ich rein, nackt, in seiner geistigen Natur zur Erscheinung. Aufgrund dieser Natur kann sich das menschliche Ich mit allen Weltinhalten verbinden. Es ist seiner Anlage nach universell und zugleich höchst individuell, einzigartig. Einzigartigkeit und Universalität entsprechen der geistigen Natur des Ich. Diese Einzigartigkeit und Universalität stellen auch die Gefährdungen dar, denen das Ich ausgesetzt ist: Nichts kann so sehr in die Einsamkeit, in die Isolation, den bornierten Egoismus versinken, wie ein Ich, das nicht eingebettet ist in die Gemütskräfte oder in die Empfindungskräfte früherer Epochen. Nichts vermag sich so sehr in der Welt zu verlieren, wie ein Ich, das sich mit allen Weltinhalten, mit den guten, wie den bösen, verbinden kann.

Selbstüberhebung und Selbstverlust

Voldemort stellt im Grunde nichts anderes als ein in die vollständige Isolation, in den borniertesten Egoismus abgesunkenes Ich dar, das jeglichen gefühlsmäßigen Zusammenhang mit anderen Menschen verloren hat und so sehr an seiner Einzigartigkeit festhält, dass es diese verewigen möchte. Wenn es an nichts mehr glaubt, nur noch an sich, dann ist es der schlimmsten Versuchung ausgesetzt, ja, es ist ihr bereits erlegen. Es gibt keine Götter, keine Gebote mehr, die es vor sich selbst und dem Bösen schützen könnten, das in ihm lauert. Denn ein menschliches Ich, das sich vollkommen in sich selbst verschließt, das an nichts mehr interessiert ist, als an sich selbst und der Verewigung seiner Einzigkeit, wird zum Quell einer neuen Art von Bösartigkeit, die durch diese Abschließung von der übrigen Menschheit erst in die Welt tritt.

Die andere Gefahr, die dem Ich droht, ist der Selbstverlust. Gerade, weil es sich mit allem verbinden kann, weil es keinen Weltinhalt gibt, den es nicht in sich aufzunehmen vermöchte, droht ihm von dieser Seite die Selbstvergessenheit. Ein Ich, das sich in der Welt verliert, vergisst sich selbst. Es verwandelt sich in dieses oder jenes, es nimmt die Identität dessen an, womit es sich verbindet, und zersplittert am Ende in der Welt. Die Identität mit sich selbst in der Vielheit der Rollen zu bewahren, sein eigenes Wesen nicht zu verraten, ist die schwierige Aufgabe, die dem Ich in der Bewusstseinsseele gestellt ist. Aber es kommt nur zu sich selbst, wenn es sich mit der Welt verbindet. Es kann sich selbst nur finden, wenn es durch die Gestalten hindurchgeht, die Bilder seiner Universalität, aber doch nicht diese selbst sind.

Die Macht der Liebe

Es gibt nur eine einzige Kraft, die das Ich vor der Selbstisolation und dem Selbstverlust bewahrt. Es ist jene Kraft, die das Ich des Menschen mit dem eines anderen so verbindet, dass es sich, wenn es sich in diesem anderen verliert, von ihm als Geschenk zurück erhält. Diese Kraft ist die Liebe. Geschützt von der Liebe können wir uns im anderen verlieren, ohne dass uns dieser andere verschlingt, denn er verliert sich selbst auch in uns, ohne dass wir ihn verschlingen.

Die Liebe achtet und ehrt die Andersartigkeit und Freiheit des Anderen, denn gerade diese Andersartigkeit ist es, die sie entzündet und die uns von uns selbst befreit. Indem sie uns über die Grenze unseres Selbstes hinausführt, vernichtet sie das, was uns vom anderen Wesen trennt, ohne uns selbst zu vernichten. Denn was von uns selbst ausfließt, wird vom Anderen aufgenommen und strömt uns aus diesem wieder zurück. Die Liebe ist der wunderbare Kessel des Dagda, der Kessel des Überflusses, der nie leer wird, obwohl wir ständig aus ihm schöpfen, ja dessen köstliche Substanz um so mehr überströmt, als wir sie vergießen. Die Liebe ist Zeugungskraft, sie ist der Quell alles Lebens, sie ist Kraft der Hingabe, bildender Schoß, der ein Drittes, Höheres aus sich entlässt, das aus der Verschmelzung von Hingabe und Selbstverwirklichung entsteht. Sie weckt Hoffnung und stärkt den Glauben, sie ist der Ursprung beider.

Was hier von der Liebe gesagt wird, gilt auch von ihrer kleinen Schwester, der Freundschaft. Am schönsten wird das Gesagte wohl durch das Band der Freundschaft illustriert, das die beiden Gefährten Harrys, Ron und Hermine, mit ihm verbindet. Ihre Freundschaft ist eine Freundschaft auf den ersten Blick, und sie wird im Lauf der Jahre so eng, dass sie alle möglichen Prüfungen übersteht. Immer wieder treten sich die drei Freunde helfend zur Seite, und diese Hilfe ist nicht einseitig, sondern gegenseitig. Jeder der drei besitzt seine Stärken und seine Schwächen – zu dritt aber sind sie unschlagbar. Wie ein seelisches Bild der Dreieinheit erscheinen diese Drei, wie eine einzige Seele, die sich in drei Personen auseinanderfaltet – die Seele Harrys, deren Gedankenkräfte Hermine repräsentiert, deren Willenskräfte Ron, während Harry selbst zwischen beiden die gefühlsstarke Mitte bildet. Wenn sich Gedanke und Wille zerstreiten, dann ist es das Gefühl, das ihnen die Treue hält und ihre Verbindung aufrecht erhält, bis die beiden exzentrischen Kräfte von der Mitte, um die sie gravitieren, wieder eingeholt werden.

In der Dreieinheit dieser Freundschaftsseele ist es Hermine, die mit ihrer überragenden Intelligenz fast jedes Rätsel zu lösen vermag, das der Verstand lösen kann, während Ron mit durch nichts zu beirrender Standhaftigkeit an einem einmal gefassten Entschluss festhält. Die Impulsivität Rons, die ihn manchmal dazu verleitet, über das Ziel hinauszuschießen, wird von der kritischen Reflexion Hermines gedämpft und vom ausgleichenden Einfühlungsvermögen Harrys wieder auf die rechte Bahn zurückgeführt. Ron seinerseits bestärkt Harry in seinen Entschlüssen und stärkt ihn durch seine Bewunderung, während Hermine seine Gedanken klärt und in Worte zu fassen vermag, was Harry manchmal nur unklar empfindet.

Wie sehr die drei miteinander verbunden und aufeinander angewiesen sind, zeigt sich urbildlich im »Stein der Weisen«, in dem Harry diesen Stein nur retten kann, weil sich Ron und Hermine ganz in seinen Dienst stellen und sich opfern, damit er die gestellte Aufgabe zu lösen vermag.

Der Kampf gegen das Böse in den aufeinanderfolgenden Bänden des Zyklus'

Der Harry-Potter-Zyklus ist eine literarische Auseinandersetzung mit dem Bösen. Diese Auseinandersetzung findet auf immer neue Arten statt, denn jeder Band behandelt eine andere Erscheinungsform des Bösen. Die beiden ersten Bände rekapitulieren älteste Bilder oder Masken des Bösen, die in unvordenklichen Zeiten in Erscheinung getreten sind, der dritte Band schildert zwei seiner Erscheinungsformen in der Neuzeit, der vierte Band schildert das Ende des 20. Jahrhunderts und beschreibt die Reinkarnation des Bösen im Jahr 1998. Der fünfte und sechste Band vertiefen die Auseinandersetzung mit den modernen Erscheinungsformen des Bösen. Es ist nicht mehr mythischer Natur, sondern in den Menschen selbst eingetreten. Der Mensch selbst wird zum Schauplatz der Entstehung einer neuen Art des Bösen, das zugleich auf die Zukunft der Menschheit verweist.

Aber auch die vergangenen Gestalten des Bösen wirken bis in die Gegenwart nach. Im ersten Band, dem »Stein der Weisen«, tritt das Böse in Gestalt des Dämons mit den zwei Köpfen auf. Quirrell, der von Voldemort besessene Zauberer, ist das Bild für dieses Böse. Auf seinem Kopf trägt er einen zweiten, den Voldemorts, dessen schlangenartiges Antlitz unter einem Turban verborgen ist. Diese Gestalt des Bösen verweist auf eine Entwicklungsstufe des Menschen, als die Schlange von ihm Besitz ergriff und er deren Geschöpf wurde. Sie weist in Urzeiten der Menschheit zurück, in denen der Mensch unter dem Einfluss dieser Macht aus dem Himmel, dem Paradies herabgesunken ist, weil er zum Gefährt, zum Genossen der Schlange wurde.

Der zweite Band schildert das Böse als Erinnerungsphantom, als todbringenden Basilisken – den König der Schlangen – und als Besessenheit (Ginny). Diese Masken des Bösen verweisen auf eine Zeit, in der das fließende Leben der Seele von verfestigenden Kräften ergriffen wurde, so wie der lebendige Geist durch die Schrift von verfestigenden Kräften ergriffen wird. Der Basilisk ist eine Schlange, deren Blick tötet. Zugleich ergreift dieses Böse ebenso vom Menschen Besitz und nährt sich von dessen Leben, tötet es ab, um selbst immer lebendiger und körperhafter zu werden.

Im dritten Band tritt das Böse als Tier und als Geist auf. Tiergestalt nimmt der Spion Voldemorts in Hogwarts, der Verräter Pettigrew an, indem er sich in die Ratte Rons verwandelt, und die geistige Gestalt des Bösen repräsentieren die Dementoren, die aus der Seele des Menschen den Geist heraussaugen, deswegen heißen sie auch De-Mentoren. Diese Gestalten weisen auf die Neuzeit, die Heraufkunft des rein diesseitsorientierten Denkens und Lebens, insbesondere auf das 19. und 20. Jahrhundert, in denen der Darwinismus entstand, der die Abstammung des Menschen vom Tier lehrte und die verschiedenen Formen des Materialismus, die heute unser modernes Leben bestimmen, die dem Menschen den Geist aus der Seele saugen und ihm alle Hoffnung rauben. Der vierte Band behandelt die Reinkarnation des Bösen am Ende des 20. Jahrhunderts und den Beginn des zweiten Zaubererkrieges gegen den Dunklen Lord.

Die folgenden Bände beleuchten verschiedene Erscheinungsformen des Bösen, die in der Geschichte des 20. Jahrhunderts entstanden sind und seither fortwirken. Im fünften Band taucht das Böse als Institution in Gestalt des Zaubereiministeriums auf, das durch seine Realitätsverweigerung zu dessen Instrument wird, und als Ideologie, die den Menschen beherrscht und durch Propaganda der Medien (»Tagesprophet«) verbreitet wird, bis hin zum Gewissens- und Denkzwang (Umbridge und ihre Folter).

Der sechste Band schildert das Böse als Verrat, Mord und schwarze Magie, und damit die ureigene Erscheinungsform des Geistes, den Voldemort repräsentiert. Verrat an den Idealen des Phönixordens begeht der Lehrer Harrys, Snape, indem er Dumbledore tötet; systematische Morde begeht Voldemort, der Teile seiner Seele in Horcruxe abspaltet, um unsterblich zu werden. Der Mord erscheint hier als Methode der schwarzen Magie, als Mittel, das eigene Leben zu verlängern und Erkenntnisse zu erlangen, die die eigene Macht vergrößern.

Harry Potter ist der Eingeweihte des Phönixordens, der gegen diese Mächte ankämpft. In jedem Band muss er das auf unterschiedliche Art tun. Aber er rekapituliert nicht nur die Mysteriengeschichte der Menschheit, er durchläuft auch einen Einweihungsweg, seinen individuellen Einweihungsweg zum spirituellen Nachfolger Dumbledores. Dieser Weg ist zugleich reale Geschichte, denn Harry durchlebt seine Einweihung im Kampf gegen das Böse, das in seinem Leben real erscheint. Deswegen beansprucht dieses Leben exemplarischen Charakter. Es ist nicht nur die Wiederholung alter Einweihungsformen, es ist die Begründung einer neuen Form, deren Aufgabe im Kampf gegen das Böse besteht. Das macht das Geheimnis seiner Popularität aus. Da der Kampf gegen das Böse zugleich Harrys Kampf gegen dieses Böse ist, können wir seine Geschichte nur erzählen, wenn wir zugleich die Geschichte des Bösen erzählen.

Dem will ich vom Baume des Lebens zu essen geben, der im Paradiese Gottes steht.

Offenbarung des Johannes, 2.7

Das Böse als Herr der Wünsche und die sieben Initiations-Prüfungen

(Der Stein der Weisen)

Bereits das erste Kapitel eröffnet mit dem eschatologischen Kernmotiv des gesamten Epos. Lord Voldemort hat versucht, Harry zu töten und ist verschwunden. Harrys Eltern sind von ihm ermordet worden. Dumbledore bringt Harry bei seiner Tante Petunia unter, der einzigen, die ihm von seiner Familie geblieben ist. Er legt ihn als Findelkind vor die Haustür der Dursleys.

Das Böse ist in die Welt eingebrochen und hat sie in einen Zustand versetzt, der nach einem Heiler verlangt. Der künftige Held erwies sich als unverwundbar. Der Fluch, der ihn töten sollte, fiel auf den Fluchenden zurück. Schon das Wickelkind ist von einer Aura des Wunders umgeben. Es ist aber auch als elternloses Kind aus der Normalität herausgehoben. Harry wird in das äußerste Exil verstoßen, das vorstellbar ist: in die Elternlosigkeit.

Er wächst bei Stiefeltern auf, wie Ödipus, dessen Suche nach den eigenen Eltern er später neu durchlebt. Im zweiten Kapitel sind zehn Jahre seit der Ankunft Harrys im Haus der Dursleys vergangen. Das Geschehen des »Steins der Weisen« spielt vom Sommer 1992 bis zum Sommer 1993. Harry wurde all die Jahre lieblos behandelt. Er wuchs im Glauben auf, seine Eltern seien bei einem Autounfall ums Leben gekommen und seine Narbe rühre von diesem Unfall. Am Vorabend des 31. Juli, Harrys elftem Geburtstag (Harry ist im Jahr

1980 geboren) steht der Halbriese Hagrid vor der Tür. Er eröffnet Harry, dass ein Platz in Hogwarts auf ihn wartet, erzählt von Voldemort, der an Halloween, am 31. Oktober 1981, die Eltern des damals einjährigen Jungen umbrachte.

Halloween ist das keltische Samhain, Sommers Ende, die Nacht, in der das Sommerhalbjahr zu Ende geht und das Winterhalbjahr beginnt. Es ist die Spiegelung Beltanes, des anderen Jahrestors, der Walpurgisnacht, vom 30. April auf den ersten Mai, in der die sieghafte Sonne sich über die Geister der Finsternis und des Todes erhebt. Es ist die Nacht, in welcher der Schleier, der die Anderwelt verbirgt, durchlässig wird und die Abgeschiedenen in die Welt der Lebenden eindringen können und umgekehrt. Die Nacht des 31. Oktober steht zwischen Sommer und Winter. Der Sommer ist an diesem Tag zu Ende gegangen und der Winter beginnt erst am folgenden Tag, dem 1. November. Die zwölf Stunden zwischen sechs Uhr abends und sechs Uhr morgens sind Stunden zwischen den Zeiten, in denen Vergangenheit, Gegenwart und Zukunft zusammenfallen. Es ist eine Nacht, in der die Verstorbenen in die Gegenwart zurückkehren, in der die Ungeborenen aus der Zukunft hereinblicken und die, die in der Gegenwart leben, sowohl mit den Verstorbenen als auch mit den Hütern der Zukunft Verbindung aufnehmen können. Aber diese Nacht bietet den Überirdischen auch die Möglichkeit, Angriffe auf die Welt der Menschen auszuführen, weil die Tore nach beiden Richtungen offen stehen ... Voldemort hätte sich für seinen Angriff auf Harry und seine Eltern also kaum einen besseren Zeitpunkt aussuchen können.

Bevor Hagrid und Harry die benötigten Schulsachen einkaufen, müssen sie bei der Zaubererbank Gringotts vorbei. Hagrid holt ein kleines Päckchen ab. In diesem Päckchen ist, wie sich später herausstellt, der Stein der Weisen verborgen, nach dem Lord Voldemort sucht, weil er ihm das ewige Leben verheißt, nach dem er sich am meisten sehnt. Harry wird in diesem Schuljahr lernen müssen, auf die Erfüllung seines sehnlichsten Wunsches zu verzichten, damit er die sieben urbildlichen Prüfungen bestehen kann, an deren Ende ihm die Überwindung des Herrn der Wünsche gelingt, der auch in seiner Seele als Versucher wirkt.

Die Gegenspieler

Im Laden von Madam Malkin hat Harry seine erste unangenehme Begegnung mit einem künftigen Mitschüler, der mit ausgesuchtem Eigendünkel auf die Muggelwelt herabschaut – Draco Malfoy. Mit dem Auftritt Dracos wird eine wichtige Spielfigur eingeführt, die auf der Ebene der Schüler der Stellvertreter Voldemorts ist, wie sich später Severus Snape als Stellvertreter Voldemorts auf der Ebene der Lehrerschaft herausstellen wird. In einer vertikalen Gliederung stehen Harry, Dumbledore als Lehrer und Schulleiter und Dumbledore als mythischer Gegenspieler Voldemorts der Dreiheit Draco, Snape und Voldemort gegenüber.

Mythische Ebene	Dumbledore	Voldemort
Lehrerebene	Dumbledore	Snape
Schülerebene	Harry Potter	Draco Malfoy

Aber Draco ist auf einer horizontalen Ebene ebenso mit zwei anderen Figuren verbunden wie Harry mit Ron und Hermine, nämlich mit Vincent Crabbe und Gregory Goyle, seinen beiden Gesellen, die für ihn eine ähnliche Bedeutung haben, wie Hermine und Ron für Harry. Draco tritt meistens in Begleitung dieser beiden Jungen auf, die sich im »Halbblutprinzen« mit Hilfe des Vielsafttrankes in Mädchen verwandeln, also auch weibliche Aspekte in Draco abdecken.

Hermine	Harry	Ron
Denken	Fühlen	Wollen
Crabbe	Draco	Goyle

In Ollivanders Laden erhält Harry seinen Zauberstab mit dem Kern einer *Phönixfeder* und einer Hülle aus *Stechpalme*. Der Zwilling dieses Zauberstabs, in dem die andere Schwanzfeder des Phönix steckte, wurde von Mr Ollivander einst dem Schüler übergeben, der später zu Lord Voldemort wurde. Die Tatsache, dass ihre Zauberstäbe beide einen Phönixkern enthalten, deutet auf eine geheime Verwandtschaft zwischen beiden. Diese Verwandtschaft kann man in beiden Richtungen lesen: Das Gute, das Harry verkörpert, trägt die Möglichkeit des Bösen in sich, das Voldemort verkörpert – und umgekehrt.

Wie sich beim Duell zwischen Harry und Voldemort im »Feuerkelch« zeigen wird, führt die Gleichheit dieses Kerns zu unerwarteten Wirkungen, wenn die beiden Zauberstäbe gegeneinander gerichtet werden. Der Zauberstab ist das wichtigste Werkzeug des Zauberers, er ist das Instrument, mit dessen Hilfe er seinen Zaubersprüchen Wirksamkeit und Zielrichtung gibt. Kern und Mantel des Zauberstabs verhalten sich wie Geist und Seele des Zauberers zueinander. Der Phönix, das Symboltier des ewigen Lebens, steht über der menschlichen Polarisierung von Gut und Böse. Die schöpferische Energie, die Erlösungskraft, die er in sich trägt, strömt dem Guten wie dem Bösen zu. Christus ist gestorben, um das Böse in Gutes umzuwandeln, um das Böse zu erlösen. Entscheidend ist, wie sich der Mensch zu diesen Kräften verhält.

Während Harrys Zauberstab einen Phönixfederkern enthält, den ein Mantel aus dem Holz der Stechpalme umgibt, wird Voldemorts Zauberstab von einem Mantel aus Eibenholz umschlossen. Die immergrüne Eibe mit ihren roten, giftigen Beeren und ihrem harten, rötlichen Holz war den Kelten heilig. Die Zauber- und Wahrsagestäbe der Druiden waren aus Eibe gefertigt. Aber das Gift der Schlange, das in der Seele wirkt, kann die segensreiche Kraft des Kerns in ihr Gegenteil verkehren. Auch die Stechpalme gehörte zu den heiligen Bäumen der Kelten. Die Stechpalme ist durch das Christentum zu neuer mystischer Bedeutung gelangt, heißt es doch, sie habe ihre Stacheln erhalten, als Jesus am Palmsonntag über sie schritt. In christlichen Gegenden war es bis ins 20. Jahrhundert Brauch, sich in der Fastenzeit mit den Zweigen der Stechpalme zu schlagen, um an die Geißelung Christi zu erinnern.

In Hogwarts wird Harry dem Haus Gryffindor zugewiesen, obwohl der Sprechende Hut einige Zeit zögert und geneigt scheint, ihn zu den Slytherins zu schicken. Aber der dringende Wunsch Harrys gibt den Ausschlag. Auch hier kommt wieder etwas von der inneren

Beziehung zwischen Harry und Voldemort zum Ausdruck. In dieser Nacht träumt Harry, er trüge den Turban von Professor Quirrel, der auf ihn einredet, er müsse sofort ins Haus Slytherin wechseln. Quirrell ist der Lehrer für Verteidigung gegen die Dunklen Künste. Er ist der Agent Lord Voldemorts in Hogwarts, sein Wirtstier, die Inkorporation des Menschen, der vom Herrn der Wünsche beherrscht wird.

Der Stein der Weisen, dessen rechtmäßiger Besitzer der 665 Jahre alte Zauberer Nicolas Flamel ist, wird in Hogwarts versteckt und von einem dreiköpfigen Monsterhund bewacht, den Hagrid aus Griechenland mitgebracht hat. Der Stein verwandelt jedes Metall in Gold und zeugt das Elixier des Lebens, das jeden, der davon trinkt, unsterblich macht.

An Heiligabend erhält Harry von Hagrid eine selbstgeschnitzte Flöte und von einem anonymen Spender (Dumbledore) einen Umhang, der unsichtbar macht und einst seinem Vater gehörte. In dieser Nacht entdeckt er in einem Zimmer einen riesigen Spiegel, der in Spiegelschrift die Inschrift trägt: »Nicht dein Antlitz, aber dein Herzbegehren«. Sein Name *Nerhegeb* ist eine Spiegelung von *Begehren* (desire – erised). Im Spiegel sieht er seine Mutter und seinen Vater. In der nächsten Nacht sucht Harry zusammen mit Ron den Spiegel erneut auf. Und wieder zeigen sich seine Eltern. Ron hingegen sieht sich selbst als Schulsprecher, Sieger im Quidditch und Mannschaftskapitän. Am nächsten Morgen hat Harry keinen sehnlicheren Wunsch, als erneut vor den Spiegel zu treten. Er übt eine fesselnde Wirkung auf jene aus, die in ihn hineinschauen. In dieser Nacht aber wird er von Albus Dumbledore angesprochen: Harry soll nicht seinen unerfüllbaren Sehnsüchten nachhängen, sondern sich in dieser Welt bewähren.

Kurz vor den Sommerferien muss Harry um elf Uhr nachts zusammen mit Hagrid im Verbotenen Wald ein Einhorn suchen, das von einem unbekannten Tier verletzt wurde. Harry entdeckt es auf einer Lichtung. Es ist inzwischen tot. Doch kaum hat er das Tier entdeckt, schleicht sich eine vermummte Gestalt aus dem Schatten an es heran, lässt sich nieder und beginnt sein Blut zu trinken. Ein schrecklicher Schmerz durchzuckt Harrys Stirn und er fällt zu Boden. In diesem Augenblick springt ein Kentaur über ihn hinweg, stürzt sich auf die Gestalt und schlägt sie in die Flucht. Der Kentaur, der Harry rettet, heißt Firenze. Firenze erklärt, wer ein Einhorn mutwillig oder eigensüchtig tötet, lädt unverzeihliche Schuld auf sich und sein Leben ist von dem Augenblick an verflucht. Lord Voldemort hat das Einhorn getötet, um sein Leben so lange zu erhalten, bis er sich in den Besitz des Steins der Weisen gebracht hat, der ihm Unsterblichkeit verleihen soll.

Harry glaubt, sein Lehrer Snape wolle den Stein der Weisen für Lord Voldemort stehlen. Wie sich herausstellt, hat Hagrid aus Unachtsamkeit verraten, wie man den Hund besänftigt: durch Musik! Da entschließt sich Harry, den Stein selbst zu stehlen und ihn so vor dem Dieb in Sicherheit zu bringen. Ron und Hermine begleiten ihn.

Mit Tarnumhang und Flöte bewaffnet, begeben sie sich zum Verbotenen Korridor, in dem sich der Eingang zum Versteck des Steines befindet. Als sie an der Tür zum Verbotenen Korridor ankommen, steht diese offen – der Dieb scheint bereits da gewesen zu sein. Es folgen die sieben Prüfungen, die weiter unten näher besprochen werden: Harry schläfert den dreiköpfigen Wachhund mit seiner Flöte ein, aus der Umklammerung der Teufelsschlinge befreit sie Hermine, in der nächsten Gruft fangen sie den fliegenden Schlüssel, der sie weiterführt, im Raum mit dem Schachspiel muss Ron sich als Spielfigur opfern, der Wächtertroll im nächsten Raum wurde bereits von jemand anderem erschlagen, im Raum mit den sieben Flaschen entschließt sich Hermine zur Umkehr.

Als Harry allein in die letzte Gruft tritt, wartet dort bereits Quirrell auf ihn. Quirrell fesselt Harry mit Zauberseilen und wendet sich einem großen Spiegel zu, der hinter ihm steht. Es ist der Spiegel Nerhegeb. Quirrell kommt mit dem Spiegel nicht zurecht und ruft seinen Meister um Hilfe, der ihm antwortet, er solle Harry benutzen, um dessen Rätsel zu lösen. Quirrell löst Harrys Fesseln und fordert ihn auf, in den Spiegel zu schauen und ihm zu beschreiben, was er sieht. Harry sieht sein Spiegelbild, wie es einen blutroten Stein aus der Tasche zieht und wieder hineinfallen lässt. In diesem Augenblick spürt er etwas Schweres in seiner Tasche. Schon macht er sich auf, zu fliehen, als die Stimme des Meisters verkündet, er wolle selbst mit Harry sprechen. Quirrell wickelt seinen Turban ab und an Stelle seines Hinterkopfes kommt ein schreckliches, schlangenartiges Antlitz zum Vorschein. Der Meister teilt Harry mit, sobald er das Lebenselixier besitze, werde er sich einen eigenen Körper erschaffen. Und er fragt Harry, ob er Quirrell nicht den Stein aus seiner Tasche geben wolle?

Harry springt Richtung Flammentür, Quirrell versucht, ihn festzuhalten und schreit schmerzerfüllt auf: Seine Finger fangen an, blutige Blasen zu treiben. Er will ihn am Hals festhalten, aber seine Hände verbrennen. Da drückt ihm Harry seine Hände aufs Gesicht und auch dieses bekommt Brandblasen. Mitten im Kampf sinkt Harry in Ohnmacht und als er erwacht, beugt sich das Gesicht Dumbledores über ihn. Er befindet sich im Krankenflügel und hat alles überstanden.

Drei Tage lang hat er geschlafen. Dumbledore erzählt, der Stein der Weisen sei mit dem Einverständnis von Flamel zerstört worden, denn der Tod sei für den gut vorbereiteten Geist nur das nächste große Abenteuer. Voldemort ist nicht für immer verschwunden, sondern nur auf der Suche nach einem anderen Wirtskörper, denn da er nicht wirklich lebendig ist, kann er auch nicht wirklich sterben. Gegen das Böse gibt es keine endgültige Auskunft, sondern nur den immerwährenden Kampf, auf dass es irgendwann hoffentlich für immer besiegt wird. Quirrell konnte Harry nicht berühren, weil die Liebe seiner Mutter ihn schützte. Diese Liebe wirkte wie ein Schutzschild, das den von Hass, Gier und Ehrgeiz zerfressenen Quirrell wie Feuer versengte.

Das Erscheinen Luzifers

Inanna-Ischtar, die sumerisch-babylonische Göttin der Liebe, die Gebieterin der Venus, eine weibliche Form des Luzifer, vermählt sich als Schutzgöttin der Stadt Erech mit dem Hirten Dumuzi, der zum König der Stadt wird. Eines

Tages beschließt die Göttin, in die Unterwelt hinabzusteigen, um ihre ältere Schwester, Ereschkigal, von ihrem Thron zu verdrängen. Mit prunkvollen Kleidern schmückt sie sich, und die sieben göttlichen Gebote hängt sie an ihren Gürtel. Sieben Tore muss sie durchschreiten, und an jedem Tor entkleidet sie der Torhüter eines Teils ihres Schmuckes und ihrer Kleider. Nackt findet sie sich im Reich der Todesgöttin ein. Die sieben Richter der Unterwelt heften ihre Augen des Todes auf sie. Als Leichnam wird sie an einem Pfahl aufgehängt. Nach drei Tagen alarmiert ihr Freund Ninschubur Enlil, den Gott der Luft und Nanna-Sin, die Mondgöttin. Diese wollen ihr jedoch nicht zu Hilfe eilen.

Der Wassergott Enki erbarmt sich ihrer. Er, der im Meer der kosmischen Weisheit schwimmt, erschafft zwei geschlechtslose Geschöpfe, denen er das Wasser und die Speise des Lebens übergibt. Inanna wird durch sie wieder zum Leben erweckt. Doch wer die Unterwelt verlassen will, muss einen Ersatzmann für sich stellen. Inanna verspricht es. In Erech angekommen, entdeckt Inanna, dass Dumuzi, statt zu trauern, selbstzufrieden auf dem Thron sitzt. Da ergreift sie heftiger Zorn und sie richtet den Blick des Todes auf ihn. Ihn sollen die Dämonen ergreifen und in die Unterwelt mitnehmen. Doch Ereschkigal, durch die Tränen Dumuzis erweicht, gestattet ihm, die eine Hälfte des Jahres in der Oberwelt zu verbringen und die andere in der Unterwelt.

Der König Erechs ist mit der Göttin vermählt. Sie ist seine Seele, die in der Welt der Toten und Götter eine Initiation durchlebt. Nach drei Tagen Initiationsschlaf kehrt sie in die obere Welt zurück. Von nun an kann der eingeweihte König sich zwischen den beiden Welten bewegen und Leben und Tod miteinander verbinden.

Ischtar-Venus, Luzifer, ist in die Welt des Todes abgestiegen, um dem Geliebten Unsterblichkeit zu verleihen. Dieses Reich des Todes ist der Leib, der Sarg der Seele. Die Menschenseele wurde in den Sarg des Leibes gelegt und durchleidet ihren Todesschlaf. Aber indem sich der Gott des kosmischen Lebenswassers ihrer erbarmt, und ihr das Brot und den Wein des Lebens schickt, vermag sie sich aus dem Reich des Todes wieder zu erheben. Der Mensch wird durch die Entscheidung Luzifers, ihm in die Unterwelt des Leibes voranzugehen, unschuldig-schuldig, und er muss diese Schuld abtragen, indem er ihm nachfolgt. Er muss selbst in aufeinanderfolgenden Zeiten in der Unterwelt und in der Oberwelt leben, er muss sich reinkarnieren. Die Reinkarnation ist eine Folge der Verführung durch Luzifer.

Luzifer – der gefallene Engel oder der Opfer-Engel – bemächtigte sich der menschlichen Seele. Er lebt in der menschlichen Seele, er ist die Schlange des Paradieses, er hat dem Menschen die Begierde eingegeben, sich von Gott zu unterscheiden und wie er zu sein. Es ist seine luziferische Seele, die ihn gegen den Vatergott aufstachelt und ihn nach Freiheit von seinem Gebot verlangen lässt. Prometheus wird das Erdenvorbild für den Menschen, der sich von Zeus befreit. Oder die Schlange, die sich gegen Jahwe auflehnt.

In Christus durchtränkt die Zentralsonne des Universums, die göttliche Liebe, die Menschheit. Sie teilt sich jedem Menschen mit und wartet darauf, in der Seele jedes einzelnen aufzugehen. Sie befreit ihn von allen Vaterkräften, von Religion, Volk, Nation, Rasse, und führt ihn auf individuellem Weg zum Vater zurück. In seines Vaters Haus sind viele Wohnungen. Er ist der Weinstock, sie sind die Reben. Luzifer, der die Seele des Menschen durchdringt, lehnt sich gegen diese Hingabe der Egoität auf. Die Schlange hat Herrschaft über den Menschen erlangt, sie reckt ihr Haupt über dem seinen oder auf seiner geistigen Rückseite, die von der Sinneswelt abgekehrt ist, empor.

Die Schlange, Lord Voldemort, herrscht über den Menschen Quirrell. Die Art, wie Voldemort von Quirrell Besitz ergreift, weist auf Luzifer zurück, der in Gestalt der Schlange vom Menschen Besitz ergriffen und ihm das Bewusstsein seiner Egoität vermittelt hat. Voldemort möchte diese Egoität festhalten. Er kennt nur zwei Ziele: physische Unsterblichkeit und Macht. Liebe ist ihm fremd. Er ist die Seele, die durch den Einfluss Luzifers an den Leib gefesselt ist, und sich nicht von ihm befreien kann. Christus ist der *verus Luciferus*, weil er dem Menschen erst die wahre Freiheit und die wahre Unsterblichkeit bringt. Der Stein der Weisen ist das Bild dieser wahren Unsterblichkeit: Er ist der durch seine vollständige Vergeistigung unsterblich gewordene Menschenleib. Es ist der Menschenleib, in dem der von Christus verstreute Sonnensame vollständig aufgegangen ist.

Diesen Auferstehungsleib des Menschen repräsentiert der Stein der Weisen. Ihn kann nur erringen, wer auf seine physische Unsterblichkeit verzichtet. Deswegen muss Harry auf den Stein der Weisen verzichten, deswegen muss Voldemort diesen Stein in seinen Besitz bringen, denn er will die physische Unsterblichkeit, damit er ewig seine Macht über alles genießen kann. Diese Begierde nach physischer Unsterblichkeit ist Folge des geistigen Einflusses von Luzifer, steht aber mit einem Erzengelwesen in Zusammenhang, das den menschlichen Lebensleib durchdringt. Sein Blick ist der Blick des Todes, der versteinert, es ist der Herr des Todes, der dem Menschen den Tod bringt. Er lässt auch die Seele des Menschen erstarren. Und er hat vom Menschen Besitz ergriffen. In Anlehnung an Zarathustra kann man diese Gestalt des Bösen Angrya Mainiu, Ahriman nennen. Sie steht dem Herrn der Lebenskräfte, Ahura Mazdao, der großen Sonnen-Äther-Aura, feindselig gegenüber. Sie verdichtet den menschlichen Leib und vollendet die Fesselung der Seele an diesen Leib. Diese Gestalt des Bösen weist auf die »Kammer des Schreckens« voraus.

Was macht Harry mit dem Stein der Weisen, der so rubinrot ist, wie das menschliche Blut? Es ist sein Herzenswunsch, diesen Stein zu besitzen, und der Spiegel der Wünsche zeigt ihm die Erfüllung dieses Wunsches. Er möchte den Stein der Weisen vor dem Menschen retten, der seine physische Unsterblichkeit damit erlangen will. Er will seinen eigenen physischen Leib in die Gemeinschaft mit der Sonne der Liebe führen, mit den Auferstehungskräften, die der Phönix Dumbledores repräsentiert. Indem er auf seine eigene Unsterblichkeit verzichtet, wird er sie dereinst erlangen, aber auf geistige Art.

Sieben Prüfungen

Um zu diesem Punkt zu gelangen, muss Harry eine Reihe von Prüfungen bestehen. Jeder der Lehrer stellt ihm eine Aufgabe und er löst sie alle, mit Hilfe von Ron und Hermine. Zuletzt muss er der ältesten Gestalt des Bösen gegenübertreten, die im Menschen gegenwärtig ist, Luzifer, der Schlange, die seine eigene Seele beherrscht. Luzifer verbrennt sich an ihm die Hände, er kann die Liebe nicht ertragen, von der Harry durchdrungen ist. Er verbrennt an seiner eigenen Begierde. Die Christuskraft, die in Harry wirkt, schützt ihn vor dem Einfluss Luzifers.

Der Mythos von Inanna ist Vorbild für diese Prüfungen, er führt über sieben Schwellen zur Begegnung mit der Göttin des Todes, mit der Spiegelung des Todes in der eigenen Seele. Die sieben Schwellen, die Inanna überschreiten muss, werden im »Stein der Weisen« beschrieben.

1. Die erste ist die Begegnung mit dem dreiköpfigen Kerberos, der die Schwelle zum Totenreich behütet.
Dieser Kerberos muss besänftigt werden. Das Geheimnis besteht in der Musik. Der Klang der Sphärenharmonien ist es, der den Wächter einschläfert und die Falltür öffnet. Hier greift die Erzählerin auf einen anderen Mythos zurück, auf jenen von Orpheus und Eurydike. Orpheus besänftigt den Kerberos mit seiner Harfe. Es ist die Prüfung, die Hagrid gestellt hat, der Meister der Schlüssel von Hogwarts, der Halbriese, der Wächter oder Hüter der ersten Schwelle.

2. Durch die Falltür stürzen die drei Freunde in einen weiteren Raum, in dem sie von wuchernden Lebenskräften umschlungen werden.
Es ist die elementarische Welt, die Welt der Lebenskräfte, in die sie eintauchen. Diese Lebenskräfte drohen sie zu fesseln und zu verschlingen, aber Hermine erinnert sich eines Zaubers, der sie zurückdrängen kann, des Feuerzaubers: Das Astralfeuer der Seele führt über die elementarische Welt hinaus. Pomona Sprout, die Vorsteherin des Hauses Hufflepuff, ist die Hüterin dieser Schwelle.

3. In einem weiteren Raum stehen sie vor einer verschlossenen Tür, aber fliegende Schlüssel verheißen ihnen Eintritt.

Die geflügelten Schlüssel sind Bilder für den menschlichen Geist, der mit dem richtigen Schlüssel aus der Astralwelt heraustreten kann. Es ist die Prüfung, die ihnen Filius Flitwick, der Leiter des Hauses Ravenclaw gestellt hat.

4. Sie gelangen in einen Raum mit einem Schachbrett und müssen selbst zu Spielfiguren werden, sie müssen sich zur nächsten Tür hindurchspielen.

Jeder muss die Rolle einer Spielfigur auf dem Schachbrett übernehmen und sich als Persönlichkeit äußern. Das Ich muss sprechen, das Ich des Hauses Gryffindor. Und Harry muss einen Teil seiner Seele zurücklassen, Ron, der seine Willenskräfte repräsentiert. Ron muss sich opfern, damit Harry und Hermine weitergehen können.

5. Sie erreichen den nächsten Raum, in dem ein erschlagener Troll liegt.

Der Troll mit seiner unförmigen, aber menschenähnlichen Gestalt ist das Zerrbild des menschlichen Selbstes, es muss erschlagen werden, damit die Seele die nächste Schwelle überschreiten kann. Für diesen Troll ist Quirrell verantwortlich.

6. Im nächsten Raum stehen sieben Flaschen und ein Rätsel muss gelöst werden, um zu erkennen, dass zwei dieser Flaschen das Wasser des Lebens enthalten, das lebend zurück und weiter führt.

Hermine muss aus der einen Flasche trinken, um zurückzugehen, da der Inhalt der anderen Flasche nur für einen reicht. Harry muss jetzt einen zweiten Teil seiner Seele zurücklassen, Hermine, die sein Denken repräsentiert. Diese Aufgabe wird ihnen von Snape, dem Leiter des Hauses Slytherin, gestellt.

7. Schließlich gelangt Harry in den Raum, den Dumbledore geschaffen hat.
Hier wartet die letzte Prüfung auf ihn. Der Spiegel Nerhegeb und die Begegnung mit dem Bösen, das auf ihn lauert. Der Spiegel bildet die menschliche Gestalt ab, er zeigt dem, dessen Auge von selbstischen Wünschen gereinigt ist, das Bild des unsterblichen Menschenleibes. Quirrell, der von Voldemort besessen ist, kann den Stein der Weisen nicht sehen. Er verbirgt sich im Spiegel Nerhegeb. Quirrell sieht im Spiegel nur den größten Wunsch Voldemorts: Unsterblichkeit und Macht. Harry sieht darin, wie er den Stein der Weisen erlangt und hat ihn durch diesen Wunsch erlangt. Er will keine physische Unsterblichkeit für sich, sondern will diese Dumbledore, dem Vater, zurückbringen.

Nach der Konfrontation mit dem von Voldemort besessenen Menschen fällt Harry in einen dreitägigen Schlaf. Er erwacht im Krankenflügel, ohne zu wissen, wie er dorthin gelangt ist. Dieser dreitägige Schlaf ist der Initiationsschlaf der Ischtar. Er kann der Begegnung mit dem Bösen noch nicht lange mit wachem Bewusstsein standhalten. Eine seiner Aufgaben wird darin bestehen, die Kraft zu erwerben, den Blick des Todes zu ertragen und seiner niederschmetternden Macht standzuhalten. Durch die sieben Prüfungen, die Harry im »Stein der Weisen« übersteht, ist der Weg seiner Initiation vorgezeichnet. Die sieben Prüfungen enthalten einen Abriss seines ganzen weiteren Weges. Sie sind wie imaginative Miniaturen, die in symbolischer Form den großen Initiationsweg vorausnehmen, der Harry bevorsteht.

In jeder dieser Miniaturen ist das zentrale Motiv eines der sieben Erzählbände enthalten. Die sieben Prüfungen, die er besteht, sind die kleine Initiation, die in symbolischer Form die große Initiation vorwegnimmt, die kleinen Mysterien, welche die großen abbilden. Die Begegnung mit dem dreiköpfigen Kerberos repräsentiert das Motiv des ersten Bandes selbst, das Überschreiten der Schwelle, welche die Welt der Muggel von der Welt der Zauberer trennt. Die Überwindung der Teufelsschlinge den zweiten Band, der vom Wirken des Herrn des Todes im menschlichen Lebensleib erzählt. Die Befreiung des Geistes aus dem Gefängnis der Astralität, symbolisiert durch den fliegenden Schlüssel, den dritten Band, das Buch der Animagi, der Zauberer in Tiergestalt und des Bösen in Tiergestalt. Das Schachspiel und die Einkörperung in die Figuren des Spiels nimmt das Buch des Ich voraus, das Buch, in dem der Name Harrys aus dem Feuerkelch hervorgeht und in dem er dem wiederverkörperten Ich Voldemorts gegenübertreten wird. Die Überwindung des Trolls den fünften Band, in dem sich eine Gemeinschaft der Zauberer bildet, die zusammen das Böse bekämpfen, das Motiv der Gemeinschaft, die aus der Überwindung der Trollnatur entsteht. Die Prüfung mit dem Rätsel und den Flaschen den sechsten Band, in dem die große Enthüllung des Rätsels stattfindet, das Snape darstellt, der Herr der Zaubertränke, in dem Dumbledore das vergiftete Wasser trinkt, das ihm den Tod bringt. Die letzte Prüfung schließlich den siebten Band, in dem es zur letzten großen Konfrontation kommt und in dem Harry auf seine physische Unsterblichkeit verzichten wird, um seine spirituelle zu erlangen.

Der soll keinen Schaden erleiden durch den zweiten Tod.

Offenbarung des Johannes, 2.11

Das Böse als Herr des Todes

(Die Kammer des Schreckens)

Am Abend seines 12. Geburtstags, den die Dursleys ignorieren, kommt ein Bauunternehmer mit Gattin zu Besuch. Als Harry sich an diesem Abend auf sein Zimmer begibt, erwartet ihn dort schon Dobby, der Hauself der Malfoys. Dobby warnt Harry davor, nach Hogwarts zurückzukehren, denn es sei eine Verschwörung gegen ihn im Gang. Die Katastrophe, mit der dieser zweite Band eröffnet, der zwischen Sommer 1993 und Sommer 1994 spielt, nimmt ihren Lauf, als der Elf Harry nicht das Versprechen abringen kann, bei den Dursleys zu bleiben. Der Elf fängt an zu zaubern und das Ganze endet damit, dass Onkel Vernon Harry in seinem Zimmer einsperrt und das Fenster vergittert. In der vierten Nacht wacht Harry auf und sieht vor seinem Fenster den fliegenden Ford Anglia, in dem Ron und seine beiden Zwillingsbrüder Fred und George sitzen. Sie sind gekommen, ihn zu befreien. Wohlbehalten landen sie zur Frühstückszeit beim »Fuchsbau« der Familie Weasley.

Mit ihrem Auto machen sich die Weasleys und Harry auf den Weg zum Bahnhof. Als Ron und Harry auf das Gleis gehen wollen, lässt sie die magische Tür nicht durch und sie verpassen den Zug. Sie fliegen kurzentschlossen mit dem Ford Anglia nach Hogwarts.

Gilderoy Lockhart, der durch seine Bücher über seine heldenhaften Monsterjagden weithin bekannt und ein Schwarm der Frauen ist, unterrichtet in diesem Jahr Verteidigung gegen die Dunklen Künste. Er zeigt großes Verständnis für das Bedürfnis nach Ruhm, das er Harry unterstellt. Sein Unterricht stellt sich allerdings als absolute Katastrophe heraus. Lockhart ist krankhaft eingebildet und hat von nichts eine Ahnung außer von Selbstdarstellung. Er ist nicht einmal imstande, eine Horde wildgewordener Wichtel einzufangen.

Als Strafarbeit muss Harry eines Nachts Lockhart bei der Beantwortung seiner Fanpost helfen. Er hört eine Stimme flüstern, die ihm das Blut in den Adern gerinnen lässt. Sie raunt ihm zu, er solle zu ihr kommen, damit sie ihn töten könne. Lockhart scheint die Stimme nicht zu hören.

Versteinertes Leben und ein magisches Tagebuch

Im Oktober lädt der Fast Kopflose Nick Harry und seine Freunde zu seinem 500. Todestagsfest an Halloween ein. Unterwegs hört Harry wieder die Stimme, die ihm zuflüstert: »reißen ... zerfetzen ... töten«. Er versucht, sie zu lokalisieren und eilt ihr nach. Auf ihrer Jagd durch die Stockwerke stoßen die drei Freunde auf eine Wand, an der die Inschrift steht: »Die Kammer des Schreckens wurde geöffnet. Feinde des Erben, nehmt euch in Acht!« (*englisch*: The chamber of Secrets has been opened. Enemies of the heir, beware!) Unter der Schrift hängt, steif, mit dem Kopf nach unten, die Katze von Mr. Filch. Draco ruft den herbeiströmenden Schülern zu: »Feinde des Erben, nehmt euch in Acht! Ihr seid die nächsten, Schlammblütler!« Ob Draco der Erbe Slytherins ist?

Die drei Freunde entdecken am Boden des Tatorts Brandflecken und am Fenster viele Spinnen, die versuchen, durch eine Ritze nach draußen zu gelangen.

Beim nächsten Quidditch-Spiel gegen Slytherin wird Harry von einem Klatscher am Ellenbogen erwischt und sein Arm bricht. Auf dem Boden angekommen, wird er ohnmächtig. Er muss über Nacht im Krankenflügel bleiben. Mitten in der Nacht wacht er auf und bemerkt, dass Dobby ihm die Stirn abtupft. Dobby gesteht ihm unter Tränen, er sei es gewesen, der Harry und Ron daran gehindert habe, den Zug nach Hogwarts rechtzeitig zu erreichen. Er hat auch den Klatscher verhext, denn er will Harry zu seinem eigenen Schutz aus Hogwarts entfernen. Da wird eine versteinerte Gestalt hereingetragen. Es ist Colin Creevey, das Opfer eines zweiten Angriffs.

Einige Zeit später trifft Harry auf Hagrid, der gerade einen toten Hahn mit sich herumträgt. Es ist bereits der zweite, der dieses Jahr getötet wurde. Als er durch einen dunkeln Gang geht, stolpert er über Justin, der versteinert auf dem Boden liegt, und neben ihm schwebt der Fast Kopflose Nick, ebenfalls verzaubert, reglos über dem Boden: zwei weitere Opfer des Monsters aus der Kammer des Schreckens.

Nach den Weihnachtsferien erhält Harry von der Maulenden Myrte ein kleines Buch. Wie sich herausstellt, handelt es sich um den Taschenkalender eines T.M. Riddle, der die Schule fünfzig Jahre zuvor besucht hat (1942) und für besondere Verdienste ausgezeichnet wurde. Erst später wird klar, dass Lucius Malfoy dieses Tagebuch Ginny heimlich untergeschoben hat, die seit Beginn des Schuljahrs immer stärker unter seinen Einfluss geraten ist. Sie hat versucht, es loszuwerden und es in die Toilette geworfen, in der die Maulende Myrte haust.

Abends im Bett sieht sich Harry den Kalender näher an. Als er etwas mit seiner Feder hineinschreibt, schreibt ihm das Buch zurück. Er hat den Zauber des Tagebuchs entschlüsselt. Tom Riddle, der ursprüngliche Besitzer des Tagebuchs, schreibt Harry, dass die Kammer des Schreckens tatsächlich existiere, und dass er den, der sie das erste Mal geöffnet habe, gefangennahm. Das Tagebuch zieht Harry auf magische Weise in das Gedächtnis von Tom Riddle hinein. Harry sieht, wie Tom den jungen Hagrid gefangen nimmt, der eine riesige Spinne aus ihrem Gefängnis herausgelassen hat. Tom behauptet, die Spinne habe die Maulende Myrte getötet.

Am Abend vor dem nächsten Quidditch-Spiel durchwühlt jemand Harrys Koffer und Schränke. Toms Tagebuch wird gestohlen. (Ginny ist die Diebin, aber das erfahren wir erst später.) Am nächsten Tag hört Harry wieder die unheimliche Stimme, die flüstert: »Töte diesmal.« Und als das Spiel beginnen soll, kommt McGonagall, um es abzusagen. Es gab einen Doppelangriff. Opfer wurden ein Mädchen aus Ravenclaw und Hermine. Sie liegen versteinert im Krankenflügel. Gefunden wurden sie in der Nähe der Bibliothek. Neben ihnen lag ein kleiner, runder Spiegel.

Der Zaubereiminister Cornelius Fudge schickt Hagrid nach diesen Vorfällen in Untersuchungshaft nach Askaban, weil er ihn verdächtigt, das Monster wieder freigelassen zu haben. Der Schulrat beurlaubt Dumbledore. Hagrid knurrt beim Abschied, wer etwas über das Monster herausfinden wolle, müsse bloß den Spinnen folgen.

Ron und Harry setzen den Rat Hagrids in die Tat um. Bei ihrem Erkundungsgang in den Verbotenen Wald werden sie von riesigen, schwarzen Spinnen gefangen genommen. Aragog, ihr Anführer, taucht auf, eine Spinne von der Größe eines Elefanten, alt und blind. Aragog erzählt, man habe Hagrid einst von der Schule verwiesen, weil man glaubte, er, Aragog, sei das von Hagrid freigelassene Monster und Hagrid habe die Kammer des Schreckens geöffnet. Als man Aragog die Schuld am Tod eines Mädchens gab, beschützte ihn Hagrid und brachte ihn in den Wald. Das Mädchen wurde von einem uralten Wesen getötet, vor dem die Spinnen sich fürchten. Selbst sie nennen es nicht beim Namen.

Bei seinem nächsten Besuch im Krankenflügel entdeckt Harry in Hermines Hand einen Zettel. Es ist eine ausgerissene Buchseite über den Basilisken, den König der Schlangen. Der Basilisk schlüpft aus einem Hühnerei, das von einer Kröte ausgebrütet wird. Nicht nur seine Zähne sind giftig, sondern jeder, den er anblickt, stirbt eines sofortigen Todes. Spinnen fliehen vor ihm, denn er ist ihr Erbfeind. Nur das Krähen des Hahns ist tödlich für ihn. Am Ende des Textes steht von der Hand Hermines geschrieben: Rohre. Nun ist klar, dass es sich bei dem Monster um einen Basilisken handelt. Harry konnte dessen Stimme hören, weil er Parsel, die Sprache der Schlangen, versteht. Von seinen Opfern ist keines gestorben, weil keines ihn direkt anblickte. Der Basilisk bewegt sich im Schloss umher, indem er durch die Rohrleitungen kriecht. Da hören sie, dass ein Schüler in die Kammer des Schreckens entführt wurde. Der Erbe Slytherins hat eine neue Schrift an der Wand hinterlassen, die besagt, dass das Skelett seines Opfers für immer in der Kammer liegen wird. Das Opfer ist Ginny Weasley.

Der Kampf mit dem Basilisken

Ron und Harry gehen zu dem berühmten Monsterjäger Lockhart, um seine Hilfe zu erbitten. Als sie in sein Büro kommen, hat dieser schon fast all seine Sachen gepackt. Er gesteht, dass er all die Abenteuer, mit denen er sich in seinen diversen Büchern brüstet, nie selbst erlebt hat. Vielmehr hat er die Erinnerungen jener Zauberer geplündert, die sie wirklich erlebten und diese anschließend mit einem Vergessenszauber belegt, sodass sie seinen Schwindel nicht aufdecken konnten. Nach diesem Geständnis schickt er sich an, Harry und Ron mit seinem Vergessenszauber zu belegen. Aber Harry entwaffnet ihn. Die beiden Jungs zwingen Lockhart, sie zu Myrtes Klo zu begleiten. Hinter einem Waschbecken entdecken sie einen Gang. Sie gleiten durch ein glitschiges Rohr hinab und landen endlich in einem mannshohen Steintunnel. Im Tunnel entdecken sie eine abgelegte Schlangenhaut. Da versucht Lockhart einen Angriff und entwindet Ron den Zauberstab. Aber der Zauberstab explodiert und bringt einen Teil der Tunneldecke zum Einsturz. Harry geht weiter, Ron bleibt bei Lockhart. Endlich stößt Harry auf eine Wand, in die zwei ineinander geflochtene Schlangen mit smaragdenen Augen eingraviert sind. Harry befiehlt der Tür in der Wand, sich zu öffnen und steht in der Kammer des Schreckens.

Der Raum ist in grünliches Dämmerlicht getaucht. Eine riesige Statue mit einem affenartigen Gesicht, dem Gesicht Salazar Slytherins, erhebt sich darin. Zu Füßen der Statue liegt Ginny, die aussieht, als sei sie tot. Harry versucht sie zu wecken, doch eine Stimme unterbricht ihn. Harry dreht sich um und sieht einen Jungen, verschwommen zwar, aber unverkennbar: Tom Riddle steht vor Harry, nicht älter als sechzehn. Tom ist kein Geist, sondern eine Gestalt gewordene Erinnerung, die fünfzig Jahre in seinem Tagebuch aufbewahrt war. Das Tagebuch liegt neben Ginny auf dem Boden.

Tom hat lange auf diesen Augenblick gewartet. Ginny befindet sich in der Kammer des Schreckens, weil sie ihm ihr ganzes Herz ausgeschüttet hat. Sie hat Monat für Monat all ihre Sorgen und all ihr Leid seinem Tagebuch anvertraut und Tom hat ihr zurückgeschrieben. Ginny hat begonnen, Tom zu lieben. Sie glaubte, keiner verstünde sie besser als er. Je mehr Ginny ihm ihr Herz anvertraute, umso mehr konnte er sich von ihrer Seele nähren und stärker werden. Allmählich konnte er ihr etwas von seiner Seele einflößen. Ginny hat unter seinem Einfluss die Kammer des Schreckens geöffnet, Hagrids Hähne getötet, Drohungen an die Wände geschmiert, die Schlange von Slytherin auf die Muggel und auf die Katze von Filch losgelassen. Sie tat es in Trance, sie war von Riddle besessen. Es dauerte lange, bis sie das Vertrauen in das Tagebuch verlor.

Tom hat auch Hagrid betrogen. Niemand erkannte, dass Hagrid nicht der Erbe Slytherins war. Nur Dumbledore hielt Hagrid für unschuldig. Da Dumbledore ihn beobachtete, konnte Tom die Kammer des Schreckens nicht mehr öffnen. So beschloss er, ein Tagebuch zu hinterlassen und sein sechzehn Jahre altes Selbst darin aufzubewahren, um irgendwann jemanden sein Werk, das Werk Salazar Slytherins, vollenden zu lassen. Tom ließ Ginny ihren eigenen Abschiedsgruß an die Wand schreiben und nahm sie mit in die Kammer des Schreckens, um dort auf Harry zu warten.

Fast ihr ganzes Leben hat Tom aus ihr herausgesogen, bis er schließlich das Tagebuch verlassen konnte. Voldemort, so Tom, ist seine Vergangenheit, seine Gegenwart, seine Zukunft. Er schreibt mit Harrys Zauberstab den Namen Tom Marvolo Riddle in die Luft und verändert die Reihenfolge der Buchstaben: das Anagramm »Tom Marvolo Riddle ist Lord Voldemort« entsteht (*im englischen Original:* Tom Vorlost Riddle = Is Lord Voldemort). Schon in seiner Hogwartszeit benutzte Tom diesen Namen im Geheimen. Er schuf den Namen für den größten Zauberer der Welt, den einst alle fürchten sollten.

Aber Harry entgegnet, Tom sei nicht der größte Zauberer, denn er fürchte sich vor Dumbledore. Und Dumbledore sei größer als er. Als

Harry diese Sätze sagt, erklingt eine leise Musik. Von oben schwebt ein scharlachroter Vogel herunter, von Flammen umgeben, es ist Fawkes, Dumbledores Phönix. Er trägt ein Bündel, das er vor Harrys Füße fallen lässt und setzt sich auf dessen Schulter. Das Bündel ist der Sprechende Hut.

Tom ruft den Basilisken herbei. Der Mund der Statue Slytherins öffnet sich und eine riesige Schlange kriecht heraus. Hier liegt das Urbild des Dunklen Mals, das Barty Crouch jun. während der Quidditch-Weltmeisterschaft an den nächtlichen Himmel zaubern wird: ein Totenschädel, aus dessen Mund sich eine Schlange ringelt. Der Phönix erhebt sich in die Luft. Harry presst die Augen zusammen, um sich vor dem Blick des Basilisken zu schützen. Riddle zischt der Schlange zu: »Töte ihn.« Harry öffnet doch die Augen und sieht, wie die Schlange mit dem Phönix kämpft. Der Phönix durchsticht ihre Augen mit seinem Schnabel und Blut fließt aus ihnen. Harry setzt sich den Sprechenden Hut auf und bittet ihn um Hilfe. Aus dem Hut fällt ein silbernes Schwert, auf dessen Griff eiergroße Rubine glitzern, es ist das Schwert Godric Gryffindors. Als der Basilisk auf Harry herunterstößt, treibt er ihm das Schwert bis ans Heft ins Gaumendach. Aber einer der Giftzähne dringt in seinen Arm. Der Basilisk ist zwar tot, aber Harry scheint auch verloren. Er zieht den Giftzahn aus seinem Arm, die Umgebung beginnt vor seinen Augen zu verschwimmen. Tom triumphiert und spottet über den Vogel, der an Harrys Arm zu weinen beginnt. Aber Harry fühlt die heilende Kraft der Tränen, empfindet auch keinen Schmerz mehr. Da begreift Riddle, welche Wirkung die Tränen des Phönix haben und hebt den Zauberstab, um Harry zu töten. Aber der Phönix bringt Harry das Tagebuch. Und Harry, ohne nachzudenken, stößt den Giftzahn des Basilisken in das Herz des Buches. Aus dem Buch strömen Sturzbäche von Tinte, Riddle schreit, windet sich in Qualen – und verschwindet. Harry zieht das schimmernde Schwert aus dem Rachen des toten Basilisken, Ginny erwacht aus ihrer Agonie.

Bald stoßen sie auf Ron und Lockhart. An den Schwanzfedern des Phönix schweben alle vier die Röhren hinauf in das Klo der Maulenden Myrte.

Dumbledore ist voller Bewunderung für den Zauber des Tagebuchs. Mit Harry allein, bedankt er sich für die Treue, die dieser ihm erwiesen hat, denn wäre er ihm nicht treu gewesen, wäre der Phönix nicht in der Kammer des Schreckens erschienen. Da stürmt Lucius Malfoy in den Raum, der Dobby unter seinem Arm trägt. Lucius ist nicht erfreut darüber, dass Dumbledore zurückgekommen ist, aber die elf andern Schulräte haben darauf bestanden. Als Malfoy geht, wickelt Harry das Tagebuch Riddles in eine seiner Socken und überreicht es Malfoy. Malfoy wirft zornig die Socke weg. Dann befiehlt er Dobby, ihm zu folgen. Aber Dobby weigert sich. Er hat die von Malfoy weggeworfene Socke aufgefangen. Durch Harrys List hat Dobby seine Freiheit erlangt. Als Malfoy sich auf Harry stürzen will, wird er vom Elfenzauber Dobbys die Treppe hinuntergeschleudert. Harry hat einen treuen und mächtigen Beschützer gewonnen.

Tiamat, Kingu und der Drachenbezwinger Marduk

Das »Enuma elisch«, der akkadische Schöpfungshymnus, berichtet vom Urbeginn der Welt, dass am Anfang nur das Urgewässer war, aus dem sich zwei Antlitze erhoben, ein männliches namens Apsu, das süße Wasser, und ein weibliches Antlitz namens Tiamat, das salzige Wasser. Aus ihnen ging der Himmelsgott Anu hervor, der den Gott der Weisheit, Ea und seine Brüder erzeugte. Ea und seine Brüder, die in der Himmelswohnung lärmend herumtanzten, störten durch ihr respektloses Treiben Tiamat und Apsu in ihrer Ruhe. Apsu beklagte sich bei Tiamat und schlug ihr vor, die lärmenden Abkömmlinge zu vernichten. Ea, der die Worte Apsus vernahm, versetzte diesen durch eine magische Beschwörung in Schlaf und tötete ihn. Er setzte sich selbst an Apsus' Stelle und übernahm die Herrschaft über die Gewässer der Tiefe. In seiner himmlischen Wohnstatt, im Heiligtum der Urbilder, zeugte er mit seiner Gemahlin Damkina seinen Sohn Marduk, den weisesten und mächtigsten von allen. Von Anu wird er als Sonne der Himmel gepriesen. Anu wendet sich darauf wieder seinen Ahnen zu. Er erschafft die vier Winde, den Staub und die Wellen, um Tiamat zu stören.

Damals, als die rebellischen Nachkommen ihren Gemahl Apsu töteten, hielt sie sich abseits. Nun erinnert sie sich ihres toten Gemahls und beschließt, ihn zu rächen. Die Abgrund-Mutter erschafft elf Arten von Ungeheuern: entsetzliche Schlangen mit spitzen Zähnen, deren Adern mit Gift anstatt mit Blut gefüllt sind. Wütende Drachen mit übernatürlichem Glanz, Vipern, die Sphinx, den großen Löwen, den Skorpionmenschen, zornige Dämonen, Fischmenschen und Kentauren, die die Schlacht nicht fürchten. Und unter den Göttern, ihren Erstgeborenen, erhebt sie Kingu zum Anführer des Heeres und zu ihrem Gatten. Die Tafel des Schicksals bringt sie an seiner Brust an und macht ihn zum Herrn über alles Geschehen. Ein Wort aus dem Munde Kingus soll die Flammen Marduks zum Erlöschen bringen.

Marduk erklärt sich zum Kampf gegen Kingu bereit, unter der Bedingung, dass die Götter ihm die höchste Gewalt übertragen. Er breitet sein Netz aus und fängt Tiamat darin. Als sie ihr Maul öffnet, um ihn zu verschlingen, wirft er den Sturm hinein und die grimmigen Winde füllen ihren Leib. Nachdem er die Anführerin erschlagen hat, zerbricht er ihre Rotte. Die elf Arten von Ungeheuern fängt er mit seinen Netzen und bindet ihre Glieder. Kingu aber, ihren Anführer, verbannt er in die Unterwelt. Er nimmt ihm die Schicksalstafel, versiegelt sie und heftet sie an seine eigene Brust. Danach kehrt er zu Tiamat zurück, spaltet ihren Schädel und durchtrennt ihre Adern. Er schneidet sie entzwei und formt aus ihrer einen Hälfte das Himmelsgewölbe, aus dem anderen die Erde.

Marduk ordnet die Welt neu. Im Himmel errichtet er einen Palast aus Sternbildern, in dem er den Göttern Anu, Enlil und Ea und allen anderen ihren Platz zuweist. Er teilt das Jahr in zwölf Monate von dreißig Tagen, die jeweils von drei Sternen beherrscht werden. Er öffnet zwei Tore für die Sonne, eines für ihren Aufgang, eines für ihren Untergang. Seinen eigenen Planeten, den Jupiter, setzt er in die Mitte des Himmels. Nachdem Marduk, der große Ordner des Kosmos, aus den Überresten der Tiamat Himmel und Erde gefügt und die Dämonen zu Säulen des Himmelspalastes geformt hat, begibt er sich an die Erschaffung des Menschen. Ein Gewebe von Blut will er bilden, Gebein will er schaffen, ein Wesen wie Enkidu, den wilden Gefährten des Gilgamesch, »Mensch« soll der Name dieses Wesens sein, seine Bestimmung soll sein, den Göttern zu dienen. Marduk durchschneidet die Adern des Heerführers Kingu, und aus dessen Blut erschafft Ea, der Gott der Weisheit, den Menschen. Danach teilt Marduk die Götter in zwei Gruppen: die oberen Götter des Himmels, die Anhänger Marduks und die unteren Götter der Erde, die Anhänger Tiamats, je 300 an der Zahl.

Der Mensch als Kind des Drachen

Marduk ist der erste Drachentöter in der mythischen Geschichte der Menschheit. So wie er Tiamat mit einem Pfeil tötet und seinen Fuß auf ihr Kreuz setzt, tötet Perseus die Gorgone Medusa mit einer diamantenen Sichel, die ihm Hermes geschenkt hat, und der Erzengel Michael den Drachen, der die Jungfrau zu verschlingen droht, mit seinem Schwert. Der Kosmos, wie Marduk ihn geschaffen hat, ist aus der Opferung des Urdrachen, der die Gewässer des Chaos bewohnt, hervorgegangen. Aus dessen einer Hälfte formt Marduk den Himmel, aus der anderen die Erde. In diesen Kosmos baut er die heilige Ordnung hinein, die seinem Geist entspringt, und setzt in diese Welt den Menschen, in Gestalt eines Wesens wie Enkidu.

Der Mensch aber wird aus dem Blut des dämonischen Heerführers Kingu geschaffen, er trägt das Blut des Dämons in sich, der sich gegen Marduk auflehnte. Aus der männlichen Seite Tiamats, aus ihrem Gatten Kingu, entsteht der Mensch. Aber die ganze Welt, in der der Mensch lebt, ist von der Substanz Tiamats durchdrungen. Aus der Absicht Tiamats, die jungen Götter zu töten, werden im Perseusmythos der tötende Blick der Medusa und in der Apokalypse der verschlingende Rachen des Drachen, der von Michael niedergestoßen wird. Seither durchzieht die Schöpfung, durchzieht den Menschen das Blut Kingus, die Kraft und Macht des Todes. Kingu, Medusa, der Drache der Apokalypse, sie verkörpern die Macht des Todes, wie der Basilisk in der »Kammer des Schreckens«.

Diese Macht des Todes, die Zarathustra als *Angria Mainyu*, als Ahriman bezeichnet, lähmt das Leben der Seele, verknöchert den Leib des Menschen und fesselt ihn an die Erde. Der Herr des Todes herrscht in den Lebenskräften des Menschen und bringt ihren Fluss zum Stillstand. Er verschleiert seinen Blick und lässt ein Bild der Welt vor ihm entstehen, das vom Tod gezeichnet ist. Sein Bewusstsein verdunkelt sich, und statt in der Welt des Lebens, in der der Baum des Lebens steht, verbringt er sein Dasein in der Welt des Todes, die nur eine schwache Erinnerung an das Paradies ist. Aus dem Buch des Lebens wird das Buch des Todes.

Das lebendige Leben des Geistes wird zur Erinnerung, erstarrt zu einer visionären Gestalt, die sich vom Leben der Seele nährt, so wie Tom Riddle, der in der Gestalt seiner Jugend erstarrt ist, sich vom Leben und der Seele Ginnys nährt. Tom Riddle, der aus dem Tagebuch hervorwächst, ist eine gespensterhafte Äthergestalt, aus Erinnerung gewoben, ein erstarrtes Phantombild der Jugend Voldemorts. Das Tagebuch Tom Riddles ist das Bild für die magische Kraft, die das Leben der Seele zum Erstarren bringt, ebenso wie der versteinernde Blick des Basilisken. Dieser versteinernde Blick ist der Blick des Todes, den wir bereits aus dem Mythos der Hadesfahrt Inannas kennen. Aber hier hat er Gestalt in einem eigenständigen Wesen angenommen, das in den Gewölben des Hauses des Menschen herumschleicht, das in den Tiefen seines Fundamentes, in der Kammer des Schreckens lauert und darauf wartet, vom Erben Slytherins freigelassen zu werden.

Das Tagebuch Tom Riddles, das Werkzeug der schwarzen Magie, ist es, das von Ginny Besitz ergreift, und sie immer stärker in ihren Bann zieht. Tom Riddle befiehlt ihr, die Hähne zu töten, die Schrift an der Wand anzubringen, die Kammer des Schreckens zu öffnen, um am Ende Harry in die Höhle des Basilisken zu locken. Der Todesblick des Basilisken würde auch Harry töten. Doch ihm wird Hilfe zuteil. In dem Augenblick, als er seine Treue zu Dumbledore bekennt, erscheint der Phönix Fawkes und hackt dem Basilisken die Augen aus. Der tötende Blick des Basilisken wird durch den Vogel des Ewigen Lebens, den Träger der Auferstehungskräfte abgetötet. Aus dem Sprechenden Hut erscheint das Schwert Gryffindors, das mit Rubinen, mit Blutsteinen besetzte Schwert des Drachentöters. Nach der Verletzung heilt der Phönix Harry mit seinen Tränen. Schließlich stößt Harry den Giftzahn des Basilisken in das Buch und vernichtet damit das magische Gespinst, das Tom Riddle um Ginny und ihn gewoben hat. Der Drachenzahn durchstößt das Buch, und Ströme von Tinte, nicht Blut, fließen daraus hervor.

Der rettende Phönix

In der Begegnung mit Tom Riddle wird Harry aufgrund seiner Treue zu Dumbledore Hilfe zuteil. Über vier Stufen verläuft der Kampf Harrys mit dem dämonischen Basilisken:

1. Aus dem Ich Harrys geht das Bekenntnis zu Dumbledore hervor. Indem er in Treue zu ihm steht, ruft er die Erscheinung des Phönix herbei, der den Sprechenden Hut mitbringt und den Todesblick Ahrimans abschwächt.
2. Indem er sich mit seiner Seele in die Hut des von Inspirationskräften durchdrungenen Hutes Godric Gryffindors begibt und an diesen das Gebet um Hilfe richtet, taucht aus diesem das Schwert des Drachentöters auf. Durch das Schwert kann er den Drachen töten. Aber der Zahn des Drachen durchstößt seinen Arm und dessen Gift droht sein Leben zu zerstören.
3. Da greift der Erneuerer der Lebenskräfte ein zweites Mal ein und heilt mit seinen Tränen die Wunde in Harrys Arm.
4. Als Tom Harry mit dem Zauberstab attackieren will, zerstört dieser mit dem abgebrochenen Zahn aus dem Rachen des Basilisken das Tagebuch und damit das Phantom Toms, die ahrimanische Imagination, die physische Gestalt angenommen hat. Die Waffe, mit der die medialen Manifestationen des Herrn des Todes zur Wirkungslosigkeit gebracht werden können, stammt aus dem beinernen Rachengewölbe des Herrn des Todes selbst.

Nicht aus eigener Kraft allein vermag der Mensch, der zum Bezwinger des Drachen wird, diesen zu überwältigen. Einen Teil seiner

Arbeit nimmt ihm die gnadenhaft wirkende Kraft des Sonnenvogels ab, der das nie versiegende, sieghafte Leben des Auferstandenen repräsentiert. Der versteinernde Blick, der das Leben im Menschen und in der Natur abtötet, kann nur durch eine Kraft neutralisiert werden, die aus der göttlichen Quelle des Lebens fließt. Der über des Menschen Kraft hinausgehende, kosmische oder ontologische Anteil der Drachenbezwingung wird gleichsam zwischen den Göttern, den geistigen Mächten entschieden, die sich in Gestalt des Basilisken und des Phönix gegenüberstehen.

Die durch Gnade ausgegossene Liebe hat dem Blick des Drachen seinen Stachel genommen. Nun kann der Mensch handeln und durch das Schwert, das ihm wiederum die inspirierenden Mächte des Geistes zur Verfügung stellen, den erblindeten Dämon in sich bezwingen. Aber so wie er das Schwert in den Drachen stößt, verwundet er auch sich selbst, denn der Drache ist im Lauf der Äonen ein Teil seines eigenen Lebens geworden. Wenn er auch den Drachen in sich selbst tötet, durchströmt ihn doch zugleich dessen Gift, das ihn immer schon vergiftet hat, seit der Drache in die Kammer des Schreckens eingezogen ist, die sich in den Tiefen seines Wesens verbirgt. Aber gegen das zerstörende Gift des Drachen gibt es wieder ein Heilmittel himmlischer Art, das aus den Tränen des Phönix besteht, in denen die Quintessenz des Mitleids zusammengezogen ist, das den Sonnenphönix bewogen hat, das Leid der Menschheit auf sich zu nehmen. Erst die Neutralisierung des Giftes, das in seinem Lebensleib wirkt, befähigt den menschlichen Drachentöter dazu, die schon objektiv gewordenen Folgen der Wirkungen des Drachen, die die menschlichen Lebensleiber auszehren und sich von deren Seelen nähren, zu beheben.

All die Ströme von Tinte, die sich in das Tagebuch ergossen haben, all die Worte, aus denen das Gespinst des Erinnerungsphantoms gewoben wurde, das Tom Riddle darstellt, all das Herzensblut und all die Lebenskräfte, die er in sich aufgesogen hat, fließen aus dem zerstochenen Phantom hervor und strömen zu ihren Opfern zurück. Während Tom Riddle unter Schreien zerstiebt, erwacht Ginny aus ihrer Agonie. Ginny, Ginevra, die untreue Gattin von König

Artus, des Gralskönigs, die den Seelenkern Harrys repräsentiert, wird erlöst. Das Härteste, Mineralisierteste, das der Drache aus sich hervorgetrieben hat, sein Zahn, wird zur Waffe, mit der dessen Phantomgespinste, die die Lebenswelt durchdringen, zerstört werden können. In der geistentleerten physischen Welt, in die der Mensch durch den Drachen geführt wurde, kann er die Waffe finden, die ihn wieder aus ihr herausführt.

Dem will ich von dem verborgenen Manna geben und einen weißen Stein, in den ein neuer Name eingeschrieben ist …

Offenbarung des Johannes, 2.17

Das Böse als Tier und als Geist, das Buch der Animagi

(Gefangener von Askaban)

Die Animagi als Eingeweihte der Erdenmutter

Gaia, die ätherische Urmutter der Menschheit, trug in ihrem Schoß alle Geschöpfe dieser Erde. In ihrer Jugend war sie prall vom Leben, und sie nährte die Geschöpfe, die in ihr heranwuchsen, mit der Milch des Lebens. Aber nach und nach, als sie älter wurde, traten die verschiedenen Geschöpfe aus ihrem Leib hervor. Die Meere und Kontinente sonderten sich ab, die Gebirge entstanden, die ganze mineralische Welt gebar sie. Die Kontinente und Meere nahmen die vielfältigen Gestalten des Lebendigen auf, die Pflanzen in ihrer unerschöpflichen Lebenskraft, jede für sich ein Bild des von den Gestirnen durchstrahlten Ätherleibes der Urmutter. Die Tierwelt tauchte aus ihrem Leib hervor, das Seelenleben Gaias nahm in ihr Gestalt an und bevölkert seitdem die Kontinente, die Meere und den Luftraum.

Zuletzt aber erschien der Mensch. Ihn hatte die Urmutter bis zuletzt in ihrem Schoß zurückbehalten. Er sollte das Geschöpf sein, das über die Reiche, die bisher aus ihr hervorgegangen waren, hinauswuchs. Der Mensch sollte all diese Naturreiche in sich zusammenfassen, an allen Anteil haben und doch etwas empfangen, was ihn über sie erhob. Doch ohne dass sie sich von ihm abgesondert hätten, hätte er nicht aus ihrem Schoß hervortreten können.

So hat der Mensch nicht nur das Mineralreich, das Pflanzen- und Tierreich von sich abgesondert, er trägt diese Reiche auch in sich, aber durchdrungen vom Samen des himmlischen Geistes, den Uranos in die Seele der Gaia senkte. Der Mensch war zum Ich der Erde bestimmt.

In ihm sollte das träumende Leben der Urmutter zu einem Bewusstsein seiner selbst kommen. Wie ein Gärtner und Hirte war er in den Garten bestellt, den Gaia ihm bereitet hatte. Indem er das ganze Mineralreich aus sich heraussetzte, konnte er selbst einen mineralischen Leib erhalten, der auf seinen Geist hingeordnet ist. Indem er die Pflanzenwelt aus sich heraussetzte, konnte er die Lebensströme Gaias auf sein künftiges geistiges Leben hinorganisieren. Indem er das Tierreich aus sich heraussetzte, konnte er sich jenen Teil der Erdseele aneignen, den er benötigte, um sein eigenes geistiges Leben zu entfalten. Aber was um den Menschen herum in einer unüberschaubaren Fülle von Gattungen und Arten ausgebreitet ist, hat in ihm eine individuelle Gestalt angenommen. Das Seelenleben Gaias im Tierreich ist in Gattungen und Arten organisiert; im Menschen ist es individualisiert. Er hat sich einen Teil der Erdseele angeeignet, um aus ihm sein individuelles Bewusstsein zu organisieren. Auch das pflanzliche Leben Gaias breitet sich um den Menschen in Ordnungen und Klassen aus, während der Mensch sich einen Teil dieses Lebens angeeignet hat, um sein individuelles Leben daraus zu bilden. Einen Teil der Gebirgswelt hat der Mensch sich eingegliedert, um daraus sein mineralisches Skelett und seine Sinnesorgane zu formen, die Grundlage seines individuellen Daseins zwischen Geburt und Tod sind.

Mythisch betrachtet, sind die Naturreiche ein ausgebreiteter Mensch, er trägt die drei eingefalteten Naturreiche in sich, in die sich der Himmel herabgesenkt hat. Diese Tatsache ist die Grundlage alles Schamanismus und Totemismus. Der Schamane, der sich auf die Visionssuche nach seinem Totemtier begibt, sucht nach seiner eigenen Seele, die sich ihm in Tiergestalt offenbart. Aber was sich ihm offenbart, ist nicht das sichtbare Tier, der Adler oder der Bär, der als Einzeltier unter dem Himmel kreist oder durch die Wälder zieht, was sich ihm offenbart, ist das Seelenurwesen, das in den individuellen Tieren eine ihm angemessene Gestalt angenommen hat.

Die Animagi als Meister der Tiere

Der Animagus ist der Magier, der sich dieses Seelenurtier zum Bewusstsein gebracht hat und es zu beherrschen vermag. Er kann sich in ein Tier verwandeln, das heißt, er kann mit seinem Ich jenen Teil seiner Seele beherrschen und ihn als objektive Gestalt in die Umwelt projizieren. Auch wenn der Mensch durch sein Ich, den Samen des Uranos, über das Tierreich hinausgewachsen ist, sind die Seelenurwesen der Tiere weit mächtiger als das individuelle Menschen-Ich. Sie sind in das ganze Seelenleben der Erde eingebunden und kommunizieren mit diesem durch ein Bewusstsein, das die ganze Erde und den Kosmos umgreift. Ihre Weisheit ist naturhaft, übermenschlich und kosmisch zugleich. Der Animagus beherrscht seine Tierseele, er kann deren Gestalt annehmen und kommuniziert durch sie mit der Weisheit der Erde und des Kosmos. Die Tiergestalt, die der Animagus annimmt, ist ein Ausdruck seiner besonderen Seeleneigenschaften, seiner moralischen und geistigen Qualitäten. Diese Eigenschaften prägen sich dem Seelentier ein, in das er sich verwandelt; es ist so gut wie der Magier, der seine Gestalt annimmt – und so böse wie er. Deswegen kann sowohl das Gute als auch das Böse in Tiergestalt erscheinen: als Hirsch und Hund im Falle von Harrys Vater und Harrys Paten, oder als Ratte im Falle des Mörders und Agenten Lord Voldemorts, Peter Pettigrew.

Das Tier ist das Wesen, durch das der Menschengeist mit den unteren Naturreichen, dem Pflanzen- und Mineralreich und der Erde als Ganzheit zusammengeschlossen ist, aber er selbst als geistiges Wesen stammt aus dem Himmel. Der Mensch ist wie der Überschneidungspunkt zweier Dreiecke, des himmlischen und des irdischen Dreiecks, von denen das eine die Welt der Götter enthält, die als ihre letzten Ausläufer das geistige Wesen des Menschen aus sich hervorgehen lässt, während an der Spitze des irdischen Dreiecks als letzter Abkömmling der Mensch als Zusammenfassung der Naturreiche steht. Er ist als geistiges Wesen von Göttern umgeben, oder, wie wir auch sagen, von Engelwesen. So wie sich die Naturreiche in unterschiedlichen Entwicklungsstufen differenzieren, differenziert sich auch die Welt der Götter oder Engel in unterschiedlichen Entwicklungsstufen.

Dementoren – Zerstörer des Selbstes

Den gefallenen Engel Luzifer, den Herrn der Wünsche, kennen wir bereits. Ebenso den Herrn des Todes, den Zarathustra Ahriman nennt, dessen versteinernder Blick das Leben des Menschen ablähmt. Im »Gefangenen von Askaban« taucht nun noch eine dritte Kategorie von geistigen Wesen auf, die auf jenen Teil der Menschenseele wirken, in dem sein geistiges Wesen zu einem Bewusstsein seiner selbst gelangt. Diese Wesen werden von J.K. Rowling als De-Mentoren bezeichnet, in anderen Dämonologien sind sie als Asuras bekannt. Ihr Angriffspunkt ist das individuelle Ich des Menschen, das in der Seele zu einem Bewusstsein seiner selbst erwacht. Die Dementoren gehören, wie Rowling schreibt, zu den übelsten Kreaturen auf Erden. Sie brüten an den dunkelsten, schmutzigsten Orten, schaffen Zerfall und Verzweiflung, saugen Frieden, Glück und Hoffnung aus jedem, dem sie nahe kommen. Sie nähren sich so lange von ihm, bis er wird wie sie, seelenlos und böse.

Die schrecklichste Waffe des Dementors ist sein Kuss. Durch ihn saugt er seinem Opfer die Seele aus dem Leib und lässt es als entseelte Hülle ohne Erinnerung und Selbstgefühl zurück. Die Opfer des Dementorenkusses fristen ein elendes Dasein bis zu ihrem Tod. Der Kuss ist ein Bild für die intime Beziehung, die die Dementoren zur menschlichen Seele eingehen. Wir küssen Menschen, die wir lieben, weil wir mit ihnen so innig verbunden sind, wie mit unserer eigenen Seelenmitte. Das menschliche Ich und die menschliche Seele sind durch ein Band miteinander verbunden, das man als Band der Liebe bezeichnen kann. Der Seelenmitte des Menschen bemächtigen sich die Dementoren durch einen Einfluss, der genauso intim ist, wie die Bindung der Liebe, der aber eine Pervertierung dieser Liebe durch das Böse darstellt.

Der Bewusstseinsseele des Menschen, dieser Seele in der Seele, saugen die Dementoren den Geist aus, den Quell alles Friedens, alles Glücks und aller Hoffnung, und lassen ihre Opfer als entseelte Hüllen ohne Erinnerung und Selbstgefühl zurück. Die Erinnerung an all das, was das menschliche Ich ausmacht, wird durch sie zerstört, die Identität des Menschen mit sich selbst, die auf seiner Erinnerung an sein gelebtes Leben beruht. Und indem sie ihn seiner Erinnerung berauben, rauben sie ihm auch sein Selbstgefühl. Durch sein Ich ist der Mensch an den Himmel angeschlossen. Indem es in seiner Seele wirkt, fließt durch es Hoffnung, Glück und Friede aus dem Himmel in den Menschen ein. Die Dementoren zerreißen den Zusammenhang des menschlichen Ich mit seiner geistigen Heimat und bringen dadurch den Quell zum Versiegen, aus dem der Mensch seine Lebenszuversicht, sein Selbstvertrauen und seine Kraft des Verzeihens, seine Friedensfähigkeit schöpft.

Das Ich zwischen Tier und Engel

Die Dementoren sind eine Erscheinungsform des Bösen, die den spezifischen Bedingungen der Neuzeit entspricht. Frühere, auf Mythos und Mysterienoffenbarung beruhende Kulturen konnten für diese Gestalt des Bösen keine Bilder schaffen, weil es ihnen fremd war. Erst als mit dem Beginn der Neuzeit die Menschheit begann, eine weitere Stufe des Bewusstseins auszubilden, konnte diese Gestalt des Bösen in Erscheinung treten. Denn nun hat das Ich, das in der Bewusstseinsseele erwachte, sich aus dem träumerischen Zusammenhang mit der Offenbarungswelt gelöst, mit der es durch die Religion verbunden war. Erst recht ist der Mythos in Vergessenheit versunken. Das menschliche Ich hat sich von jeglicher Form geistiger Abhängigkeit befreit und sich wie nie zuvor der Erde, der sinnlichen Welt zugewandt. Die Eroberung der Erde in der Zeit der Entdeckungsfahrten war ebenso eine Folge dieses Erwachens des Ich in der Bewusstseinsseele, wie der Siegeszug der empirischen Naturwissenschaften und die Entwicklung der neuzeitlichen Technologien.

Die europäischen Völker, die diese Entwicklung vorantrieben, trugen die neue Bewusstseinsform und die Ideen, die ihnen entsprachen, auf ihrem Kolonisationszug in die entferntesten Winkel der Erde. Auch wenn die von Gier und Ruhmsucht getriebenen Kolonisatoren nichts davon wussten, hinter ihrem Rücken zog der Bewusstseinsseelenhorizont im Kielwasser ihrer Galleonen auf allen Kontinenten ein. Im Lauf der vergangenen fünfhundert Jahre hat sich diese Bewusstseinsform unter unsäglichen Leiden und Grausamkeiten globalisiert. Damit hat sich aber auch eine Bewusstseinsform globalisiert, durch die der einzelne Mensch wie nie zuvor von seiner uranischen Urheimat abgeschnitten ist.

Der Mensch als Erdentier, dessen ganzer Lebensinhalt in Selbst- und Arterhaltung besteht, der keinen Ausblick auf einen kosmischen Lebens- und Sinnzusammenhang, kein Bewusstsein seiner göttlichen Urheimat mehr besitzt, das ist Dementorenweisheit. Es ist eine Weisheit, die der Seele des Menschen alles Glück, alle Hoffnung raubt und überall die Saat von Zerfall und Verzweiflung sät. Wenn man diese Saat beobachten will, muss man nur untersuchen, wie der Einschlag der neuzeitlichen Bewusstseinsform sich auf die traditionellen Kulturen ausgewirkt hat, die noch mythische oder magische Lebensformen bewahrt hatten. Überall breitete sich Zerfall und Verzweiflung aus.

Die Menschheit steht vor einer Entscheidung. Das autonome Ich, das einem geistentleerten Kosmos gegenübersteht, das sich in einer Gesellschaft bewegt, die alle geoffenbarten Moralvorstellungen hinter sich gelassen hat, kann sich in diesen naturalisierten Welthorizont eingliedern und sich vollkommen von allem Geistigen abschließen, das über die Erde und die irdische Existenz hinausführt.

Oder es erinnert sich seiner Herkunft, die zugleich seine Zukunft ist: Es kann die Mutkräfte in sich aufrufen, um die Angst zu überwinden, die die Dementoren in ihm hervorrufen, die verführerische

Angst vor dem Geist, die ihn an ein sinnentleertes, der Zufälligkeit und der Endlichkeit preisgegebenes Dasein fesselt. Er kann lernen, sich seines Patronus zu erinnern. Er kann lernen, diesen angesichts der Bedrohung durch die Dementoren heraufzubeschwören. Die Formel lautet: *Expecto Patronum*, das heißt: Ich erwarte die Erscheinung der geistigen Vatergestalt. Eigentlich ist diese Beschwörung gar keine Beschwörung, sondern ein Gebet. Der Mensch muss sich in einen Zustand der Erwartung versetzen, indem er sich auf seinen geistigen Wesenskern besinnt und darum bittet, dass die geistige Vatergestalt erscheinen möge.

Der Patronus, Bezwinger der Dementoren

Harry muss sich diese Fähigkeit aneignen. Seine Initiation in der Begegnung mit den Gestalten des Bösen führt im »Gefangenen von Askaban« in die Neuzeit. Das Ich muss sich auf seinen geistigen Kern besinnen, sich in eine Erwartungshaltung versetzen, in Gebetsstimmung die Herabkunft des Geistes erbitten und dann kann dieser Geist in Erscheinung treten. Das Ich muss sich seiner Herkunft aus den uranischen Gefilden erinnern, dann kann der Himmelsvater aus ihm emanieren, durch es hindurch in Erscheinung treten und sich den Dementoren entgegenstellen. Aber der Geist, der so aus dem autonomen Ich geboren wird, ist zugleich der Sohn. Deswegen treten die meisten dieser Patroni in Form von Symbolgestalten Christi auf: als Hirsch, als Schwan, als Hermelin, als Phönix.

Die neuzeitliche Seele muss den Geist in sich wiedergebären. Wie sagt doch Dumbledore zu Harry, nachdem es ihm gelungen ist, am See die Dementoren mit seinem Patronus zu vertreiben? Harry hat seinen Vater in sich wiedergefunden. Der Himmel muss in der Menschenseele wiedergeboren werden, dann kann diese Menschenseele sich der Verzweiflung und des Zerfalls erwehren, die ihr die Dementoren einhauchen wollen. Indem Harry in sich die Kraft findet, sein Ich seinem Vater zuzuwenden, vermag er, diese Kraft in Taten der Liebe zu verwandeln. Er rettet in diesem Buch drei Leben: das Leben des Hippogreifs Seidenschnabel, das des Verräters Peter Pettigrew und das von Sirius Black.

Zwei dieser drei Leben könnten jedoch nicht gerettet werden, ohne ein weiteres magisches Hilfsmittel, das Hermine beisteuert: Der Zeitumkehrer und die Schlüsselrolle, die er bei der Lösung des dramatischen Knotens in diesem Buch spielt, ist ein weiterer Aspekt des Zentralthemas, der Beherrschung der Astralseele und ihrer Kräfte. Dem Okkultismus ist bekannt, dass sich unsere Gegenwart aus zwei gegenläufigen Zeitströmen bildet, von denen der eine aus der Zukunft in die Vergangenheit verläuft, der andere von der Vergangenheit in die Zukunft. Aus der Vergangenheit fließt der ätherische Zeitstrom, in dem auch unsere Erinnerung mitschwimmt, aus der Zukunft der astrale Zeitstrom, in dem unsere Zukunftsideale und unser Schicksal wirken. Dort, wo die beiden Ströme aufeinandertreffen, entsteht unser Bewusstsein der Gegenwart. Der Zauberer, der mit seinem Bewusstsein ganz in den ätherischen Zeitstrom eintaucht, vermag die Erinnerung zu beherrschen. Diese Fähigkeit wird auch im »Halbblutprinzen« eine zentrale Rolle spielen: Der Zauberer, der mit seinem Bewusstsein in den astralen Zeitstrom eintaucht, vermag aus der uneinholbaren Zukunft heraus zu handeln. Er kann den Strom der Vergangenheit gewordenen Zukunft von außen anschauen und auf ihn einwirken, so wie Harry und Hermine dies mit Hilfe des Zeitumkehrers tun. Das Vergangene ist nicht wirklich vergangen. Es existiert im Ätherleib des Menschen, im Ätherleib der Erde fort. Der Magier vermag aus der Astralsphäre der Erde auf deren Erinnerungsleib einzuwirken.

Das Buch spielt vom Sommer 1994 bis zum Sommer 1995. Auch dieses Buch eröffnet mit einem katastrophischen Ereignis. Eine Woche nach seinem 13. Geburtstag belegt Harry seine Stieftante Magda mit einem Schwell- und Schwebezauber. Während die Tante schreiend unter der Decke schwebt, packt Harry seine Sachen und flüchtet aus dem Haus der Dursleys.

Im Schatten einer Hecke sieht er die Umrisse eines riesigen, furchterregenden Hundes, den er später eine Zeit lang als Grimm, als Gespensterhund, deutet. Erst ganz am Ende des Bandes wird enthüllt, dass der furchterregende Hund der Animagus Sirius Black, der Pate Harrys ist, der aus Askaban flüchtete, um Harry vor dem Verräter Peter Pettigrew zu beschützen, der die Gestalt von Rons Ratte Krätze angenommen hat – ein Tier, das zu seinem Namen passt (*englisch*: pettiness = Geringfügigkeit). Mit lautem Knall und quietschenden Reifen hält der Fahrende Ritter vor Harry. Beinahe wäre er überrollt worden. Im Bus erzählt ihm der Schaffner Stan, Sirius Black, ein Anhänger von Du-weißt-schon-Wem, der wegen eines Massakers an 13 Muggeln in Askaban saß, sei geflohen. Harry steigt vor dem »Tropfenden Kessel« aus. Hier wird er vom Zaubereiminister Cornelius Fudge in Empfang genommen. Er soll bis Schulbeginn ein Zimmer im Pub beziehen.

Am letzten Ferientag trifft er in der Winkelgasse Ron und Hermine. In der »Magischen Menagerie« zieht Ron seine kranke Ratte Krätze aus der Tasche. Da springt eine krummbeinige Katze auf die Theke und jagt der Ratte hinterher. Als Harry und Ron Krätze endlich gefunden haben, kommt ihnen Hermine mit der Katze entgegen. Sie ist ihr neuer Familiar »Krummbein« (Crookshanks).

Im Hogwarts Express finden Harry, Ron und Hermine ein Abteil, das bis auf einen erwachsenen Zauberer, Remus Lupin, leer ist. Kurz vor ihrer Ankunft bleibt der Zug stehen. Die Lichter gehen aus und eine vermummte Gestalt blickt herein. Harry, den eine tödliche Kälte beschleicht, hört Schreie des Grauens und wird ohnmächtig. Während Harrys Ohnmacht vertreibt Lupin den Dementor. Das Tor zum Gelände der Schule wird von zwei Dementoren bewacht. Wieder fällt Harry beim Vorbeigehen fast in Ohnmacht.

Am nächsten Morgen geht es zum Wahrsagen bei Sibyll Trelawney in den Nordturm. In Harrys Untertasse sieht Trelawney einen Grimm, der ein Omen seines bevorstehenden Todes sein soll. In der Verwandlungsstunde bei McGonagall erfahren die Schüler erstmals von den Animagi, Zauberern, die sich in Tiere verwandeln können. McGonagall kann die Gestalt einer getigerten Katze annehmen. Hagrid behandelt in seinem Unterricht Hippogreife, geflügelte Zwitterwesen aus Pferden und Adlern. Harry darf mit Seidenschnabel, einem von ihnen, fliegen.

In ihrer ersten Stunde bei Professor Lupin müssen die Schüler sich mit einem Irrwicht auseinandersetzen. Irrwichte sind Gestaltwandler und nehmen stets die Gestalt dessen an, was der ihnen Gegenüberstehende am meisten fürchtet. Nur wenn es einem gelingt, dem Irrwicht geistig eine Gestalt zu geben, über die man lachen kann, vermag man der Bedrohung durch ihn standzuhalten. Harry wird mit Schrecken bewusst, dass er am meisten Angst vor Dementoren hat.

An Halloween dürfen die Schüler das erste Mal Hogsmeade besuchen. Harry allerdings nicht, weil Onkel Vernon ihm keine Erlaubnis erteilt hat. Als sie in den Gemeinschaftsraum zurückkehren wollen, ist die Fette Dame, die den Eingang bewacht, verschwunden und ihr Gemälde zerschlitzt. Sirius Black hat versucht, sich gewaltsam Einlass in die Schlafräume Gryffindors zu verschaffen.

Beim nächsten Quidditch-Spiel erblickt Harry die Umrisse eines Grimms in der obersten Sitzreihe. In diesem Augenblick nähern sich mindestens hundert Dementoren dem Stadion. Harry beginnt wieder, eine Stimme zu hören, die sich Voldemort entgegenstellt und wird ohnmächtig. Er erwacht im Krankenflügel, er ist aus fünfzehn Metern Höhe abgestürzt. Die Dementoren haben erneut eine Ohnmacht bei Harry hervorgerufen. Ihm ist klar geworden, dass er die Stimme seiner Mutter hört, wenn sie sich ihm nähern.

Am letzten Wochenende vor den Weihnachtsferien wird den Schülern ein weiterer Besuch in Hogsmeade erlaubt. Harry erhält diesmal von Fred und George Weasley ein magisches Hilfsmittel geschenkt: die Karte des Rumtreibers. Ihre Schöpfer sind drei Herren namens Tatze, Krone und Wurmschwanz. Die Karte zeigt nach einer Beschwörung das gesamte Gelände von Hogwarts mit allen Personen, die sich gerade dort aufhalten. Sie zeigt auch eine Reihe von Geheimgängen. Einer von ihnen endet im Keller des »Honigtopfes« in Hogsmeade. Unbemerkt schleicht Harry sich ins Dorf. Unter seinem Tarnumhang versteckt, belauscht er in den »Drei Besen« ein Gespräch zwischen Hagrid, McGonagall, Flitwick und Cornelius Fudge. Fudge erzählt von Sirius Black. Er hat seinen besten Freund, Harrys Vater, an Voldemort verraten. Harrys Eltern versteckten sich vor Lord Voldemort mit Hilfe des Fidelius-Zaubers, mit dem ein Geheimnis in der Seele eines lebenden Menschen, des Geheimniswahrers, verschlossen wird. Solange der Geheimniswahrer sein Geheimnis nicht selbst verrät, ist es absolut sicher. Black war dieser Geheimniswahrer. Aber Black verriet das Geheimnis an Voldemort. Gefangen wurde er nicht vom Zaubereiministerium, sondern von Peter Pettigrew, einem weiteren Freund von James Potter. Pettigrew stellte Black, und beim anschließenden Duell starb er von dessen Hand.

Nach den Ferien unterrichtet Lupin Harry in der Verteidigung gegen Dementoren. Er übt mit Harry den Patronuszauber. Ein Patronus ist eine Art Gegen-Dementor. Er ist Abbild all dessen, wovon sich die Dementoren nähren: von Hoffnung, Glück, dem Wunsch zu überleben. Im Gegensatz zum Menschen ist er unfähig, Verzweiflung zu empfinden. Jeder Zauberer muss seinen eigenen Patronus erzeugen, indem er sich auf eine einzige, glückliche Erinnerung konzentriert. Beim dritten Versuch gelingt es Harry, einen silbernen Schatten heraufzubeschwören, der sich schützend vor ihn stellt.

Vor der Tür des Gemeinschaftsraums kämpft Neville Longbottom um Einlass. Er hat den Zettel verlegt, auf dem die Passworte standen. Kurz darauf kommt Ron aus dem Schlafraum gestürmt. Krätze ist verschwunden, das Bettlaken blutig und der Übeltäter war wohl Krummbein ... In der folgenden Nacht wird Harry durch lautes Geschrei aus einem Traum gerissen. Ron sitzt aufgelöst auf seinem Bett und behauptet, eben habe Sirius Black mit einem Messer seine Vorhänge aufgeschlitzt. Wie sich herausstellt, hat Sirius Black das Passwort von einem Zettel abgelesen. Es war der Zettel, den Neville Longbottom verlegt oder verloren hatte.

Am nächsten Hogsmeade-Wochenende bewirft Harry Malfoy, Crabbe und Goyle unter seinem Tarnumhang mit Schlamm, weil sie Ron ärgern. Als er im Schloss ankommt, wird er von Snape abgefangen. Snape entdeckt die Karte des Rumtreibers. Sein Versuch, sie zu entsiegeln, verläuft ergebnislos. Der herbeigerufene Lupin nimmt die Karte an sich und verlässt mit Harry und Ron, der unterdessen hereingestürzt ist, Snapes Büro. Er kennt die Karte und will sie Harry vorerst nicht zurückgeben.

Die drohende Exekution Seidenschnabels, der Draco im Unterricht eine harmlose Verletzung zugefügt hat, schweißt Harry, Ron und Hermine wieder zusammen, die wegen der angeblichen Ermordung Krätzes durch Krummbein zerstritten waren. Seidenschnabel soll bei Sonnenuntergang hingerichtet werden. Bei Hagrid, den sie zu trösten versuchen, entdeckt Hermine Krätze, die totgeglaubte Ratte. Ron packt sie in seinen Umhang. Sie machen sich auf den Weg zum Schloss, und unterwegs versucht die Ratte wie verrückt, sich aus Rons Umhang zu befreien. Da hören sie das Niedersausen der Axt. Seidenschnabel ist enthauptet. Durch ihr Quieken angelockt, schleicht sich Krummbein heran, die Ratte flüchtet und die Katze jagt ihr hinterher. Ron kann Krätze wieder einfangen, da werden sie von einem riesigen, schwarzen Hund angefallen, der Ron in eine Erdspalte zieht. Sie folgen der Katze durch einen Geheimgang und landen in der Heulenden Hütte.

Als Harry und Hermine ins Zimmer stürzen, steht ihnen Sirius Black gegenüber. Dieser entwaffnet die beiden. Hass lodert in Harry auf. Das erste Mal in seinem Leben möchte er den Zauberstab benutzen, um jemanden zu töten und nicht, um sich zu verteidigen. Sie kämpfen mit vereinten Kräften, um in den Besitz ihrer Zauberstäbe zu gelangen, auch Hermine greift ein. Schließlich liegt Black am Boden und Harry steht mit seinem Zauberstab über ihm. Doch er kann den wehrlosen Black trotz allen Hasses nicht töten. Da hören sie Geräusche. Herein stürmt Lupin, der Harry und Hermine entwaffnet. Lupin umarmt Black. Er hat auf der Karte des Rumtreibers entdeckt, wo Black sich aufhielt. Aber als sie in der Heulenden Hütte ankamen, war noch ein vierter bei ihnen. Krätze ist keine normale Ratte, sondern ein Animagus: Peter Pettigrew.

Alte Bündnisse – neue Gefahren

Lupin berichtet, drei seiner Schulfreunde – Sirius Black, Peter Pettigrew und James Potter – seien Animagi geworden, um bei ihm bleiben zu können, wenn er sich bei Vollmond in einen Werwolf verwandelte. Sirius und James wurden große Tiere, die einen Werwolf in Schach halten konnten. Die drei schufen die Karte des Rumtreibers. Sirius unterzeichnete als Tatze (padfoot), Peter als Wurmschwanz (wormtail) und James als Krone (prongs). An dieser Stelle der Enthüllungen enthüllt sich noch eine weitere Person: Snape, der sich unter Harrys zurückgelassenem Tarnumhang ins Zimmer geschlichen hat.

Snape glaubt, Lupin sei mit Black verschworen, Harry zu töten. Er triumphiert, weil er gleich zwei neue Gefangene für Askaban gestellt hat. Er will die Dementoren rufen, sobald sie vor der Peitschenden Weide angekommen sind. Da zücken die drei Freunde ihre Zauberstäbe und es gelingt ihnen, Snape zu entwaffnen, der ohnmächtig an der Tür zu Boden sinkt.

Nun wenden sie sich Pettigrew zu. Nicht Sirius hat Harrys Eltern getötet, sondern Peter – und Sirius hat Peter wegen dieses Mordes gejagt. Pettigrew war es, der die Muggel tötete, als Black ihn nach dem Mord an Harrys Eltern stellte. Der Kater Hermines hat Krätze von Anfang an durchschaut. Er stahl die Passwörter für den Gryffindor-Turm, um Black Zugang zu verschaffen. Pettigrew flüchtete jedoch rechtzeitig. Er hinterließ die Blutspuren auf Rons Laken und täuschte, nicht das erste Mal in seinem Leben, seinen eigenen Tod vor. Sirius, der Geheimniswahrer seiner Eltern, überredete diese im letzten Augenblick, Pettigrew an seiner Statt zum Geheimniswahrer zu erheben. Ohne es zu wissen, hat Black Harrys Eltern Lord Voldemort ausgeliefert, darin liegt seine Schuld.

Black und Lupin schicken sich an, Pettigrew zu töten. Der Reihe nach fleht Pettigrew alle um sein Leben an, doch keiner hat Erbarmen. Zuletzt wendet er sich an Harry. Im letzten Moment gebietet Harry Einhalt. Er will nicht, dass Pettigrew getötet wird, obwohl er seine Eltern auf dem Gewissen hat. So wird Pettigrew gefesselt, und die merkwürdige Gesellschaft macht sich mit dem bewusstlosen Snape auf den Weg zurück ins Schloss.

Kurz bevor sie ins Schloss gelangen, überstürzen sich jedoch die Ereignisse. Lupin beginnt, sich im Licht des Vollmonds in einen Werwolf zu verwandeln, Black verwandelt sich in einen Hund und hält Lupin in Schach. Ron wird von einem Zauber des fliehenden

Pettigrew niedergestreckt. Black jagt Lupin hinterher, Harry den Tieren. Am See angelangt, sieht er, wie Black sich in einen Mann zurückverwandelt und auf allen vieren kauert. Eine große Zahl von Dementoren nähert sich ihnen. Black wird ohnmächtig und Harry versucht, seinen Patronus heraufzubeschwören. Aber er ist zu schwach. Ein Dementor schiebt seine Kapuze zurück und gibt Harry einen Kuss. Kurz bevor er ohnmächtig wird, sieht er ein blendendes Licht und eine weiße Gestalt, die die Dementoren zurücktreibt. Es ist ein Tier, das am anderen Seeufer von jemandem begrüßt und getätschelt wird, bevor es davongaloppiert. Dieser Jemand sieht aus wie sein Vater.

Harry wacht im Krankenflügel auf. Neben ihm liegen Ron und Hermine. Madam Pomfrey sucht Harry mit der Versicherung zu beruhigen, die Dementoren würden jeden Augenblick Black küssen. Da hält Harry nichts mehr. Er springt aus dem Bett und Hermine folgt ihm. Doch Dumbledore kommt ihnen entgegen, der eben mit Black geredet hat. Er glaubt den beiden ihre Geschichte, aber es gibt keine Beweise für ihre Version. Was sie bräuchten, wäre mehr Zeit. Wenn sich die beiden geschickt verhalten, können sie in dieser Nacht mehr als ein unschuldiges Leben retten. Aber niemand, so schärft er ihnen ein, darf sie bei ihrer Mission sehen. Dumbledore empfiehlt sich mit der Bemerkung, drei Umdrehungen müssten reichen.

Da endlich enthüllt Hermine ihr Geheimnis, das es ihr ermöglicht hat, das ganze Schuljahr über bis zur Erschöpfung gleichzeitig stattfindende Unterrichtsstunden zu besuchen. Sie hat von McGonagall einen Zeitumkehrer erhalten. Sie zieht eine kleine Uhr hervor und dreht deren Stundenglas dreimal im Kreis. Die beiden werden drei Stunden in der Zeit zurückversetzt. Sie müssen Seidenschnabel retten, mit ihm zu Sirius und ihm den Hippogreif für die Flucht überlassen. Am See beobachtet Harry das Erscheinen der Dementoren, während Hermine auf Seidenschnabel aufpasst. Er sieht am anderen Ufer seine eigenen Versuche, einen Patronus heraufzubeschwören. Aber niemand kommt zu Hilfe. Da wird ihm schlagartig klar, dass er nicht seinen Vater gesehen hat, sondern sich selbst, der aus der Zukunft kommend am anderen Seeufer den Patronus heraufbeschwor. Und eben dies tut er: Aus seinem Zauberstab emaniert ein wunderschönes, silbernes Tier, das über das Wasser davongaloppiert und die Dementoren zurückschlägt. Das Tier kehrt zurück und beugt sein geweihbewehrtes Haupt vor ihm: Es ist ein Hirsch, die Animagusgestalt seines Vaters, die als Harrys Patronus wiederkehrt. Da kommt auch schon Hermine mit Seidenschnabel angetrabt. Sie fliegen mit Seidenschnabel zum Zimmer, in dem Sirius eingesperrt ist, und befreien ihn.

Am nächsten Tag besucht Harry Lupin, der die Schule verlassen muss. Lupin gibt Harry den Tarnumhang und die Karte des Rumtreibers zurück. Zu ihnen stößt Dumbledore, um sich ebenfalls von Lupin zu verabschieden. Harry bleibt alleine mit Dumbledore zurück. Harry ist betrübt, weil es ihm nicht gelungen ist, die Flucht Pettigrews zu verhindern. Dumbledore tröstet ihn. Immerhin hat er die Wahrheit ans Licht gebracht und einen Unschuldigen vor einem schrecklichen Schicksal bewahrt. Dumbledore weist auf die Komplexität menschlicher Handlungen hin. Harry hat Pettigrew das Leben gerettet und dieser steht nun in seiner Schuld. Wenn ein Zauberer einem anderen das Leben rettet, entsteht ein Band zwischen ihnen. Dumbledore deutet an, dass darin tiefe, geheimnisvolle Magie liege und dass Harry eines Tages froh sein könne, Pettigrew gerettet zu haben. Harry erzählt seinem Lehrer, er habe geglaubt, am See sei ihm sein Vater erschienen. Dieser erwidert, dass die Toten, die wir lieben, uns nie ganz verlassen. Sein Vater lebt in Harry weiter, und es war kein Zufall, dass er seinen Patronus heraufzubeschwören vermochte. Damit ist Harrys Vater wieder in dessen Leben zurückgekehrt. Harry hat seinen Vater in sich wiedergefunden.

> Dem will ich eine Vollmacht des Ich geben, die über allen Völkern steht und er wird ein Hirte sein mit dem ehernen Stabe.
>
> *Offenbarung des Johannes, 2.26*

Das Böse in Ichgestalt

(Feuerkelch)

Der »Feuerkelch« stellt die Peripetie des Initiationsweges dar, den Harry durchschreitet. Seine Begegnungen mit den unterschiedlichen Gestalten des Bösen, die ihn mit dem Herrn der Wünsche, dem Herrn des Todes, dem Bösen in Tier- und Geistgestalt konfrontiert haben, gipfeln in diesem Band in einer Konfrontation mit dem reinkarnierten Bösen, das ihm wie ein Mensch von Gleich zu Gleich gegenübertritt. Voldemort schafft sich einen neuen Leib und tritt in diesem Leib als inkarniertes Ich Harry gegenüber. Dieser Leib, den der Dunkle Lord sich schafft, enthält als Zutat das Blut Harrys, das ihm bei einer schwarzmagischen Opferhandlung abgenommen wird. Das Blut des Menschen ist der Ausdruck des menschlichen Ich im Leib. Indem Lord Voldemort einen Teil dieses Blutes an sich nimmt, um daraus seinen Leib zu schaffen, macht er deutlich, dass er eine Art Gegen-Ich ist, ein dunkler Doppelgänger des Heros, des »Auserwählten«, der dazu bestimmt ist, ihn zu besiegen.

Dem Ich Harrys, dieser Sonne der Seele, steht auf dem Friedhof von Little Hangleton der Sonnendämon gegenüber, die schwarze Sonne, deren höchstes Ziel es ist, Harry als Ich zu vernichten. Der Raub des Blutes steht für die Konfrontation zwischen Ich und Ich, die in der wunderbaren Beschreibung des Duells zwischen Voldemort und Harry auf dem Friedhof von Little Hangleton greifbar wird. Zwar wird es erst im Schuljahr 1998/99 zur endgültigen Konfrontation Voldemorts mit Harry kommen, aber die Epiphanie, die Wiederauferstehung des Dunklen Lords, die Voraussetzung für diese letzte Peripetie ist, findet zwei Jahre früher statt.

Inzwischen ist Harry vierzehn Jahre alt. Die Geschichte, die zwischen Sommer 1995 und Sommer 1996 spielt, eröffnet gleich mit zwei katastrophischen Ereignissen: der Ermordung von Frank Bryce und dem Wiederauftauchen der Todesser. Sie beginnt in Little Hangleton, im ehemaligen Haus der Riddles, die im Sommer 1943 hier umgebracht wurden. Der Gärtner Frank Bryce wurde damals verdächtigt, die Riddles getötet zu haben. Er kehrte später auf das Anwesen zurück. Harry wird im Traum Zeuge der Ermordung des alten Mannes durch Lord Voldemort. Dieser ist mit Wurmschwanz und seiner Schlange Nagini in das Haus eingedrungen.

Harry darf die Weasleys in den Sommerferien zum Finale der Quidditch-Weltmeisterschaft begleiten. Das Fest nach dem Spiel geht bis spät in die Nacht, als plötzlich eine Gruppe von Todessern mit gezückten Zauberstäben über das Feld marschiert. Über ihnen zappeln vier Gestalten hilflos in der Luft – die Muggelfamilie, auf deren Gelände die Weltmeisterschaft stattfindet. Harry flüchtet mit seinen Freunden in den nahegelegenen Wald. In der Dunkelheit erklingt der Ruf: »Morsmordre!« Aus den Bäumen dringt grünes Leuchten hervor, steigt zum Himmel und formt an diesem das Bild eines riesigen Totenschädels, aus dessen Mund sich eine Schlange herauswindet: Es ist das Dunkle Mal, das Zeichen Lord Voldemorts. Die auftauchenden Ordnungszauberer finden nahebei die bewusstlose Winky, die Hauselfe von Bartemius Crouch, einem Abteilungsleiter des Ministeriums. Winky hält Harrys Zauberstab in der Hand. Sie scheint das Dunkle Mal heraufbeschworen zu haben.

Die Freunde werden dieses Schuljahr von Mad-Eye Moody in Verteidigung gegen die Dunklen Künste unterrichtet. Dumbledore hat beschlossen, sie bereits jetzt in der Abwehr der verbotenen schwarzen Flüche unterrichten zu lassen. Drei dieser Unverzeihlichen Flüche gibt es: den *Imperius-Fluch*, mit dem man den Willen eines anderen Menschen beherrschen kann, den *Cruciatus-Fluch*, mit dem man anderen entsetzliche Qualen zufügen kann, und den tödlichen Fluch *Avada Kedavra*. Gegen diesen Fluch gibt es keine Gegenwehr und nur ein Mensch hat ihn bisher überlebt: Harry Potter. Moody belegt jeden seiner Schüler mit dem Imperius-Fluch. Zuletzt kommt Harry an die Reihe. Nach vier Versuchen gelingt es ihm, den Fluch gänzlich von sich abzuschütteln.

Das Trimagische Turnier als Stufe der Initiation

Bevor Harry dem inkarnierten Lord Voldemort gegenübertreten kann, muss er zunächst eine Reihe von Prüfungen bestehen, die diesmal im Rahmen des Trimagischen Turniers auf ihn warten. Das Trimagische Turnier ist eine weitere Initiationsstufe, die mit den Tierkreiswirkungen und den spirituellen Qualitäten der Jahreszeiten im Zusammenhang steht. Die Abordnungen der Zaubererschulen Beauxbatons und Durmstrang reisen am 30. Oktober, dem Vorabend von Halloween, zu diesem Turnier an. Ausgewählt werden die Kandidaten durch den Feuerkelch. Am Abend von Halloween spuckt der Feuerkelch die Namen der Champions aus. Es sind Viktor Krum für Durmstrang, Fleur Delacour für Beauxbatons und Cedric Diggory aus dem Haus Hufflepuff für Hogwarts. Die drei Champions sind schon verschwunden, um erste Instruktionen zu erhalten, als der Kelch den Namen Harrys auswirft. Aus dem Feuer dieses mystischen Kelches geht der Name Harrys hervor. Der Name ist der irdische Ausdruck des menschlichen Ich. So wie das Ichbewusstsein aus dem Wärmefeuer des Blutes hervorgeht, geht der Name Harrys aus dem Feuerkelch hervor.

Hagrid führt Harry kurz darauf nächtens in Begleitung von Madam Maxime zu den vier Drachen. Er erfährt, dass die Kandidaten bei ihrer ersten Aufgabe an einem von ihnen vorbeikommen müssen. Auf dem Rückweg stößt Harry mit Karkaroff zusammen, der in Richtung Drachengehege schleicht. Alle Champions wissen nun offensichtlich Bescheid, was sie erwartet, außer Cedric, dem Harry später das Geheimnis mitteilen wird.

Die erste Aufgabe

Am 24. November ist es soweit. Die erste Prüfung steht siderisch-astrologisch und astronomisch im Zeichen des Skorpions. Harry und die anderen Champions müssen das goldene Ei stehlen, das ihr Drache bewacht. Der Drache steht für die im Leib des Menschen wirkenden kosmischen Willenskräfte und das Gold, das aus ihm gewonnen oder in den er verwandelt werden kann. Es ist die Wiederholung des alchymischen Motivs aus dem ersten Band: Die Kohle, der Kohlenstoff, der in Gold verwandelt wird, ist der mineralische Leib des Menschen. In gewisser Weise ist dies für Harry eine Luft- und Feuerprobe in einem, denn er fliegt mit seinem Besen durch die Luft, um das Ei des Drachen zu stehlen, der ihn daraufhin verfolgt und mit seinem Feueratem versengt. Alle vier Kandidaten bestehen die Prüfung. Das goldene Ei enthält die Beschreibung der zweiten Prüfung.

Am Weihnachtsmorgen erhält Harry von Sirius ein magisches Taschenmesser als Geschenk, mit dem er imstande ist, jede Tür zu öffnen. Beim Weihnachtsball fehlt Bartemius Crouch, der zu den Preisrichtern des Trimagischen Turniers gehört. Percy teilt Harry blasiert mit, er sei zu Mr. Crouchs persönlichem Assistenten befördert worden. Kurz bevor er ins Bett geht, erhält Harry von Cedric den Hinweis, mit dem goldenen Ei ein Bad zu nehmen. Erst Wochen später stiehlt sich Harry mit seinem goldenen Ei ins Bad der Vertrauensschüler. Das ohrenbetäubende, schmerzhafte Gekreisch des magischen Eis verwandelt sich im Wasser in einen wohltönenden Gesang, den Harry verstehen kann, als er mit dem Kopf untertaucht. Das Geheimnis des Eis ist mit den Sphärenharmonien verbunden, die im wässrigen Element erklingen.

Auf seinem Rückweg in den Gryffindorturm entdeckt Harry auf der Karte des Rumtreibers Bartemius Crouch, der sich in Severus Snapes Büro zu schaffen macht. Was hat der angeblich kranke Crouch nachts im Büro von Snape zu suchen? Unterwegs, auf einer Treppe, fällt Harry das Ei aus den Händen und poltert die Treppe hinunter. Sein Tarnumhang verrutscht und er verliert auch noch die Karte des Rumtreibers. Filch und Snape tauchen auf. Kurz darauf erscheint Mad-Eye Moody. Moody entdeckt das Papier, das auf dem Boden liegt. Als Snape es aufheben will, zaubert es Moody in seine eigene Hand. Schließlich nimmt Moody auch noch das goldene Ei an sich. Als sie alleine sind, will er von Harry wissen, wer in Snapes Büro eingebrochen ist. Schließlich bittet er Harry, ihm die Karte des Rumtreibers auszuleihen.

Die zweite Aufgabe

Die zweite Prüfung findet am 24. Februar statt. Sie steht siderisch-astrologisch und astronomisch im Zeichen des Wassermanns. Der Wassermann ist ein Bild jener kosmischen Kräfte, die aus ihren unerschöpflichen Gefäßen die Wasser des Lebens und der Weisheit auf die Erde gießen. Das Ei enthält die Weisheit, die in diesem Wasser des Lebens wirkt. Bei der Wasserprobe geht es um die Ätherkräfte, die dem Ich einverleibt werden müssen und die belebenden Kräfte, aus denen die Ungeborenen oder Wiedergeborenen herausgezogen werden. Aus dem Strom der Lebenskräfte gehen diejenigen hervor, die wir am meisten lieben. Was Harry am teuersten ist, muss er aus diesem Lebensstrom herausholen. Zehn Minuten vor Beginn der zweiten Aufgabe reicht Dobby Harry Dianthuskraut. Es verleiht die Fähigkeit, unter Wasser zu atmen. Dobby hat ein Gespräch zwischen McGonagall und Moody belauscht, in dem von diesem Kraut die Rede war.

Harry bewegt sich wie ein Fisch im Wasser. Er entdeckt die riesige Statue eines Wassermenschen, an dessen Schwanzflosse vier Menschen gefesselt sind: Cho, Hermine, Ron und die Schwester von Fleur. Nach einigen Minuten hat er Rons Fesseln gelöst. Als er beginnen will, die Fesseln Hermines zu durchtrennen, wird er von den Wassermenschen zurückgehalten. Da kommt endlich Cedric angeschwommen und befreit Cho. Krum zieht mit Hermine davon. Harry aber kann Fleurs kleine Schwester nicht alleine lassen. Mit Ron und Fleurs Schwester im Schlepptau schwimmt er zur Oberfläche zurück.

Am nächsten Tag findet wieder ein Ausflug nach Hogsmeade statt. Die Freunde treffen Sirius. Sirius kennt Crouch gut. Schließlich hatte er den Befehl erteilt, ihn ohne Gerichtsverhandlung nach Askaban zu bringen. Damals leitete Crouch senior noch die Abteilung für Magische Strafverfolgung. Er setzte sich für harte Maßnahmen gegen die Anhänger Voldemorts ein. Viele wurden ohne Prozess den Dementoren ausgeliefert. Doch dann wurde der Sohn von Crouch zusammen mit anderen Todessern gefasst, und der ältere Crouch sorgte dafür, dass sein Sohn nach Askaban kam, wo er starb. Die Frau von Crouch senior starb bald darauf aus Gram über den Tod ihres Sohnes. Kurz vor dem Höhepunkt seiner Laufbahn verlor Crouch alles: seinen Sohn, seine Frau, seinen guten Namen und schließlich auch seine Beliebtheit. Statt seiner erhielt Cornelius Fudge den Ministerposten.

Die dritte Aufgabe

In der letzten Maiwoche erklärt Ludo Bagman den Champions auf der Quidditchwiese die dritte Prüfung. Auf dem Rückweg wird Harry von Krum aufgehalten. Da stolpert ihnen aus dem Dunkel des Waldes Bartemius Crouch entgegen. Er scheint verrückt geworden, denn er spricht mit sich selbst oder jemandem, den nur er sehen kann. Er fleht Harry an, ihn zu Dumbledore zu bringen. Harry bittet Krum, bei Crouch zu bleiben, während er Dumbledore holt. Als sie am Waldrand ankommen, finden sie Krum bewusstlos am Boden, Crouch ist verschwunden. Als Krum wieder zum Bewusstsein kommt, behauptet er, Crouch habe ihn angegriffen und überwältigt.

Am 24. Juni gilt es, die dritte Prüfung des Trimagischen Turniers zu bestehen, die siderisch-astrologisch im Zeichen der Zwillinge steht. Im Zeichen der Zwillinge wird die Doppelgängernatur des Gegen-Ich offenbar, das Voldemort zu Harry, dem Heros und Erlöser bildet. Im Kleinen spiegelt sich die zwillingshafte Doppelheit darin, dass Harry zusammen mit Cedric den Trimagischen Pokal erringt und ergreift. Die dritte Prüfung des trimagischen Turniers wiederholt die sieben urbildlichen Prüfungen, die am Ende des ersten Bandes von Harry durchlebt wurden. Auch diese fanden im

Juni, wahrscheinlich ebenfalls im Zeichen der Zwillinge statt. Wieder sind es sieben Prüfungen, die Harry durchläuft, diesmal jedoch als individuelles Ich und aus eigener Kraft.

Er individualisiert die sieben Fähigkeiten oder Kräfte, durch deren geistige Urbilder er im ersten Band von seinen sieben Lehrern rituell geführt wurde. Am Ende steht mit der siebenten Prüfung wieder ein Verzicht. Diesmal muss das Ich Harrys diese sieben Fähigkeiten oder Kräfte aus der eigenen Seele herausschöpfen. Der Weg, den er zurücklegt, beginnt aber nicht mit dem Überschreiten der Schwelle von der physischen in die ätherische Welt (Einschläferung des Kerberos), sondern – seiner Einweihungsstufe entsprechend – mit dem Ich.

Im ersten Band wurden von ihm symbolisch die kosmogonischen Werdestufen des Menschen durchlebt, diesmal durchschreitet er die initiatorische Wiederholung dieses Weges, die vom Ich bis zum physischen Körper herabsteigt und sich daraufhin in die geistigen Zukunftsformen von Seele, Leib und Körper erhebt. Erst nachdem er dreimal zugunsten seiner Mitbewerber eingegriffen hat, wird ihm bei der vorletzten Prüfung Hilfe von Cedric zuteil.

Die Champions werden von Ludo Bagman zum Heckenlabyrinth hinunterbegleitet. Da Harry und Cedric gleichauf stehen, können sie gemeinsam starten. An der ersten Gabelung des Weges im Labyrinth trennen sich ihre Wege.

Sieben weitere Prüfungen

1. Als erstes gleitet ein Dementor auf Harry zu. Er beschwört seinen Patronus herauf, und der Dementor stolpert über seinen Umhang. Da erkennt er, dass es sich nicht um einen Dementor handelt, sondern bloß um einen *Irrwicht*. Der Dementor ist die dämonische Kraft, die auf das Ich einwirkt. Der Irrwicht vertritt den Dementor. Harry muss die Illusion durchschauen und zeigen, dass er als Ich in sich ruht.

2. Nach kurzer Zeit breitet sich vor ihm eine *Nebelwolke* aus. Während er sie zu vertreiben versucht, hört er

Fleur schreien. Er entschließt sich, nach ihr zu sehen und muss durch den Nebel. Plötzlich steht er auf dem Kopf. Unter ihm öffnet sich als gähnender Abgrund der Himmel. Doch nachdem er seinen Mut gesammelt hat und die Augen schließt, rückt die Welt wieder zurecht und er hastet hindurch. In seiner Astralseele kehrt sich das Unterste zu oberst: wie Oben, so Unten gilt für die menschliche Astralseele, sie ist der auf die Erde gespiegelte Himmel. Harry muss seinen Mut sammeln, um durch die astrale Nebelwolke über den Abgrund schreiten zu können. Gleichzeitig rettet er die bewusstlose Fleur, die Repräsentantin Beauxbatons. Er entwickelt die Kraft, die Einseitigkeit Beauxbatons auszugleichen.

3. Als nächstes steht er einem riesigen *Knallrümpfigen Kröter* gegenüber. Harry gelingt es, die panzerlose Unterseite des Monstrums zu treffen. Für kurze Zeit ist das Tier gelähmt und Harry kann an ihm vorbei. Der knallrümpfige Kröter stellt die Stufe der Lebenskräfte dar. Die Kröter sind unverwüstlich in ihrem Wachstum und können mehr als drei Meter messen.

4. Da hört er in der Nähe Cedric rufen, und die Stimme Krums, der den unverzeihlichen Cruciatus-Fluch ausstößt. Harry verschafft sich einen Durchgang durch die Hecke. *Krum* steht über Cedric, der am Boden liegt. Harry streckt Krum nieder. Cedric ist zum Glück nicht verletzt. Sie rufen für Krum Hilfe herbei und gehen kurz gemeinsam weiter, um sich an der nächsten Verzweigung wieder zu trennen. Nun ist Harry auf der Stufe der physischen Welt angelangt. Er steht dem anderen Ich in leiblicher Gestalt gegenüber, Krum, der unter dem Imperius-Fluch steht, durch den der Wille Voldemorts wirkt, und Cedric, seinem kleinen Zwilling, den er rettet. Harry ist imstande, die Einseitigkeit Durmstrangs auszugleichen.

5. Als Harry dem Zentrum des Irrgartens näher kommt, steht ihm eine *Sphinx* im Weg, mit einem Löwenkörper und einem Frauenkopf. Sie verlangt von ihm die Lösung eines Rätsels. Ist die Antwort richtig, darf er vorbei. Ist sie falsch, greift sie ihn an. Schweigt er, lässt sie ihn gehen. Des Rätsels Lösung, ein Wesen, das Harry niemals küssen möchte, ist eine *Spinne*. Im

Zentrum des Labyrinths begegnet er der Sphinx, die nach seinem geistigen Selbst fragt und nach dem, was dieses Selbst am meisten bzw. am wenigsten liebt. Es geht um die Liebe zum Höheren Wesen, die das Ich seinem göttlichen Kern entgegenbringen muss, es geht um das geistige Selbst des Menschen. Ohne dass Harry sich zu dem bekennt, was er am meisten liebt, kann er nicht an der Sphinx vorüber. Die Spinne ist das karikaturhafte Gegenbild der menschlichen Liebe. So wie die Liebe, deren Ausdruck der Kuss ist, Verbindung und Bindung zwischen Menschen stiftet, ein lebendiges Netz von Gefühlen, Gedanken und Handlungen, spinnen die Arachniden ihre Netze, um Beute zu fangen, die sie anschließend lähmen und verschlingen können.

6. Endlich sieht er vor sich auf einer Säule den Trimagischen Pokal schimmern. Da hastet Cedric in den Pfad, er wird seinen Vorsprung nicht mehr einholen können. Doch Harry erblickt ein dunkles Wesen, das sich nähert, mit dem Cedric kollidieren wird, wenn er ihn nicht warnt. Zwar gelingt ihm dies und Cedric kann dem Schatten ausweichen. Dafür stolpert Harry aber und verliert seinen Zauberstab. Über ihm bäumt sich eine *riesige Spinne* auf. Als sie schon kurz davor ist, ihn zu verschlingen, kann er sich aus ihren Fängen befreien. Gemeinsam setzen er und Cedric die Spinne außer Gefecht.

In der Auseinandersetzung mit der Spinne wirken Harry und sein Zwilling zusammen. Sie tritt Harry und Cedric jetzt sogar als Lebewesen entgegen, nicht nur als Frage oder Idee, wie im Rätsel der Sphinx, als magische Kreatur, als geistige Lebensmacht. Im gemeinsamen Kampf gegen das dämonische Spinnenwesen überwinden die beiden jene ahrimanische Parodie menschlicher Liebesgemeinschaft, die sich in virtuellen Netzen über die ganze Erde spannt und das lebendige Gewebe menschlicher Beziehungen durch ihre technischen Simulakren zu ersetzen versucht.

7. Harry liegt verletzt am Boden und Cedric steht nur ein paar Meter vom Pokal entfernt. Harry fordert Cedric auf, den Pokal zu holen. Aber Cedric will nicht. Harry hat ihm bereits zum zweiten Mal das Leben gerettet und er möchte, dass Harry den Pokal nimmt. Aber Harry will seinerseits nicht. Die beiden Jungen übertrumpfen sich gegenseitig in Edelmut. Schließlich kommt Harry der rettende Einfall. *Er schlägt vor, dass sie beide zusammen den Pokal nehmen.* Damit ist Cedric einverstanden. Die Zwillingskonstellation dieses Tages bildet sich darin ab, dass Cedric und Harry gemeinsam – wie Zwillinge – den Pokal ergreifen. Sie werden durch magische Kraft vom Boden gehoben. Der Pokal ist ein Portschlüssel.

Die letzte Prüfung stellt, wie beim ersten Buch, einen Verzicht dar. Harry muss darauf verzichten, den Pokal für sich alleine zu gewinnen, er muss ihn herschenken, so wie er damals den Stein der Weisen hergeschenkt hat. Der Pokal selbst ist eine Erscheinungsform des Gralskelches. Aber nun ist dieser Gralskelch das Ich, das sich der göttlichen Welt darbringt. Das Zentrum dieser Erzählung ist das Ringen um eine Gestalt des Ich, die imstande ist, sich zum Gefäß des Göttlichen heranzubilden, dieses Göttliche in sein ganzes Wesen einzubauen und dem himmlischen Jerusalem einzufügen.

Harry als Theseus und Ödipus

Zwei weitere Motive aus dem griechischen Mythos spielen in dieser Labyrintherzählung eine Rolle: die Geschichte des Minotaurus und das Ödipusmotiv. Harry muss zwei Hauptmotive der griechischen Mysterieninitiation, die Tat des Theseus und die Tat des Ödipus, wiederholen, bevor er das Zentralmotiv des Christentums, die Kreuzigung, durchleben kann.

Theseus bezwang den Minotaurus im Labyrinth, Ödipus löste das Rätsel der Sphinx. Beide Heldentaten handeln von Prüfungen, bei denen menschenverschlingende Mischwesen von menschlichen Heroen bezwungen werden. Der Minotaurus, der im Zentrum des Labyrinths haust, ist der Spross einer widernatürlichen Begierde. Der Portschlüssel im Zentrum des Labyrinths wird Harry in die Fänge jenes Wesens tragen, der ebenfalls der Spross einer widernatürlichen Begierde ist und der die Absicht hat, Harry zu töten. Die Antwort auf das Rätsel der Sphinx ist der integre Mensch, der die Löwen-, Adler-

und Stierkräfte, die in seiner Seele wirken, durch sein Ich zum Ausgleich bringt und mit seiner Liebe ein Gleichgewicht zwischen ihnen schafft. In beiden Fällen geht ein integrer Mensch aus der Auseinandersetzung mit dem Mischwesen hervor. Harry ist dieser integre Mensch, der Löwen-, Adler- und Stierkräfte in sich integrieren muss, um die Fesselung an das Grab, die Kreuzigung, durchstehen zu können, die die Inkarnation des Ich im Leib darstellt.

Minos war einer von drei Söhnen, die Europa dem Zeus auf Kreta gebar. Er weihte dem Poseidon einen Altar und betete zu ihm, er möge ihm ein Opfertier senden. Schon schwamm ein strahlend weißer Stier ans Ufer. Aber Minos war von der Schönheit des Tieres so geblendet, dass er an seiner Statt ein anderes Tier opferte. Poseidon wollte sich für die Beleidigung durch Minos rächen und erfüllte Pasiphaë, die Gattin des Minos, eine Tochter des Helios, mit einem unseligen Verlangen nach dem weißen Stier. Sie gestand dem Daidalos, der in Kreta lebte, ihr Verlangen. Dieser baute eine hohle, hölzerne Kuh, schob die Attrappe auf die Weide und zeigte Pasiphaë, wie sie sich in der Kuh verbergen konnte. Dann zog er sich diskret zurück. Bald kam der Stier des Poseidon und bestieg die hölzerne Kuh. Pasiphaës Begierde wurde befriedigt und sie gebar den Minotaurus, ein Ungeheuer mit dem Kopf eines Stieres und der Gestalt eines Menschen.

Ein Orakel empfahl dem Minos, Daidalos eine Zuflucht bauen zu lassen, in der er sich zusammen mit Minotaurus und seiner Gattin verbergen könne, damit die Schande niemandem bekannt werde. Daidalos tat, wie Minos von ihm verlangte, und Minos verbrachte den Rest seiner Tage in dieser unentrinnbaren Wirrnis, die Labyrinth genannt wurde.

Inzwischen wurde Aithra, die Tochter des Pittheus auf Troizen von Poseidon vergewaltigt, in derselben Nacht, in der sie auch mit Aigeus schlief. Aigeus verlangte von Aithra, falls sie einen Sohn gebäre, solle sie ihn im Verborgenen aufziehen. Unter einem Felsen versteckte er sein Schwert und seine Sandalen. Falls der Knabe später den Felsen beiseite schieben und Schwert und Sandalen an sich nehmen könne, sollte er zu ihm nach Athen geschickt werden.

Aithra gebar tatsächlich einen Sohn und nannte ihn Theseus. Als Theseus 16 geworden war, führte ihn seine Mutter zu dem Felsen und er konnte mühelos Schwert und Sandalen des Aigeus darunter hervorholen. Danach machte er sich auf die Reise nach Athen.

Als er dort ankam, nahte gerade die Zeit, in der die Athener ihren Tribut von sieben Jünglingen und sieben Jungfrauen an Minos entrichten mussten. Sie sollten den Tod seines Sohnes Androgeus sühnen, der einem wilden Stier des Poseidon zum Opfer gefallen war. Die Opfer wurden in das Labyrinth des Minotaurus geführt, der sie verschlang. Theseus war von Mitleid für die Eltern der Kinder erfüllt, die durch das Los ausgewählt wurden, und bot sich selbst als Opfer an.

Das Schiff, das nach Kreta segelte, trug zum Zeichen der Trauer immer schwarze Segel. Doch Theseus war überzeugt, den Minotaurus besiegen zu können und ließ sich von seinem Vater weiße Segel geben, die er bei seiner Rückkehr als Zeichen seines Sieges hissen wollte. In Kreta verliebte sich die Tochter des Minos, Ariadne, in Theseus und versprach, ihm zu helfen, ihren Halbbruder Minotaurus zu töten, falls er sie zur Belohnung heiraten werde. Theseus stimmte zu. Ariadne gab Theseus ein magisches Wollknäuel, mit dessen Hilfe er wieder aus dem Labyrinth finden konnte. Theseus überwand das Ungeheuer und segelte mit Ariadne und den athenischen Opfern zurück. Unterwegs setzte er Ariadne auf der Insel Naxos aus, weil Dionysos ihm im Traum erschien und Anspruch auf Ariadne erhob.

Doch die Götter bestraften Theseus für seine Untreue. Er vergaß, bei seiner Ankunft das weiße Segel zu hissen. Aigeus, der das schwarze Segel erblickte, glaubte, sein Sohn sei umgekommen und stürzte sich voller Verzweiflung vom Felsen hinunter. Harrys Ariadne ist Hermine, die ihm einen Ausrichtezauber beibringt, mit dem er sich im Labyrinth orientieren kann.

Ödipus, der Sohn des Laios und der Iokaste, der von seinem Vater verstoßen worden war, weil ein Orakelspruch verkündet hatte, sein Sohn werde ihn töten, kehrte als Jüngling nach Theben zurück. Die beiden trafen aufeinander und während eines Wortwechsels tötete Ödipus den alten Mann, ohne zu wissen, dass es sein Vater war.

Laios war gerade unterwegs zu einem Orakel, um es zu befragen, wie er Athen von der Sphinx befreien könne. Das Ungeheuer besaß einen Frauenkopf, einen Löwenkörper und Adlerflügel. Es saß auf einem Berg in der Nähe der Stadt und gab jedem vorbeiziehenden Thebaner ein Rätsel auf. Alle, die das Rätsel nicht lösen konnten, erwürgte und verschlang es.

Das Rätsel lautete: Welches Wesen, das nur eine Stimme hat, hat manchmal zwei Beine, manchmal drei, manchmal vier und ist am schwächsten, wenn es die meisten Beine hat?

Ödipus, der sich nach dem Mord an seinem Vater der Stadt näherte, löste das Rätsel. Der Mensch kriecht als Säugling auf allen vieren, steht in seiner Jugend fest auf seinen zwei Füßen und geht im hohen Alter an einem Stock. Die Sphinx sprang vom Berg hinunter und zerschellte im Tal.

Harry und Cedric landen auf einem alten Friedhof. Da kommt auch schon Wurmschwanz auf sie zu. Er trägt ein Bündel in seinen Armen. Wurmschwanz bleibt neben einem Grabstein stehen. Eine kalte Stimme ruft: »Töte den Überflüssigen«, und Wurmschwanz tötet Cedric.

Harry wird von Wurmschwanz zum Grabstein gezerrt, auf dem der Name TOM RIDDLE steht, und daran gefesselt. Wurmschwanz schiebt einen Zauberkessel an den Fuß des Grabes. Unter dem Kessel entfacht er ein Feuer. Er wickelt das Bündel aus, trägt das Wesen zum Kessel und versenkt es darin.

Nun beginnt er mit einer dreiteiligen Beschwörung:

Knochen des Vaters,
unwissentlich gegeben,
du wirst deinen Sohn erneuern!

Aus dem Grab Tom Riddles steigt ein Staubwirbel auf und fällt in den Kessel. Daraufhin schneidet er sich selbst unter Rezitieren der Formel:

Fleisch des Dieners,
willentlich gegeben,
du wirst deinen Meister wieder beleben,

die rechte Hand ab und wirft sie in den Kessel. Schließlich schneidet er Harry mit dem Satz:

Blut des Feindes,
mit Gewalt genommen,
du wirst deinen Gegner wieder erstarken lassen,

in den Arm, fängt sein Blut in einer Phiole auf und gibt es ebenfalls in den Kessel.

In dieser dreifachen schwarzmagischen Formel kehrt die Dreiheit wieder, die Harry eben durchschritten hat, aber pervertiert durch das Böse. Der Knochen des Vaters wird den Sohn erneuern. Aus dem Totesten des Vaters wird der physische Körper des Sohnes hervorgebracht. Das Fleisch des Dieners wird den Herrn wieder beleben. Die Hand von Wurmschwanz, das lebendige Fleisch des Knechtes, das dieser angeblich freiwillig opfert, wird das Leben des Herrn wieder erschaffen. Und aus dem Blut des Feindes wird seine Seele Kraft schöpfen, um gegen den Gegner zu kämpfen und ihn zu überwinden.

Seine drei Hüllen erneuert Voldemort durch einen dreifachen Frevel: durch eine Totenschändung, eine erzwungene Selbstverstümmelung und durch den Raub des magischen Elementes, das im Blut Harrys wirkt. Diese drei Zutaten eignet sich Voldemort an und umkleidet damit sein Ich, das bisher nur in einem embryonalen Körper, genährt von Einhornblut und Schlangenmilch, dahinvegetierte.

Aus dem brodelnden Kessel taucht Lord Voldemort auf, der einen neuen Leib besitzt. Da kommen auch schon die Todesser angeschwirrt.

Wie konnte der Meister das Wunder seiner Auferstehung vollbringen? Wurmschwanz vermochte Voldemort zu einem embryonalen Körper zu verhelfen, durch Einhornblut und Schlangengift von

Nagini. Drei Zutaten benötigte Voldemort; das Blut musste Harrys Blut sein, der Schutz, der Harry dank dem Opfer seiner Mutter umgab, würde dann auch in seinen Adern fließen.

Voldemort will seine Macht beweisen, indem er Harry *vor aller Augen* tötet. Doch er erlaubt ihm, kämpfend zu sterben. Harry versucht Voldemort zu entwaffnen, während dieser den tödlichen Fluch *Avada Kedavra* gegen ihn schleudert. Aus beiden Zauberstäben schießen Lichtblitze, die sich in der Mitte treffen. Ein goldener Lichtstrahl bildet sich zwischen beiden Stäben. Der goldene Faden verbreitert sich und wölbt sich über die beiden, bis sie von einer Lichtkugel eingeschlossen sind. Die Todesser huschen darum herum, unfähig einzugreifen.

Aus dem goldenen Licht dringt ein wunderschönes Klingen, es ist der Gesang des Phönix. Wieder ist es der Auferstehungsvogel, der seine schützende geistige Aura um Harry ausbreitet und ihn mit Kraft und Zuversicht erfüllt. Harry hört eine Stimme, die ihm rät, die Verbindung der Zauberstäbe nicht zu lösen. Eine Perle aus Licht bewegt sich von Voldemorts auf Harrys Zauberstab zu. Harry versucht, die Perle zu Voldemort zurückzutreiben. Als die Lichtperle die Spitze von Voldemorts Stab berührt, quillt der Schatten der Hand aus ihr hervor, die Voldemort für Wurmschwanz geschaffen hat. Danach fließt der Schatten von Cedric aus dem Stab, als nächstes die Schatten von Frank Bryce, Bertha Jorkins und Harrys Vater und Mutter.

Die Mutter redet auf Harry ein: Er muss den Portschlüssel erreichen und nach Hogwarts zurückkehren. Die Gestalt Cedrics bittet ihn, seinen toten Körper mitzunehmen. Harry reißt seinen Stab in die Höhe, die Verbindung mit Voldemort bricht ab, die Lichtkugel löst sich auf, der Phönixgesang verhallt, die Opfer Voldemorts umkreisen den Dunklen Lord und verdecken seine Sicht auf Harry. Ihm gelingt die Flucht mit dem toten Körper Cedrics, zurück nach Hogwarts.

Harry kommt wieder zu sich und erblickt Dumbledore, der sich über ihn beugt. Am Ort des Turniers herrscht helle Aufregung. Jemand hebt Harry hoch. Es ist Mad-Eye Moody. Moody führt ihn in einen Raum und sperrt die Tür hinter ihnen zu. Moody schmuggelte Harrys Namen in den Feuerkelch, er stiftete Hagrid an, Harry die Drachen zu zeigen. Das Eierrätsel konnte Cedric nur dank eines Hinweises von Moody lösen. Moody ließ Dobby Zeuge eines Gesprächs mit McGonagall über das Dianthuskraut werden. Im Irrgarten schaltete er Fleur aus, bezwang Krum mit dem Imperius-Fluch und hetzte ihn auf Cedric. Moody will für den Dunklen Lord das Werk vollenden und Harry töten. Da ereilt ihn ein Stupor-Fluch, der den Angegriffenen bewusstlos macht. Herein stürzen Dumbledore, Snape und McGonagall.

Der Verräter war nicht der richtige Moody. Es war von Anfang an ein anderer, der sich in seiner Gestalt verbarg: Bartemius Crouch junior. Crouch erzählt dank Snapes Veritaserum seine Geschichte. Seine Mutter besuchte ihn in Askaban, gab ihm Vielsafttrank zu trinken und er konnte in ihrer Gestalt fliehen. Sie blieb in seiner Gestalt im Kerker und starb kurz darauf. Sein Vater brachte ihn mit dem Imperius-Fluch in seine Gewalt. Er zwang ihn, Tag und Nacht den Tarnumhang zu tragen. Immer war die Elfe Winky an seiner Seite. Später überredete Winky seinen Vater, den Sohn zur Quidditch-Meisterschaft gehen zu lassen. Er saß unter seinem Tarnumhang neben ihr. Aber der Sohn hatte inzwischen gelernt, sich gegen den Imperius-Fluch des Vaters zu wehren. Er stahl den Zauberstab Harrys und rief das Dunkle Mal am Himmel hervor. Der Vater belegte ihn erneut mit dem Imperius-Fluch und nahm ihn mit nach Hause.

Eines Tages aber kam der Meister selbst ins Haus, um den Sohn zu befreien. Wurmschwanz trug ihn herbei. Voldemort unterwarf nun den Vater mit dem Imperius-Fluch. Auch der Vater kämpfte gegen den Fluch an. Durch eine Unachtsamkeit von Wurmschwanz konnte er entkommen. Der Sohn erhielt den Befehl, ein Treffen mit Dumbledore zu verhindern. Als sein Vater endlich auftauchte, tötete er ihn. Am Abend des Turniers trug er schließlich den in einen Portschlüssel verwandelten Pokal in den Irrgarten.

Harry darf in den Krankenflügel. Ein Elixier Madam Pomfreys versetzt ihn in einen tiefen, traumlosen Schlaf. Als er wieder aufwacht, hört er, wie McGonagall und Cornelius Fudge miteinander streiten.

Fudge hat einen Dementor mit ins Schloss gebracht. Der Dementor hat Barty Crouch den Todeskuss gegeben. Fudge hält ihn für einen Irren, der glaubte, alles auf Anweisung von Voldemort getan zu haben. Er glaubt nicht, dass Voldemort zurück ist. Fudge steigert sich immer mehr in seine Ablehnung und wirft den Anwesenden ein Komplott vor, eine Panik hervorzurufen und zu zerstören, was in den letzten 14 Jahren aufgebaut wurde. Harry ist entsetzt über diese Weigerung, den Tatsachen ins Auge zu sehen. Bevor Fudge den Raum verlässt, lässt er noch einen Beutel mit tausend Galleonen auf Harrys Nachttisch fallen, die Belohnung für den Sieg im Trimagischen Turnier.

Harry will das Preisgeld nicht. Cedrics Eltern geben Harry glücklicherweise nicht die Schuld am Unglück ihres Sohnes. Harry versucht, ihnen das Preisgeld zu überlassen, aber sie wollen es nicht. Beim Abschiedsessen teilt Dumbledore den Schülern mit, Cedric sei von Voldemort ermordet worden. Dass sie die Wahrheit erfahren, sei er Cedric schuldig. Die Wahrheit ist immer der Lüge vorzuziehen.

Auf der Rückreise schenkt Harry Fred und George das Preisgeld des Trimagischen Turniers und nimmt ihnen das Versprechen ab, es niemandem zu verraten.

> Der soll mit weißen Gewändern bekleidet werden, und ich werde seinen Namen nicht auslöschen aus dem Buche des Lebens.
>
> *Offenbarung des Johannes, 3.5*

Das Böse als Institution, Propaganda und Illusion

(Orden des Phönix)

Der »Orden des Phönix« schildert eine neue Dimension des Bösen. Es geht nun nicht mehr um den individuellen Weg Harrys, der sich durch die verschiedenen Schritte seiner Initiation die Fähigkeiten aneignet, den letzten Kampf mit Lord Voldemort zu bestehen. Harrys Initiatenpersönlichkeit ist ausgereift. Er trägt mittlerweile seine Fähigkeiten selbstständig in den Kampf des Phönixordens gegen die Todesser ein, auch wenn er als minderjähriger Zauberer kein vollgültiges Mitglied ist. Aber das Schicksalsgewebe des Ordens wird von seinem Handeln entscheidend beeinflusst. Er fällt eigene Entscheidungen und fasst eigene Entschlüsse von großer Tragweite.

Er ist inzwischen so tief mit seiner Individualität in den Geist Lord Voldemorts eingedrungen, dass er in ihm lesen kann. Aber dasselbe gilt auch für Lord Voldemort, der auf Harrys Seele Einfluss nimmt und ihn mit trügerischen Visionen manipuliert. Diese intime geistige Verbindung macht den Unterricht in Okklumentik erforderlich, der Kunst, den eigenen Geist gegen den Einfluss eines anderen Geistes zu verschließen. Der Okklumentiker muss seine Emotionen zum Schweigen bringen und seinen Geist in sich selbst verschließen, so wie eine Muschel sich gegen eindringende Feinde verschließt. Unseligerweise betraut Dumbledore Severus Snape mit diesem Unterricht, jenen Lehrer, der Harry am meisten hasst und der von Harry am meisten gehasst wird – schlechte Voraussetzungen für die Sammlung des Geistes und eine gedeihliche Förderung dieser Fähigkeit bei Harry.

Neuzeitliche Formen des Bösen

Welche Erscheinungsform nimmt das Böse im Orden des Phönix an? Die Gestalten des Bösen, die in diesem Band geschildert werden, sind nicht mehr mythische Gestalten, sondern solche, die aus dem neuzeitlichen Ich des Menschen selbst hervorgehen, das sich dessen Einflüsterungen öffnet.

Der Strom der Erzählung ist inzwischen, nach der realsymbolischen Rekapitulation vorneuzeitlicher Mysterienprüfungen und nach dem Durchgang durch das christliche Mysterium, in der Neuzeit angelangt, und die Erscheinungsformen des Bösen sind solche, die vom Ich des Menschen ausgehen. Das Böse wirkt nicht mehr als mythische Gestalt von außen, sondern im Inneren des Menschen. Das Ich des Menschen selbst ist der Schauplatz, in dem der Kampf zwischen Gut und Böse stattfindet.

Harry, das Ich, das sich mit den bewusstseinstrübenden Manipulationen Lord Voldemorts konfrontiert sieht, versagt bei seiner ersten Prüfung und ruft durch sein Versagen den Tod seines Paten mit herbei. Er muss sich aber auch mit dem Bösen auseinandersetzen, das als Institution wirkt. Dieses greift in Gestalt des Zaubereiministeriums in Hogwarts ein, bis hin zur Übernahme der Schulleitung durch die krötenhafte Dolores Umbridge. Das Ministerium als Institution, die den Manipulationen des Bösen erliegt, setzt die Mittel der Propaganda und des Terrors ein, um Harry, Dumbledore und den Phönixorden als Dissidenten und Sektierer in der Öffentlichkeit zu brandmarken.

Propaganda und Terror, Gedankenmanipulation und Gedankenkontrolle sind die typischen Mittel ideologiegeleiteter Institutionen, um ihre gesellschaftliche Macht aufrecht zu erhalten. So wie die Realitätsverweigerung des Zaubereiministeriums das soziale Klima vergiftet und im Lauf des Jahres immer mehr totalitäre Züge annimmt, so vergiftet auch Lord Voldemort durch seinen geistigen Einfluss auf Harry dessen Seele mit trügerischen Visionen, die ihn schließlich zu fatalen Fehlern verleiten.

Während Harry den äußeren Einwirkungen der Institution und ihrer Handlangerin in Hogwarts, wozu sogar Denkverbote und Folter gehören, standhält, erliegt er dessen innerem Einfluss und hält am Ende die Illusion, die ihm vorgaukelt, Sirius befinde sich in der Gewalt Lord Voldemorts, für Wirklichkeit. Die gewaltigste Manipulationswirkung übt Voldemort auf Harry aus, indem er seine Liebe, seine Bereitschaft anderen zu helfen, in diesem Fall, Sirius zu retten, manipuliert. Noch einmal greift Dumbledore, der Gründer und Leiter des Phönixordens, in diesem Band stellvertretend für Harry in eine Konfrontation mit Voldemort ein. Das nächste Mal, im sechsten Band, wird er getötet werden und Harry wird die Aufgabe, die dem Phönixorden gestellt ist, selbst vollbringen müssen, er wird Dumbledores Nachfolge – wenn auch nicht in der Leitung des Ordens, so doch im Kampf gegen den Dunklen Lord – antreten müssen.

Die zentrale Rolle der Prophezeiung

Aber Harry erlangt in diesem Band auch eine sein weiteres Schicksal bestimmende Erkenntnis. Er rettet nicht nur die sein Verhältnis zu Voldemort betreffende Prophezeiung, sondern er wird auch in den Inhalt dieser Prophezeiung eingeweiht. Dass er Lord Voldemort daran hindert, in den Besitz der Prophezeiung zu gelangen, ist der Gewinn, der dem Verlust seines Paten gegenübersteht. Sein ganzes bisheriges Leben erscheint dadurch in einem neuen Licht. Seit seiner Geburt versucht Lord Voldemort ihn wegen dieser Prophezeiung zu töten.

Die Prophezeiung war, wie meist, mehrdeutig. Erst die Deutung, die Lord Voldemort ihr gegeben hat und die Handlungen, die daraus erfolgten, gaben ihr jene Eindeutigkeit, durch die das Schicksal Harrys an das von Lord Voldemort unausweichlich geknüpft wurde. Auch Laios und Iokaste haben den Orakelspruch gedeutet, und ihr

Entschluss, Ödipus auszusetzen, hat erst die Bedingungen geschaffen, die später dazu führten, dass Ödipus seinen eigenen Vater tötete und seine Mutter ehelichte, wie das Orakel es voraussagte.

Aus den beiden Kindern, die von der Prophezeiung betroffen waren, wählte Voldemort Harry aus und schuf dadurch die Bedingungen, die sein späteres Schicksal bestimmen sollten. Hätte Voldemort nicht Harrys Eltern getötet, wäre dieser kaum motiviert worden, sich so entschlossen auf den Kampf gegen Voldemort vorzubereiten. Hätte Voldemort nicht versucht, Harry zu beseitigen, hätte er ihn nicht mit jenen Fähigkeiten geimpft, durch die er ihm ähnlich wurde, wie kein anderer.

Die Prophezeiung ist von entscheidender Bedeutung für beider Schicksal. Ohne sie gäbe es überhaupt keine Geschichte der beiden. Sie ist das mysteriöse Urrätsel, das keiner weiteren Erklärung zugänglich ist. Mit der Prophezeiung bricht in die Welt der Zauberer eine Sphäre ein, die selbst für diese Technokraten des Mysteriösen unergründlich ist. Woher stammt das Wissen, das sich durch Trelawney ausspricht? Welches aus der Zukunft hereinblickende Bewusstsein spricht sich durch die in Trance verfallende Seherin aus?

Die zentrale Rolle der Prophezeiung enthüllt eine weitere Tiefenschicht des Menschen. Es ist das geistige Selbst, das Ewigkeitswesen des Menschen, in dem das Schicksalswissen verborgen ist, das sein gegenwärtiges Leben aus der Zukunft bestimmt. Aus welchem Mund dieses Ewigkeitswesen spricht, ist sekundär. Aber es ruft den Sohn der Erde an, der in der Sonne kämpft, der im Dämmerdunkel der Nacht seinen Weg sucht. Das geistige Selbst des Menschen steht in einem schicksalshaften Beziehungsgeflecht, das über Geburt und Tod hinausgreift. Über den eben erst Geborenen wird die Prophezeiung ausgesprochen. Er ist kein unbeschriebenes Blatt, er tritt sein Leben mit einer Bestimmung an. Diese Bestimmung ruft ihn in die Welt und sie wird von Trelawney in die Welt gerufen. Die Prophezeiung ist eines jener Tore, durch die sich die vorgeburtliche oder nachtodliche Welt, die ja ein und dieselbe ist, den auf der Erde Lebenden mitteilt, so wie das Geflüster, das hinter dem Schleier in der Halle des Todes im Zaubereiministerium hörbar ist.

Der Bund gegen das Böse

Das katastrophische Ereignis, mit dem dieser Band eröffnet, ist die Erscheinung zweier Dementoren, die Harry mit seinem Patronus im letzten Augenblick vertreiben kann. Harry ist inzwischen 15 geworden, wir schreiben das Jahr 1996. Vier Tage später wird Harry in der Nacht von einer neunköpfigen Zaubereskorte aus seinem Gefängnis bei den Dursleys befreit. Sie landen vor dem Hauptquartier des Phönixordens am Grimmauldplatz Zwölf in London. Für gewöhnliche Augen existiert das Haus nicht. Dort findet gerade eine Versammlung der Mitglieder des Phönix-Ordens statt. Der Orden wurde von Dumbledore schon beim ersten Kampf gegen Voldemort gegründet. Das Haus gehört Sirius Black.

Der Orden versucht, Voldemort daran zu hindern, seine Armee wieder aufzubauen, was sich allerdings als schwierig erweist, weil der Zaubereiminister Cornelius Fudge sich standhaft weigert, an dessen Rückkunft zu glauben. Ein Problem ist auch, dass Voldemort nicht offen auftritt, sondern die Leute überlistet, erpresst und verhext. Außerdem sucht er eine Waffe, die er bei seinem letzten Erscheinen noch nicht besaß. Der »Tagesprophet« betreibt eine Kampagne gegen Dumbledore und Harry. Harry wird jede Woche mehrfach erwähnt. Die Zeitung lässt ständig hämische Kommentare über ihn fallen. Fudge steckt hinter dieser bösartigen Kampagne. Vom Angriff der Dementoren auf Harry berichtete der »Tagesprophet« kein Wort.

Die Macht strebt nach der Beherrschung des Denkens

Mit dem Zaubereiminister, der »Geschmack an der Macht« bekommen hat, und dem »Tagespropheten«, als dem Presseorgan der »offiziellen Wahrheit«, sind zwei Exponenten benannt, die sich aus Angst vor der Anerkennung der Realität in die Ideologie flüchten. Fudge ist vollkommen realitätsblind. Er hält Dumbledores Beharren auf der Wiederkunft Voldemorts für eine Verschwörung gegen seine Position als Minister und interpretiert dessen Festhalten an den wahren Tatsachen als Folge geistiger Verwirrung. Der »Tagesprophet« verschweigt alles, was der offiziellen Lesart der Ereignisse des Trimagischen Turniers widersprechen könnte, er erklärt Wahrheit zu Lüge und Lüge zu Wahrheit. Wer die Wahrheit ausspricht, wird von ihm als Lügner und Spinner oder – wie Dumbledore – als altersschwacher Trottel denunziert.

Schon in der Gerichtsverhandlung gegen Harry versucht Fudge mit allen Mitteln, die Jury zu manipulieren und die Zeugin zu diskreditieren, die für Harry spricht. Harry hält er ohnehin nur für einen verwirrten Aufschneider. Die Entsendung Umbridges als Großinquisitorin nach Hogwarts bereitet die Machtübernahme in der Schule vor, die nicht lange auf sich warten lässt.

Umbridge exekutiert ihre Aufgabe wie die katholische Inquisition in der beginnenden Neuzeit oder wie die Geheimpolizei in einem totalitären Staat, die nicht das abweichende Verhalten, sondern das abweichende Denken als das eigentliche Verbrechen betrachteten. Die totalitäre Institution, die die Wurzel aller Individualität, das freie, abweichende Denken, das jedem abweichenden Handeln zugrunde liegt, ausmerzen will, sie strebt danach, das Denken der Menschen gleichzuschalten. Sie begnügt sich nicht mit konformem Handeln, sie forscht in den Gewissen der Menschen nach und versucht ihnen die Gedanken zu verbieten, die nicht der herrschenden Ideologie entsprechen.

Jeder Ausbildungserlass, den Umbridge als Großinquisitorin veröffentlicht (Auflösung von Schülerorganisationen, Strafhoheit, Beschränkung der Lehrfreiheit und der Informationsfreiheit der Schüler), steigert die Eingriffe in die geistigen Freiheiten von Schülerschaft und Lehrkörper und gipfelt schließlich in der vollständigen Übernahme der Macht mit ihrer Installation als Schulleiterin.

Die individualitätsfeindliche Natur totalitärer geistiger Bewegungen wird in ihrer Gnadenlosigkeit offenbar. Im Kampf der totalitären Institution gegen das Individuum geht es nicht um Wahrheit oder Lüge, es geht darum, dass das Individuum ausgelöscht wird, denn das Individuum wird als Lüge betrachtet. In der Welt des Totalitären hat das Individuum keinerlei Existenzberechtigung, das Kollektiv steht über allem. Der Wille des Einzelnen muss gebrochen werden, er muss sich der Ideologie unterwerfen. Die entindividualisierende Macht ruht nicht eher, als bis sie jede Regung des selbstständigen Denkens ausgelöscht hat.

Aber im Untergrund regt sich der Widerstand. Aus den Schülern selbst bildet sich eine Kampftruppe, die sich dem Totalitären widersetzt. Harry wird der Lehrer dieser Truppe, er schult sie im Widerstand gegen das Böse, er führt sie bis zu dem Punkt, an dem sie ihren eigenen Patronus hervorbringen können, zu jenem Reifegrad, den er selbst schon erlangt hat.

Die Macht zerstört alles Mitgefühl

Umbridge tritt als neue Lehrerin für Verteidigung gegen die schwarzen Künste in Hogwarts an. Aber Hermine stellt fest, dass es nicht Ziel ihres Kurses ist, zu lehren, wie man Verteidigungszauber einsetzt. Harry der wissen will, was ihnen theoretische Kenntnisse gegen Lord Voldemort nützen, wird zu Nachsitzen verdonnert. Umbridge erklärt die Behauptung, Lord Voldemort sei zurückgekehrt, für eine glatte Lüge.

Wie sich zeigt, ist dieses Nachsitzen nichts anderes als systematische Folter. Harry muss schreiben: »Ich soll keine Lügen verbreiten«, aber die Lüge, die er angeblich verbreitet, ist die Wahrheit. Wie ein Skalpell schneidet die Feder in seine Haut, aber gleich verheilt die Wunde wieder. Harry gibt keinen Schmerzenslaut von sich, um Umbridge keine Genugtuung zu bereiten. So geht es mehrere Wochen lang, doch Umbridge vermag seinen Willen nicht zu brechen.

Als Großinquisitorin darf Umbridge den Unterricht der anderen Lehrer inspizieren und sicherstellen, dass er den »Erwartungen des Ministeriums« entspricht. Ihr erstes Opfer wird Trelawney. Hermine schlägt vor, die Schüler könnten den Unterricht in Verteidigung gegen die Dunklen Künste selbst in die Hand nehmen. Der Lehrer soll Harry sein. Am nächsten Hogsmeade-Wochenende treffen sich die Interessenten im »Eberkopf«. Insgesamt 25 Schüler kommen zusammen. Hermine lässt ein Pergament herumgehen, auf dem jeder Anwesende seinen Namen eintragen muss. Sie verhext heimlich das

Pergament. Wer sie verriete, würde einen mit Ausschlag übersäten Kopf bekommen und sofort als Verräter erkennbar sein.

Aber Umbridge wurde von einem Spion über die Zusammenkunft informiert. Am nächsten Montag hängt ein Anschlag der Großinquisitorin am schwarzen Brett. Es ist der Ausbildungserlass Nummer 24, der alle Schülerorganisationen von mehr als drei Mitgliedern verbietet, und deren Neuzulassung von ihrer ausdrücklichen Erlaubnis abhängig macht. Jeder Schüler, der gegen diesen Erlass verstößt, wird augenblicklich von der Schule verwiesen.

Am Abend nach dem nächsten Quidditch-Training beginnt Harrys Stirnnarbe wieder heftig zu schmerzen. Voldemort scheint zu rasen vor Wut. Er will, dass etwas erledigt wird und es geschieht nicht schnell genug. In dieser Nacht träumt Harry von einem fensterlosen Korridor, durch den er geht. Er bleibt vor einer Tür stehen, die er nicht öffnen kann. Da weckt ihn die Stimme Dobbys. Dobby erzählt ihm vom Raum der Wünsche. Man kann ihn nur betreten, wenn man ihn unbedingt braucht. Er ist immer nach den Bedürfnissen des Suchenden eingerichtet. Am nächsten Abend findet hier das erste Treffen der illegalen Verteidigungsgruppe statt.

Beim nächsten Quidditchspiel kommt es am Ende zu einer Schlägerei zwischen Malfoy, Fred, George und Harry. Umbridge, die durch den Ausbildungserlass Nummer 25 die höchste Autorität in allen gegen Schüler ausgesprochenen Strafen erhalten hat, verbietet Harry und George auf alle Zeiten das Quidditchspielen. Sie beschlagnahmt ihre Besen und spricht auch gegen Fred ein Spielverbot aus.

Der Angriff auf das Ich

Nach dem letzten Treffen von Dumbledores Armee (DA) vor den Weihnachtsferien träumt Harry, er befinde sich in einem anderen Körper. Er gleitet auf dem Bauch über dunklen Stein. In einem Korridor sitzt Rons Vater, Arthur Weasley, auf dem Boden, sein Kinn ist auf die Brust gesunken. Da springt er auf, zückt seinen Zauberstab, und Harry muss seine Zähne in sein Fleisch schlagen.

Als Harry von Ron wachgerüttelt wird, schmerzt seine Stirn fürchterlich: Rons Vater ist von einer Schlange angegriffen worden. Harry selbst war die Schlange. Der Phönixorden wird von Dumbledore alarmiert und Arthur blutüberströmt ins St.-Mungo-Hospital gebracht. Die anderen Weasley-Kinder werden geweckt und zusammen mit Harry ins Hauptquartier des Ordens zu Sirius geschickt. Arthur überlebt den Angriff. Sirius stellt fest, dass Kreacher, der Hauself der Familie Black, verschwunden ist. Arthur, den sie danach alle im Krankenhaus besuchen, sitzt im Bett und liest den »Tagespropheten«, in dem nichts vom Überfall auf ihn steht. Die Jugendlichen belauschen ein Gespräch, bei dem Moody äußert, womöglich ergreife Lord Voldemort von Harry Besitz oder habe es bereits getan.

Harry kommt sich vor, als trüge er einen tödlichen Keim in sich. Was, wenn die Waffe, die Voldemort sucht, er selbst, Harry ist? Er versinkt in eine Art Dämmerschlaf und hat wieder eine Vision. Er geht einen Korridor entlang auf eine schwarze Tür zu, steht davor und kann sie nicht öffnen. Etwas, das er von Herzen begehrt, liegt dahinter, eine Beute, jenseits aller Träume.

Sirius hat Kreacher inzwischen auf dem Dachboden gefunden. Der Elf ist in verdächtig guter Stimmung und ungewöhnlich fügsam, als wenn er etwas verbergen wollte. Die Rückfahrt zur Schule erfolgt diesmal mit dem Fahrenden Ritter. Zum Abschied überreicht Sirius Harry ein Geschenk. Harry darf es noch nicht öffnen. Das Geschenk wird ihm helfen, mit Sirius zu kommunizieren.

Am ersten Schulabend erhält Harry Einzelunterricht in Okklumentik bei Snape. Harry darf versuchen, Snape zu entwaffnen oder sich auf andere Weise gegen ihn zu wehren, während Snape versucht, in seine Gedanken einzudringen. Beim dritten Versuch sieht Harry, wie Arthur ihn in einem fensterlosen Gang begleitet, eine Tür am Ende eines Korridors, an der vorbei Arthur ihn eine Treppe hinunterführt. Da wird ihm plötzlich klar, wovon er seit Monaten träumt: Es ist der Korridor, durch den er am 12. August mit Arthur auf dem Weg zur Anhörung rannte, der Korridor zur Mysteriumsabteilung. Arthur war in der Nacht dort, als die Schlange ihn angriff. Offensichtlich will Lord Voldemort etwas aus dieser Abteilung für sich haben.

Kaum ist Harry wieder im Schlafsaal, spürt er einen so durchdringenden Schmerz, als hätte ihm jemand die Schädeldecke aufgeschlitzt. Er hört irres Gelächter und fühlt sich so glücklich, wie seit langem nicht mehr.

Worüber Voldemort sich freute, geht am nächsten Tag aus dem »Tagespropheten« hervor: Neun Zauberer und eine Hexe sind aus Askaban ausgebrochen. Fudge hält es für wahrscheinlich, dass Black der Fluchthelfer war und dass sich die Todesser um ihn als ihren Führer scharen werden. Die schrecklichen Neuigkeiten treiben manche Zweifler ins Lager von Harry und Dumbledore. Der Ausbildungserlass Nummer 26 wird bekanntgegeben. Dieser verbietet es allen Lehrern, den Schülern irgendwelche Informationen zu geben, die nicht eindeutig mit ihren Unterrichtsfächern zu tun haben.

Seit dem Ausbruch der Todesser strengen sich alle DA-Mitglieder noch viel mehr an. In Okklumentik hingegen wird Harry immer schlechter. Er hat den Eindruck, sich in eine Antenne für Voldemorts Stimmungen zu verwandeln. Ron äußert den Verdacht, Snape versuche vielleicht gar nicht, Harrys Geist zu verschließen, sondern ihn zugänglicher für Lord Voldemort zu machen.

Beim nächsten Besuch in Hogsmeade trifft sich Hermine mit Harry am Nachmittag in den »Drei Besen«. Sie erwartet ihn mit Luna und Rita Kimmkorn. Rita soll die ganze Geschichte von Harry und Lord Voldemort mit allen Namen und Fakten niederschreiben. Rita behauptet, es gebe keinen Markt für eine solche Geschichte. Da mischt sich Luna ein. Ihr Vater halte den »Tagespropheten« für eine schlechte Zeitung und veröffentliche wichtige Geschichten, die die Öffentlichkeit erfahren müsse, im »Klitterer«. So kommt es zu dem historischen Interview mit Harry in den »Drei Besen«.

Zwei Wochen später prangt auf der Titelseite des bei den Magiern als unseriös verschrienen »Klitterer« Harrys Geschichte. Harry erhält viele Briefe von Lesern. Manche beschimpfen ihn und empfehlen ihm, sich im St.-Mungos behandeln zu lassen. Umbridge verbietet Harry jeden weiteren Ausflug nach Hogsmeade. Sie verdonnert ihn zu einer weiteren Woche Nachsitzen. Später hängen überall in der Schule riesige Plakate mit dem Ausbildungserlass Nummer 27, der jedem Schüler mit Schulverweis droht, der im Besitz des »Klitterer« angetroffen wird. Dadurch wird Harrys Interview erst recht bekannt.

Einige Wochen später wird Trelawney von Umbridge entlassen. Dumbledore wünscht, sie möge weiterhin auf Hogwarts leben. Er hat bereits einen neuen Lehrer für Wahrsagen gefunden. Es ist der Kentaur Firenze. Firenze hätte es vorgezogen, die Schüler im Verbotenen Wald zu unterrichten, aber seine Herde hat ihn verbannt, weil er bereit war, für Dumbledore zu arbeiten.

Nach der letzten DA-Zusammenkunft vor Ostern wird Harry von Draco Malfoy erwischt. Dieser ruft Umbridge herbei. Sie begibt sich mit Harry ins Büro des Schulleiters. McGonagall, Cornelius Fudge, Kingsley Shacklebolt und ein weiterer Zauberer sind anwesend. Percy ist auch dabei, um alles zu protokollieren. Umbridge lässt Chos Freundin Marietta holen. Ihr Gesicht ist fürchterlich von Pusteln entstellt, die das Wort »Petze« bilden.

Umbridge ist es gelungen, im Raum der Wünsche eine Liste mit Namen der beteiligten Schüler sicherzustellen. Die Gruppe nannte sich Dumbledores Armee. Dumbledore ist bereit, ein Geständnis abzulegen. Da beginnt Fudge zu begreifen. Dumbledore hat die Schüler für eine Armee rekrutiert? Dann hat er ja eine Verschwörung gegen ihn angezettelt! Er will Dumbledore ins Ministerium abführen, anklagen und zum Prozess nach Askaban bringen. Da zuckt ein silberner Lichtstrahl durch den Raum. Fudge, Umbridge, Kingsley und Dawlish liegen reglos am Boden. Leider musste Dumbledore auch Shacklebolt, ein Mitglied des Phönixordens, verhexen, um ihn zu schützen. Zum Glück hat dieser Mariettas Gedächtnis manipuliert. Dumbledore verabschiedet sich von Harry und rät ihm dringend, sich in Okklumentik zu üben.

Die »Kröte« Umbridge wird inthronisiert

Der Ausbildungserlass Nummer 28 verkündet am nächsten Morgen, Umbridge habe die Nachfolge Dumbledores als Schulleiterin angetreten. Harry wird von Filch zur Schulleiterin gebeten. Sie möchte Harry ausforschen. Sie will, dass er Tee mit ihr trinkt. Harry setzt die Tasse an die Lippen, da fällt ihm ein, was Mad-Eye Moody wohl sagen würde, wenn er erführe, er hätte von jemandem etwas zu trinken angenommen, von dem er wusste, dass er sein Feind ist. Am Ende lässt Umbridge ergebnislos von ihm ab. Aber sie warnt ihn. Jeder Kamin wird überwacht, außer ihr eigener. Das Inquisitionskommando liest die Eulenpost. Filch beobachtet alle Geheimgänge.

Harry träumt diese Nacht wieder vom Korridor und schleicht erneut auf die Tür zu. Sie geht auf und er gelangt in einen Raum, in dem endlose Reihen gigantischer Regale stehen. Jedes Regal ist angefüllt mit Glaskugeln. Im Raum befindet sich etwas, das er heftig begehrt.

Beim letzten Quidditchspiel der Saison, am letzten Maiwochenende führt Hagrid Harry und Hermine in den Verbotenen Wald. Er geleitet sie zu seinem Halbbruder Grawp, den er von seiner Reise mitgebracht hat. Grawp war der Grund, warum Hagrid und Madam Maxime sich auf der Heimreise getrennt haben. Hagrid bittet die beiden, sich um Grawp zu kümmern, wenn er nicht mehr da ist. Grawp will Hermine packen und Harry kann sie gerade noch wegziehen.

Auf dem Rückweg werden sie von Kentauren aufgehalten. Hagrid hat deren Freundschaft verwirkt, weil er Firenze geholfen hat. Die Kentauren wissen, was Hagrid im Wald versteckt, und ihre Geduld ist erschöpft. Magorian, der Anführer der Kentauren im Verbotenen Wald, will Hagrid diesmal noch gehen lassen, weil ihn zwei seiner Kinder begleiten. Er hält das Schlachten von ›Fohlen‹ für ein Verbrechen.

Es ist Juni geworden und die Ordinary Wizarding Level Prüfungen (OWLs / ZAGs) finden statt. In der Nacht der praktischen Prüfung in Astronomie beobachten die Schüler, wie Umbridge mit fünf anderen Zauberern versucht, Hagrid zu verhaften. McGonagall, die Hagrid verteidigt, wird von Schockzaubern zu Boden geworfen. Hagrid gelingt die Flucht.

Bei der letzten Prüfung in Zaubereigeschichte schläft Harry ein und träumt. Er steht im Raum mit den Regalen voller Glaskugeln. Er geht zum Regal 97. Am Ende des Ganges windet sich eine schwarze Gestalt am Boden. Es ist Sirius, der von Lord Voldemort gequält wird. Harry schreit, fällt mit brennender Narbe vom Stuhl und im Prüfungsraum bricht ein Tumult aus.

Hermine schlägt vor, den Kamin von Umbridge zu benutzen, um zu überprüfen, ob Sirius sich nicht doch im Hauptquartier befindet. Harry begibt sich zum Kamin und sein Kopf landet im Grimmauldplatz. Da schleicht Kreacher in sein Blickfeld. Der Elf gackert triumphierend. Sein Herr werde nicht mehr aus der Mysteriumsabteilung zurückkehren, das wisse er. Noch bevor Harry etwas sagen kann, wird er zurückgerissen und starrt in das Gesicht von Umbridge. Mehrere Slytherins haben Ron, Ginny, Luna und Neville gefangen. Umbridge will den Cruciatus-Fluch an Harry anwenden. Hermine versucht, sie abzuhalten. Der Minister würde das nicht gutheißen. Das ist Umbridge egal. Der Minister hat auch nie erfahren, dass sie im letzten Sommer Dementoren befohlen hat, Harry anzugreifen. Da erklärt Hermine, sie hätten Dumbledore mitteilen müssen, dass die Waffe fertig sei. Nach einem weiteren, von Hermine klug eingefädelten Geplänkel bricht Umbridge mit ihr und Harry alleine zum angeblichen Versteck der Waffe auf.

Hermine steuert in den Verbotenen Wald. Bald werden sie von einer Herde Kentauren umringt. Umbridge beleidigt die Kentauren als Geschöpfe mit »annähernd menschlicher Intelligenz«. Sie fesselt Magorian mit Zauberseilen. Der temperamentvolle Kentaur Bane trägt Umbridge in den Wald davon. Da erscheint zwischen zwei Baumstämmen die Gestalt von Grawp. Die Kentauren flüchten und Grawp stürzt ihnen hinterher.

Hermine fragt sich, wie Harry eigentlich nach London kommen wollte. Ebendies haben sich Ron, Ginny, Neville und Luna auch gefragt, die gerade bei ihnen auftauchen. Sie konnten sich befreien. Luna schlägt vor, zu fliegen. Sie weist auf Thestrale, geflügelte Pferde, die sie schon länger belauschen. Die sechs kommen sicher im Zaubereiministerium an.

Im Raum der Prophezeiungen suchen sie die Reihe 97. Während Harry herumrennt und nach Sirius Ausschau hält, entdeckt Ron im Regal unter einer Glasflasche Harrys Namen. Hermine warnt davor, die Phiole anzufassen. Aber Harry ist nicht mehr zu bremsen. Da ertönt eine Stimme hinter ihnen, die Harry auffordert, das Glas auszuhändigen. Es ist Lucius Malfoy. Malfoy möchte von Harry *die Prophezeiung.* Er verspricht, sie gehen zu lassen, wenn er sie ihm aushändigt. Den Freunden gelingt die Flucht. Aber nach und nach werden bei der anschließenden Verfolgungsjagd alle außer Harry und Neville außer Gefecht gesetzt. Im Raum mit dem Steinbogen werden sie gestellt.

Da tauchen fünf Mitglieder des Phönixordens auf: Sirius, Lupin, Moody, Tonks und Kingsley. Während des anschließenden Kampfes zerbirst die Prophezeiung auf einer Steinstufe. Bellatrix trifft ihren eigenen Cousin Sirius mit einem tödlichen Fluch mitten in die Brust. Rückwärts fällt er durch den Schleier vor dem Steinbogen. Harry rennt los, um Sirius zu retten. Aber Lupin hält ihn zurück. Er kann nichts mehr tun. Sirius ist tot.

Da ist Harry nicht mehr zu halten. Bellatrix hat seinen Paten getötet. Er wird sie auch töten. Er verfolgt sie zu den Aufzügen. Harry duckt sich im Atrium hinter den Brunnen der Magischen Geschwister. Sie bietet ihm sein Leben gegen die Prophezeiung. Harry antwortet, die Prophezeiung existiere nicht mehr. Da spürt er, wie seine Narbe zu brennen beginnt und der Zorn eines Fremden in ihm auflodert. Lord Voldemort erscheint. Er stößt den Todesfluch gegen Harry aus, doch eine Statue aus dem Brunnen springt dazwischen. Dumbledore ist da.

Das folgende Duell zwischen Voldemort und Dumbledore scheint zu Gunsten des letzteren auszugehen und Harry glaubt schon, Voldemort habe sich zur Flucht entschlossen. Da explodiert mit einem Mal Harrys Narbe und er weiß, dass Voldemort von ihm Besitz ergriffen hat. Er spricht aus ihm: »Töte mich, Dumbledore.« Harry würde lieber sterben, als diesen Schmerz zu ertragen. Doch er empfindet auch Sehnsucht nach Sirius, und ein Gefühl der Liebe durchströmt sein Herz. Da spürt er, wie die Fesseln sich lockern und die Kreatur ihn verlässt.

Ströme von Hexen und Zauberern kommen aus den Kaminen. Ein Zauberer ruft Cornelius Fudge zu, der Unnennbare sei hier gewesen, er habe ihn gesehen. Auch Fudge hat ihn gesehen. Dumbledore verwandelt den Kopf der Zaubererstatue in einen Portschlüssel und schickt Harry damit nach Hogwarts.

Im Büro von Dumbledore überflutet ihn ein Schuldgefühl. Er ist schuld am Tod von Sirius. Er ist auf Voldemorts List hereingefallen. Im Kamin erscheint Dumbledore. Er weiß, wie Harry sich fühlt. Harry habe keinen Grund, sich für seine Gefühle zu schämen, meint der Schulleiter. Im Gegenteil, dass er diesen Schmerz empfinden kann, ist seine Stärke. Dass er so leidet, beweist, dass er noch immer ein Mensch ist.

Kreacher hat Harry absichtlich ins Ministerium geschickt. Kurz vor Weihnachten verließ er den Grimmauldplatz und ging zu Narzissa, Lucius Malfoys Frau. Er konnte Narzissa die Information liefern, dass Harry für Sirius der wichtigste Mensch sei. So wurde Voldemort klar, dass er Sirius als Druckmittel einsetzen konnte, um Harry zu manipulieren. Snape, der von Harry die Mitteilung erhalten hatte, Sirius sei gefangen, stellte schnell fest, dass das nicht stimmte. Er alarmierte einige Ordensmitglieder. Sirius wollte nicht alleine zurückbleiben und überließ Kreacher die Aufgabe, Dumbledore zu unterrichten.

Voldemort versuchte, Harry als Kind wegen einer von Trelawney ausgesprochenen Prophezeiung zu töten, die kurz vor seiner Geburt zustande kam. Aber sein Fluch fiel auf ihn selbst zurück. Seither war er entschlossen, die ganze Prophezeiung zu erfahren. Die Waffe, die er seit seiner Rückkehr so verbissen suchte, war das Wissen darum, wie er Harry töten konnte. Die Prophezeiung lautet:

»Der Eine mit der Macht, den Dunklen Lord zu besiegen, naht heran ... jenen geboren, die ihm drei Mal die Stirn geboten haben, geboren, wenn der siebte Monat stirbt ... und der Dunkle Lord wird Ihn als Ebenbürtigen kennzeichnen, aber Er wird eine Macht besitzen, die der Dunkle Lord nicht kennt ... und der Eine muss von der Hand des Anderen sterben, denn keiner kann leben, während der Andere überlebt ... der Eine mit der Macht, den Dunklen Lord zu besiegen, wird geboren werden, wenn der siebte Monat stirbt ...«

Noch auf einen zweiten Jungen traf die Prophezeiung zu. Auch er war Ende Juli geboren, seine Eltern waren im Phönixorden und dreimal knapp Voldemort entronnen. Dieser Junge war Neville Longbottom. Voldemort wählte Harry, weil er glaubte, er sei die größte Gefahr für ihn. Er wählte nicht den Reinblütler, sondern einen Halbblütler, wie er selbst einer ist.

Dumbledore und Trelawney wurden zwar bei einem Gespräch über die Prophezeiung belauscht. Aber der Lauscher wurde entdeckt und hinausgeworfen. Er wusste nicht, dass Harry eine Macht besitzt, die der Dunkle Lord nicht kennt. Sie ist wunderbarer und schrecklicher als der Tod, als die menschliche Intelligenz und die Kräfte der Natur. Sie hat ihn in dieser Nacht zu Sirius' Rettung angetrieben. Sie hat ihn auch davor bewahrt, dass Voldemort von ihm Besitz ergreifen konnte, weil er es nicht ertragen konnte, in einem Körper zu wohnen, der so mit dieser Kraft angefüllt ist. Diese Kraft ist die Liebe.

Tags darauf gibt das Zaubereiministerium eine Stellungnahme im »Tagespropheten« ab. Er, dessen Name nicht genannt werden darf, ist zurückgekehrt. Fudge selbst gibt diese Tatsache bekannt. Er muss auch von der Massenrevolte der Dementoren in Askaban berichten, die sich weigern, für das Ministerium zu arbeiten und zu Lord Voldemort übergelaufen sind. Umbridge, die von Dumbledore aus dem Verbotenen Wald gerettet wurde und seither stumm auf dem Krankenflügel lag, verlässt Hogwarts am letzten Schultag unter Schimpf und Schande.

Den will ich zu einer Säule im Tempel meines göttlichen Vaters machen.

Offenbarung des Johannes, 3.12

Das Böse als schwarze Magie
(Halbblutprinz)

Im sechsten Band des Zyklus stehen drei Motive im Vordergrund: die systematische Erforschung von Erinnerungen, die sich auf die Lebensgeschichte Lord Voldemorts beziehen, die Enthüllung des Wesens der schwarzen Magie, die durch Mord das ewige Leben erreichen will, und der Tod Dumbledores, der durch das Trinken des Todeswassers vorbereitet wird und den Severus Snape herbeiführt. All diese Motive kreisen um die geistige Arbeit an den Lebens- und Erinnerungskräften des Menschen.

Im »Halbblutprinzen« spiegeln sich die Geschehnisse der »Kammer des Schreckens«, so wie sich die Motive des »Gefangenen von Askaban« im »Phönixorden« gespiegelt haben. Auch in der »Kammer des Schreckens« ging es um Erinnerung und Lebenskraft. Damals wurde Ginny Opfer der phantomhaften Erinnerung Tom Riddles, die von ihr Besitz ergriff und ihr das Leben aussaugte, um sich selbst zu nähren. Nun wird Ginny zum spirituellen Elixier, das Harry gewinnt, sie gibt ihm Augenblicke des Glücks und des Trostes inmitten der schwarzen Verzweiflung, die Dumbledores Tod hervorruft. Im »Gefangenen von Askaban« gewann Harry seinen Paten Sirius, indem er die Lügen aufdeckte, die Wurmschwanz um ihn gesponnen hatte, und im »Phönixorden« verlor er ihn, indem er selbst den Lügen zum Opfer fiel, die Lord Voldemort um ihn spann.

Was die Erforschung der Erinnerungen betrifft, ist der Zusammenhang offensichtlich. Das Denkarium ist das Gefäß, in dem diese Erinnerungen Gestalt annehmen. Die große Aufgabe, die Harry in diesem Band gestellt wird, besteht darin, eine Schlüsselerinnerung Slughorns zu erlangen, die einen Aufschluss über das Wesen der Horcruxe, dieses schwärzesten Kapitels der schwarzen Magie, vermitteln soll. In die Tiefen des Denkariums, das wie ein geöffneter Schädel die Runen des Tierkreises auf seinen Rändern trägt, muss abtauchen, wer die gestaltwerdende Erinnerung anschauen will.

Die silberne Substanz, die im Denkarium abgelegt wird, ist die silberne Äthersubstanz des Mondes, in der alle menschlichen Erinnerungen fortleben. Diese Substanz trägt der Mensch in seinem Lebensleib in sich. Visionäre und Medien schauen die Bilder, die in der Äthersubstanz der Mondsphäre hin und her wogen, die Zauberer beherrschen die Kunst, diese Substanz von sich abzugliedern, sie zu modellieren oder auszulöschen (Gedächtniszauber). Eine ganze Reihe solcher Erinnerungen hat Dumbledore gesammelt (Ogden, Morfin, Hokey, seine eigenen), um sie Harry zur Anschauung zu bringen. Indem Harry in die Abgründe dieser Erinnerungen eintaucht, beginnt er, Voldemort aus seinem Werden zu verstehen und durchtränkt sich selbst mit einem Wissen, das ihn gegen den Dunklen Lord wappnet.

Voldemort – ein Doppelgänger Harrys

Die zwillingsartige Wesensverwandtschaft, die eine schicksalshafte Ursprungskonstellation in entgegengesetzter Richtung ausprägt, der Doppelgängercharakter Voldemorts tritt klarer hervor. Wie Harry ist er Waise, wie Harry wächst er in einem Asyl auf, wie Harry ist er ein Halbblut, aber er ist der letzte Abkömmling Slytherins, der sich mit der Schlange eingelassen hat, während Harry möglicherweise leiblich, sicher aber geistig in der Ahnenreihe Gryffindors steht. Während aber Harry mit bemerkenswertem Langmut all die Zurücksetzungen erträgt, die sein Asylantendasein bei den Dursleys mit sich bringt, saugt Tom Riddle aus jeder Niederlage nur neue Nahrung für seinen Menschenhass und aus jedem Triumph Bestärkung für seine Überheblichkeit.

So groß die Ähnlichkeiten, so groß sind auch die Unterschiede. Tom Riddles Vater hat ihn und seine Mutter verraten, seine Mutter hat allen Lebenswillen verloren und starb eine Stunde nach der Geburt ihres Sohnes. Toms Vater war Muggel, seine Mutter Hexe. Harrys Vater war Zauberer, seine Mutter Muggel. Beide sind beim Versuch, Harry zu retten, ums Leben gekommen. Tom rächte sich an seinem Vater und dessen Familie, indem er sie umbrachte, Harry will sich an Voldemort rächen, der seine Familie umbrachte. Aber dass er das am Ende tun wird, ist eher unwahrscheinlich. Voldemort sammelte Trophäen wie eine Elster, Erinnerungen an seine Siege über andere Menschen, magische Gegenstände mit besonderer Bedeutung. Auch Harry sammelt Trophäen: Es sind die guten Taten, die er vollbringt, die Leben, die er rettet. Die halbe Familie Weasley verdankt ihm sein Leben.

Schwarze Magie und ihre Waffen

Die schwarze Magie ist der unmittelbarste Wesensausdruck Lord Voldemorts. Die schwarze Magie verneint alles, was der weißen Magie heilig ist:

Die Freiheit und Selbstständigkeit des Menschen-Ich. Der erste der Unverzeihlichen Flüche, der Imperius-Fluch, dient dazu, den Willen eines anderen Menschen zu beherrschen, ihn seiner Freiheit zu berauben, ihn Handlungen vollbringen zu lassen, die seiner ganzen Natur widerstreben.

Das Lindern von seelischem und körperlichem Leid, die Heilung und Heiligung, die so wunderbar Dumbledores Phönix verkörpert, dessen Gesang tröstet und dessen Tränen Wunden heilen. Der zweite der Unverzeihlichen Flüche, der Cruciatus-Fluch, wirkt dieser weißmagischen Kraft entgegen, er dient zu nichts anderem, als Lebewesen systematisch Leid und Schmerz zuzufügen. Die Eltern Nevilles sind von Bellatrix mit dem Cruciatus-Fluch in den Wahnsinn getrieben worden.

Das Fördern des Lebens, das aus der gegenseitigen Liebe von Vater und Mutter hervorgeht, dessen Heiligkeit unantastbar ist, das nur dem unergründlichen Schicksal zum Opfer fallen oder aus freiem Entschluss als Opfer hingegeben werden darf. Der dritte der Unverzeihlichen Flüche, Avada Kedavra, ist ein Hohn auf diesen höchsten Grundsatz der weißen Magie, der Fluch, gegen den es keine Gegenwehr gibt, der den lebendigen Leib in einen entseelten Kadaver verwandelt.

Die Horcruxe

Und nun der vierte Fluch oder Zauber, der Horcruxzauber, der die Tötung eines anderen Menschen dazu benutzt, sich ein Stück jener Unsterblichkeit zu erkaufen, die in der grenzenlosen Verlängerung des irdischen Lebens besteht – ein vierfacher Fluch auf die vierfach integre Menschennatur, das ist schwarze Magie.

Und was sind die Antriebe? Macht, Wissen, das Macht vermehrt, und endlose Fortdauer der eigenen Existenz in unbegrenzter Akkumulation der Macht über andere. Mit unglaublicher Präzision schildert Rowling im Horcruxzauber die Folge des Einflusses der Asuras auf den Menschen, die »Stücke aus dem Ich herausreißen« und für alle Zeiten an die sinnliche Welt fesseln. Die Horcruxe sind solche Gegenstände der sinnlichen, körperlichen Welt, an die Voldemort Teile seiner Seele bindet. Durch mächtige Abwehrzauber geschützt, versiegelt jeder einen Teil der Seele Voldemorts, die mit jedem Mord, den er um eines Horcruxzaubers willen begangen hat, ein Stück mehr verstümmelt wurde.

Sechs solche Horcruxe existieren, der siebte Teil seiner Seele ist Voldemort verblieben, ein kaum mehr menschliches Gebilde, das vermutlich aus nichts anderem besteht als aus Machtgier, Grausamkeit, Intelligenz und Angst vor dem Tod. Wird ein Horcrux vernichtet, fällt auch der Teil der Seele, die in diesen Horcrux gebannt ist, der Vernichtung anheim.

Mit der Beherrschung des fremden Willens, mit der Vergewaltigung der Freiheit beginnt der schwarze Pfad. Er führt über die Lust am Schmerz, den man fühlenden Wesen zufügen kann, rein um dieses Schmerzes willen, oder um von ihnen Wissen zu erlangen, das man für die Vermehrung der eigenen Macht nutzen kann. Er mündet in der Tötung anderer Wesen, anderer Menschen, rein um dieser Tötung willen, ist doch dieser Akt des Tötens mit einem Machtgefühl verbunden, das keinem anderen gleichkommt, schwingt man sich doch dadurch zum Herrn über Leben und Tod auf, zu einer blasphemischen Gottähnlichkeit, die man mit der eigenen Verdammnis erkauft.

Oder der Mord wird als Mittel zum Zweck benutzt, wie bei der Erzeugung der Horcruxe, was eigentlich noch schlimmer ist, weil der Getötete dadurch auch noch den düsteren Zwecken der schwarzen Magie dient, wo er sonst nur sein Leben verliert, was schrecklich genug ist. Die Tötung anderer, um das eigene Leben zu verlängern, ist die verruchteste Konsequenz des Egoismus, der sich mit der Endlichkeit der menschlichen Existenz im Leib nicht abfindet. Sie ist die äußerste Konsequenz der Unspiritualität und besitzt doch selbst wiederum eine spirituelle Qualität, eben die Qualität des Bösen.

Der Tod Dumbledores, seine Tötung durch Severus Snape, dieser merkwürdig elegische Tod, der aus dem wahrscheinlich tragischsten der Irrtümer Dumbledores folgt, hat etwas von einem Opfer. Wie sagt doch der weise Merlin anlässlich der Zerstörung des Steins der Weisen? Der Tod sei für den gut vorbereiteten Geist nur der Eintritt in das nächste große Abenteuer. Dumbledore ist schon seit jenem Tag geschwächt, als er den Horcrux zerstörte, in den Voldemort den Ring verwandelt hatte, den Morfin einst trug, jenes Erbstück der Gaunts. Eine seiner Hände ist schwarz, verkohlt. Diese magische Verletzung ist durch nichts heilbar. Das Elixier des Todes, das er bis zur letzten Neige austrinkt, um an einen weiteren Horcrux zu gelangen, jenes Bitterwasser, das den so souveränen Dumbledore um seinen Tod betteln lässt, hat ihn zusätzlich geschwächt, vielleicht tödlich vergiftet.

Warum nur setzt er Harry mit einem Lähmungszauber bei der Konfrontation mit Draco und Snape unter dem Astronomieturm außer Gefecht? Wusste er, dass er den Trank ohnehin nicht überleben würde, und wollte er sich opfern, um Harry zu schützen, damit er seine Aufgabe vollenden könne? Vielleicht wird der letzte Band darüber Aufschluss geben. Wie bei der sechsten Prüfung im »Stein der Weisen« spielt ein Zaubertrank die Schlüsselrolle bei dem Geschehen, das im Tod Dumbledores gipfelt, ein abgründiger Trank, wie ihn nur der Meister des Bösen ersinnen konnte.

Damals mussten Harry und Hermine unter sieben Tränken jene zwei finden, die ihnen die Tür in die Kammer mit dem Stein der Weisen öffneten. Sie hatten die Wahl zwischen sieben Flaschen. Diesmal hatte Dumbledore keine andere Wahl, als jenen Trank zu trinken, um an einen weiteren Horcrux zu gelangen, von dem sich hinterher herausstellte, dass er gar keiner war. Der Trank entzog Dumbledore den Rest seiner Lebenskraft, totenbleich, wankend, sich ans Herz greifend, wirkt er danach wie ein dem Tod Geweihter, der sich nur noch mit eiserner Willenskraft aufrecht hält, eine leichte Beute für den Todesfluch Snapes.

Snape, der Halbblutprinz: Schon in der »Kammer des Schreckens« gehörte er zu den Hauptverdächtigen Harrys. Damals glaubte Harry, Snape wolle den Stein der Weisen für Voldemort stehlen und ging so in die Irre. Und doch hatte er recht, sogar gegen Dumbledore, der Snape vertraute.

Immer spielte Snape ein Doppelspiel, Harry hatte sich nicht getäuscht. Snape ist Voldemort nicht unähnlich. Auch er schuf sich eine pseudonyme Existenz, einen Namen, der mit seiner Herkunft und seinen Ambitionen spielte. Seine Mutter hieß Eileen Prince, er war ein Halbblut, ein Schlammblütler, wie die Anhänger Lord Voldemorts sagen würden. Mit der Maske, die er schuf, meldete er seinen Anspruch auf die Lordschaft an, sagte sich zum Schein von Lord Voldemort los und erwies sich am Ende (des sechsten Bandes – noch ist die Geschichte nicht fertig erzählt) als einer seiner treuesten Anhänger. Vom Hass auf Harrys Vater zerfressen, den er kaum zu zügeln vermochte, durch seine jahrelange Zurücksetzung gedemütigt, weil Dumbledore sich weigerte, ihn Verteidigung gegen die Dunklen Künste unterrichten zu lassen, hatte er genügend destruktive Energie in sich angesammelt, um sich wieder dem Dunklen Lord zuzuwenden und die Tat zu vollbringen, die Draco nicht über sich brachte.

Der »Halbblutprinz« spielt zwischen Juli 1997 und Juli 1998, dem 16. und dem 17. Geburtstag Harrys. Die beiden furchtbaren Eröffnungsmotive dieses Bandes sind der Ausbruch des zweiten Zaubererkrieges und die Demaskierung Snapes als Agent Lord Voldemorts.

Gegen Mitternacht erhält der englische Premierminister Besuch des Zaubereiministers Fudge. Fudge eröffnet dem Premier, dass ein Krieg begonnen hat. Der Unnennbare hat seine im Januar geflohenen Anhänger um sich geschart. Fudge wurde entlassen und ist hier, um ihm den neuen Zaubereiminister Rufus Scrimgeour vorzustellen. An einem anderen Ort in England besuchen Narzissa Malfoy und Bellatrix Lestrange Severus Snape. Snape legt einen Unbrechbaren Schwur ab. Er verspricht, über Draco zu wachen, wenn dieser versucht, die Befehle des Dunklen Lords auszuführen. Er wird ihn vor Gefahren schützen. Er wird, sollte Draco scheitern, die ihm auferlegte Tat selbst ausführen.

Harry schläft derweil im Ligusterweg. Um Mitternacht kommt Dumbledore, um ihn abzuholen. Er eröffnet Harry und den Dursleys, dass Sirius ihn als Erben eingesetzt hat. In der Zaubererwelt werden die Jugendlichen schon mit 17 volljährig. Auch der Hauself Kreacher gehört nun ihm. Auf Anraten Dumbledores schickt Harry den Elf nach Hogwarts, wo er in der Küche mitarbeiten kann. Die beiden besuchen Horace Slughorn, einen ehemaligen Lehrer für Zaubertränke, um ihn dazu zu bewegen, wieder in Hogwarts zu unterrichten.

An Harrys 16. Geburtstag bringt Remus Lupin schlechte Nachrichten in den Fuchsbau: Man hat die Leiche von Igor Karkaroff gefunden. Außerdem wurde Florean Fortescue, der den Eisladen in der Winkelgasse betrieb, verschleppt. Auch Ollivander, der Zauberstabmacher, ist verschwunden.

Snape darf dieses Jahr endlich sein Wunschfach, Verteidigung gegen die Dunklen Künste, unterrichten. In der ersten Stunde bei Slughorn bekommen Ron und Harry ihre Utensilien von Slughorn ausgeliehen, auch das Lehrbuch. In einem Kessel, der auf Slughorns Pult steht, befindet sich Felix Felicis. Wer dieses Elixier trinkt, dessen Unternehmungen können nicht misslingen, solange seine Wirkung anhält. Slughorn lobt ein Fläschchen mit Felix Felicis als Preis aus für den, der den Sud der Lebenden Toten herstellen kann.

Harry stellt fest, dass der Vorbesitzer seines gebrauchten Buches überall Notizen hineingeschrieben hat. Er probiert eine Anweisung aus, die sich als höchst effektiv erweist. Als Slughorn das Ergebnis begutachtet, ist er entzückt. Harry muss das Talent seiner Mutter geerbt haben. Er erhält das Fläschchen mit der goldenen Flüssigkeit. Später entdeckt Harry eine Eintragung im Buchdeckel: »Dieses Buch ist Eigentum des Halbblutprinzen.«

Das Böse als Erkenntnisrätsel

Harry erhält in diesem Schuljahr Einzelunterricht bei Dumbledore. Wie gesagt, handeln die Erinnerungen von der Geschichte Lord Voldemorts. Die erste stammt von Bob Ogden, einem Mitarbeiter der Abteilung für Magische Strafverfolgung, der das Haus Gaunts in der Nähe von Little Hangleton besucht. Harry lernt den Großvater Tom Riddles, Marvolo, dessen Sohn und die Tochter Merope kennen, die Mutter Toms. Marvolo besitzt einen Ring mit schwarzem Schmuckstein, den er am Mittelfinger trägt. Seit Jahrhunderten ist er im Familienbesitz. Seine Tochter trägt ein goldenes Medaillon, das von Salazar Slytherin stammt. Sie sind die letzten lebenden Nachfahren. Einige Monate nach der Verhaftung von Morfin und Marvolo brannte Tom Riddle senior mit Merope durch. Er verließ Merope jedoch während der Schwangerschaft, nachdem er entdeckt hatte, dass er das Opfer eines Liebeszaubers geworden war. Der Ring, den Dumbledore in der Nacht trug, als sie Slughorn besuchten, war der Ring Marvolo Gaunts.

Am nächsten Hogsmeadewochenende wird Katie Bell Opfer eines heimtückischen Anschlags. Sie berührt ein verfluchtes Opalhalsband, das ein Überraschungsgeschenk für jemanden in Hogwarts sein sollte, verliert das Bewusstsein und muss sofort ins St.-Mungo-Hospital überführt werden. Harry erinnert sich, das Halsband bei Borgin & Burkes gesehen zu haben. Er vermutet, Malfoy habe dieses Halsband gekauft. Wie sich später zeigt, liegt Harry mit seiner Vermutung richtig.

Bei der nächsten Einzelstunde mit Dumbledore geht es wieder um Merope und Lord Voldemort. Merope kam am Silvesterabend 1927 im Asyl von Mrs Cole in London an, gebar ihren Sohn und starb eine Stunde darauf. Schon als kleiner Junge setzte Tom Magie gegen andere Menschen ein, um ihnen Angst einzujagen, sie zu bestrafen und zu beherrschen. Und er war ein Parselmund. Als Dumbledore ihn besuchte, um ihm einen Platz in Hogwarts anzubieten, war er von seinem Hang zu Grausamkeit, Heimlichtuerei und Machtausübung beeindruckt.

Nach Neujahr erzählt Dumbledore die Geschichte von Tom Riddle weiter. Er war ein hochbegabter Schüler, der Liebling des Kollegiums. Er scharte eine Gruppe von Anhängern, die Vorläufer der Todesser um sich. Während der sieben Schuljahre gab es einige üble Vorkommnisse. Das gefährlichste war die Öffnung der Kammer des Schreckens, die zum Tod der Maulenden Myrte führte. Tom war von der Frage seiner Herkunft besessen. Als er endlich einsah, dass sein Vater nie in Hogwarts gewesen war, legte er dessen Namen endgültig ab – und sich die Identität des Lord Voldemort zu.

An dieser Stelle ist es an der Zeit, eine Bemerkung zu den verschiedenen Namen des Bösen einzufügen. Sein Geburtsname lautet Tom Marvolo (in der englischen Version: Vorlost) Riddle. Es ist der Name, den er seinem Vater, seiner Mutter und seinem Großvater verdankt. Sein Vater hieß Tom Riddle, sein Großvater Marvolo, die Mutter wünschte sich diese Kombination. *Riddle* bedeutet auf Deutsch Rätsel. Und in der Tat, Tom Riddle alias Lord Voldemort ist ein Rätsel, ein Erkenntnisrätsel. Für die Bewusstseinsseele ist das Böse ein Rätsel, das ihrer Erkenntnisfähigkeit aufgegeben ist. Sie ist aufgerufen, die Natur und die unterschiedlichen Masken des Bösen zu durchschauen, sie muss dieses Rätsel lösen, um Gut und Böse, deren Wurzeln in ihr selbst liegen, erkennen zu können. Und aus der Erkenntnis des Unterschiedes muss sie den Antrieb schöpfen, mit ihrer moralischen Kraft dem Bösen zu widerstehen.

Nicht irgendwelche Gebote oder Verbote können die Natur des Bösen oder Guten festschreiben, die Bewusstseinsseele muss in jedem Lebensaugenblick von neuem erkennen, in welchen Handlungsmöglichkeiten die Wege des Bösen und des Guten veranlagt sind. Das Böse als Rätsel, das der erkennenden Seele aufgegeben ist, beschreibt die Form, in der es in der Neuzeit auftritt. In des Menschen physischer Existenz liegt dieses Rätsel verborgen, nur durch Selbsterkenntnis kann er es entschlüsseln.

Die, die ihn fürchten, nennen ihn »Der, dessen Name nicht genannt werden darf«, oder »Du weißt schon wer«. Sie verweisen indirekt auf ein Wesen, dessen Name nicht offenbart werden darf oder nicht offenbart werden kann, weil es von ihnen nicht erkannt wurde, weil sie die Furcht davor abhält, es anzuschauen.

Seine Anhänger nennen ihn den »Dunklen Lord«, den »Dunklen Herrn« oder »Herrscher« und bezeichnen damit ihr Ersatz-Ich, das ihre Seele beherrscht.

Er selbst legt sich das Pseudonym Lord Voldemort zu und bringt damit zum Ausdruck, dass seine Natur darin liegt, den Tod des Leibes und der Seele zu bringen.

Eine weitere Erinnerung, die Dumbledore ins Denkarium gießt, handelt davon, wie der 16-jährige Tom Morfin den Ring Marvolos stiehlt und seinen eigenen Vater sowie seine Großeltern ermordet. Morfin, dessen Zauberstab die Spur des Mordes in sich trug, landete in Askaban. Voldemort hatte Morfins Zauberstab gestohlen und ihn für die Morde benutzt. Danach pflanzte er Morfin eine falsche Erinnerung ein, nahm den Ring an sich und verschwand.

Eine zweite Erinnerung stammt von Slughorn und wurde von diesem manipuliert. Tom Riddle unterhält sich mit dem jungen Slughorn in seinem Büro. Er trägt bereits Marvolos Ring. Er möchte etwas über Horcruxe wissen. Nebel breitet sich aus und Slughorns Stimme ist zu hören, er wisse nichts über Horcruxe. Harry erhält die Aufgabe, von Slughorn die wahre Erinnerung in Erfahrung zu bringen.

Im Februar belauscht Harry bei der ersten Apparierstunde Draco Malfoy. Er erfährt, dass Malfoy irgendetwas im Schilde führt, und Crabbe und Goyle dabei Wache stehen sollen. Von diesem Augenblick an überwacht Harry Malfoy mithilfe der Karte des Rumtreibers. Dieser verschwindet von Zeit zu Zeit von der Karte, ohne dass es dafür eine Erklärung gäbe. Erst später wird klar, dass er sich in dieser Zeit im Raum der Wünsche aufgehalten hat, der von der Karte nicht angezeigt wird.

An seinem Geburtstag am 1. März wird Ron beinahe Opfer eines tödlichen Anschlags. Slughorn kredenzt ihm ein Glas Met aus einer Flasche, die er eigentlich Dumbledore zu Weihnachten schenken wollte. Nur Harrys Geistesgegenwart rettet Ron das Leben.

Dumbledore ist unzufrieden mit Harry, weil er nicht an Slughorns Erinnerung gelangt. In ihrer nächsten Stunde geht es wieder um Tom Riddle. Trotz seiner glänzenden Leistungen arbeitete er nach der Schule nur als Gehilfe bei Borgin & Burkes. Für den Ladenbesitzer schwatzte Tom wertvolle magische Gegenstände ihren Besitzern ab. Auf diese Tätigkeit bezieht sich die Erinnerung der Hauselfe Hokey, die bei einer reichen alten Hexe namens Hepzibah Smith arbeitete. Hepzibah befand sich im Besitz zweier magischer Artefakte, von denen der eine, ein Becher, ursprünglich Helga Hufflepuff gehörte, und der andere, ein Medaillon, Salazar Slytherin. Das Medaillon war von Toms Mutter an Borgin & Burkes verkauft worden, und durch diese an Hepzibah gelangt. Hepzibah wurde angeblich von ihrer Hauselfe vergiftet. Der Mörder war jedoch Tom. Er hatte das Gedächtnis der Elfe verändert, wie im Fall Morfins. Diesen Mord hatte er nicht aus Rache, sondern aus Habgier begangen. Er wollte die beiden magischen Gegenstände an sich bringen.

Der Sommer naht und Harry hat noch immer keinen Weg zu Slughorns Erinnerung gefunden. Da lädt ihn Hagrid zur Beerdigung Aragogs ein. Harry trinkt das Glückselixier, um an Slughorns Erinnerung zu kommen. Unterwegs trifft er Slughorn und lädt ihn zur Beerdigung ein. Nach der Beerdigung wird in Hagrids Hütte getrunken. Etwas später liegen die beiden Lehrer einander in den Armen und singen. Hagrid schläft schließlich ein. Harry lenkt das Gespräch darauf, wie sehr Slughorn seine Mutter gemocht hat. Er ist der Auserwählte. Er muss Voldemort töten. Endlich zieht Slughorn die Erinnerung aus seiner Schläfe und übergibt sie Harry.

Harry begibt sich sofort zu Dumbledores Büro. Und schon ist das Denkarium aufgestellt und die Erinnerung wird hineingegossen. Riddle fragt Slughorn nach den Horcruxen. Horcrux, so Slughorn, ist der Name eines Gegenstandes, in dem eine Person einen Teil ihrer Seele verbergen kann. Man kann also nicht sterben, selbst wenn der eigene Körper zerstört wird, denn der Teil der Seele, der im Gegenstand steckt, bleibt erdgebunden und unbeschädigt. Allerdings wäre das eine unselige Existenz. Man spaltet seine Seele durch die böseste aller Taten, durch einen Mord. Töten reißt die Seele auseinander. Der Zauberer, der einen Horcrux erzeugen will, nutzt den Schaden zu seinem Vorteil und schließt den abgerissenen Teil seiner Seele ein. Tom fragt, ob man nicht auch mehrere Horcruxe erzeugen könne. Wären nicht sieben Teile viel wirksamer? Slughorn schaudert bei dieser Vorstellung.

Die Zerstückelung der Seele

Voldemort, erklärt Dumbledore, ist beim misslungenen Anschlag auf Harry nicht gestorben, weil er einen Teil seiner Seele in einem Horcrux abgespalten hatte. Voldemort war bereit, viele Male zu morden, um seine Seele vielfach zu zerteilen und in vielen verschiedenen Gegenständen zu verstecken. Das Tagebuch Tom Riddles im zweiten Band war ein Horcrux. Es sollte gleichzeitig als Waffe und als Schutz dienen. Es bewahrte ein Bruchstück der Seele Voldemorts auf und sollte von jemandem Besitz ergreifen, damit das Monster Slytherins freigelassen wurde. Indem Harry das Buch zerstörte, zerstörte er auch den Teil der Seele Voldemorts, der im Buch verborgen war.

Voldemort hat sechs Horcruxe angefertigt. Der siebte Teil seiner Seele, verstümmelt zwar, wohnt in seinem wieder erschaffenen Körper. Es ist jener Teil, der in der Zeit ohne Körper eine geisterhafte Existenz führte. Ohne diesen Teil hätte er gar kein Selbst. Dieses Stück seiner Seele wird das letzte sein, das der angreifen muss, der Voldemort vernichten will. Harry hat bereits einen Horcrux zerstört. Dumbledore hat den zweiten vernichtet: den

Ring Marvolos. Das Medaillon Slytherins und der Becher von Helga Hufflepuff sind vermutlich der dritte und vierte Horcrux. Nachdem diese beiden aus den beiden Häusern von Hogwarts stammen, könnte man vermuten, dass der fünfte und sechste aus Artefakten der beiden anderen Häuser bestehen. Das einzige bekannte Erinnerungsstück von Gryffindor befindet sich in Sicherheit: das mit Rubinen verzierte Schwert, das Harry benutzte, um den Basilisken zu töten. Voldemort hat vermutlich niemals vier Gegenstände der vier Gründer in seinen Besitz gebracht, höchstens noch einen dritten aus dem Haus Ravenclaw. Woraus besteht dann der sechste Horcrux? Dumbledore vermutet, aus Voldemorts Haustier, der Schlange Nagini.

Als Voldemort Harrys Elternhaus aufsuchte, um ihn zu töten, fehlte ihm nach Dumbledores Untersuchungen immer noch ein Horcrux. Mit Harrys Tod wollte er nicht nur die Gefahr aus der Prophezeiung bannen und sich unbesiegbar machen, er wollte Harrys Tod auch benutzen, um seinen sechsten Horcrux zu schaffen. Der Becher Hufflepuffs, das Medaillon Slytherins und die Schlange sind unversehrt, ein fünfter Gegenstand, der einst Ravenclaw oder Gryffindor gehörte, wäre noch zu finden. Diesen Gegenstand sucht Dumbledore, er glaubt zu wissen, wo er sich befindet. Harry darf ihn begleiten, um ihn zu zerstören.

Ohne seine Horcruxe ist Voldemort nur ein Sterblicher mit einer geschwächten Seele. Aber selbst dann ist er noch ein Zauberer mit ungewöhnlichen Fähigkeiten, und ebensolche wird es brauchen, um ihn zu bezwingen. Aber Harry besitzt ungewöhnliche Fähigkeiten. Ihm ist eine Kraft eigen, die Voldemort fehlt. Er ist durch seine Fähigkeit zu lieben vor Voldemort geschützt. Trotz aller Versuchungen, trotz aller Leiden ist Harry immer noch reinen Herzens, wie damals im Alter von elf Jahren, als er in den Spiegel Nerhegeb starrte, der seinen Herzenswunsch spiegelte, der nicht in Unsterblichkeit oder Reichtum bestand, sondern nur darin, Voldemort zu Fall zu bringen. Weil seine eigene Seele so verstümmelt ist, hat Voldemort nie begriffen, welch unvergleichliche Macht eine makellose und unverstümmelte Seele besitzt.

Harry verlebt eine glückliche Zeit mit Ginny als Freundin. Eines Abends bringt ihm ein Schüler Nachricht von Dumbledore, der ihn zu sich bittet. Unterwegs sieht er Trelawney am Boden liegen. Sie wurde von jemandem aus dem Raum der Wünsche geschleudert. Sie erzählt ihm unterwegs über ihre erste Begegnung mit Dumbledore, das Einstellungsgespräch im »Eberkopf«. Es war Snape, der damals ihre Prophezeiung belauschte. Er hat die Nachricht Voldemort geschickt.

Harry will Dumbledore daraufhin zur Rede stellen. Doch wie er in das Büro stürmt, teilt dieser ihm mit, er habe einen Horcrux gefunden. Er ist in einer Höhle an der Meeresküste verborgen.

Harry soll seinen Tarnumhang holen. Er lässt Ron und Hermine die Karte des Rumtreibers zurück, damit sie Draco überwachen. Sie müssen die Mitglieder der DA zusammentrommeln. Er überlässt ihnen auch das Glückselixier.

Die beiden landen am Meer, am Fuß einer hohen Klippe. Um die Höhle betreten zu können, müssen sie mit ihrem Blut bezahlen. Sie stehen am Rand eines großen Sees. In der Mitte des Sees leuchtet ein nebliges, grünes Licht, dort befindet sich der Horcrux. Mit einem grünlich schimmernden Boot, das Dumbledore aus der Tiefe zieht, setzen sie über. Während Harry in das Wasser starrt, sieht er Leichen darin treiben. Es sind Inferi, Untote.

Sie erreichen eine kleine Insel. Licht kommt aus einem steinernen Becken, das mit einer phosphoreszierenden Flüssigkeit gefüllt ist. Die Flüssigkeit ist von einem Bann abgeschirmt. Dumbledore kommt bald zum Schluss, dass die Flüssigkeit ausgetrunken werden muss. Es ist die einzige Möglichkeit, das Becken zu leeren – und an den Horcrux zu gelangen. Dumbledore leert den ersten Kelch. Beim vierten gerät er ins Wanken. Sein Gesicht spiegelt furchtbare Qualen. Er will nicht weiter trinken. Aber Harry reicht ihm einen weiteren Kelch. Immer stärker wird Dumbledores Flehen. Harry kippt den siebten Kelch in Dumbledores Mund. Der Lehrer fällt auf die Knie und hämmert mit den Fäusten auf den Boden, während Harry den neunten Kelch füllt. Beim zehnten Kelch fleht Dumbledore um seinen Tod. Als er das Becken geleert hat, fällt er mit dem Gesicht zu Boden und bleibt reglos liegen.

Harry schöpft Wasser aus dem See und gibt es Dumbledore zu trinken. Da packt ihn eine eisige, schleimige Hand und beginnt ihn ins Wasser zu ziehen. Überall tauchen Inferi auf. Sie werden ihn herabziehen und er wird ein weiterer toter Wächter unter den von Voldemort zerbrochenen Seelen werden. Doch da lodert Feuer auf und umschließt die Insel, Feuer, das die Inferi nicht zu durchschreiten wagen. Dumbledore ist wieder auf den Beinen, totenbleich, aber mächtig, und sein Zauberstab speit Feuer. Er nimmt das Medaillon vom Boden des Beckens und steckt es ein. Sie besteigen das Boot, das sich wieder in Bewegung setzt, umgeben von dem Feuerring, der aus Dumbledores Zauberstab hervorquillt. Harry bezahlt am Eingang mit seinem Blut und sie durchqueren das eisige Meerwasser.

Im nächsten Augenblick stehen sie wieder in Hogsmeade. Dumbledore schwankt, sinkt zu Boden und verlangt nach Severus. Da kommt Madam Rosmerta auf sie zu. Sie berichtet, über der Schule sei das Dunkle Mal erschienen. Die beiden fliegen los, Harry mit dem Tarnumhang bekleidet. Das Dunkle Mal strahlt über dem Astronomieturm, aber nirgends ist die Spur eines Kampfes zu sehen. Dumbledore greift sich an die Brust, Harry soll Snape holen. Doch als er sich der Tür nähert, kommt ihm von innen jemand entgegen. Ein Zauber macht ihn bewegungsunfähig. Dumbledores Zauberstab fliegt über die Brüstung.

Dumbledore hat Harry mit einem stummen Zauber gelähmt, dabei konnte er sich selbst nicht verteidigen und wurde entwaffnet. Der Gegner, der Dumbledore entwaffnet hat, ist Draco. Es sind Todesser in der Schule, aber sie wurden von den Wachen aufgehalten. Draco ist vorausgeeilt. Harry wird starrer, stummer und unsichtbarer Zeuge des Geschehens. Draco hat die Anschläge auf Katie Bell und Ron Weasley begangen. Er schickte Dumbledore ein fluchbeladenes Halsband, er vergiftete den Met. Madam Rosmerta stand unter dem Imperius-Fluch, sie hat das Halsband einer Schülerin übergeben und den Met vergiftet. Dumbledore bietet Draco Hilfe an, noch ist es nicht zu spät. Aber Draco lehnt ab, er muss Dumbledore töten oder wird selbst getötet. Da stürmen Todesser die Treppe herauf. Unter ihnen Fenrir, der Werwolf. Fenrir würde Dumbledore gern die Kehle aufschlitzen. Aber der vierte Todesser erinnert ihn daran, dass sie Befehle haben, Draco muss es tun. Da kommt Snape aus dem Turm geschossen. Er stößt Draco beiseite. Auf seinem Gesicht stehen Hass und Abscheu. Snape schleudert Dumbledore den tödlichen Fluch Avada Kedavra entgegen. Dumbledore wird in die Luft gerissen, fällt über die Zinnen und verschwindet.

Als die Todesser verschwinden, spürt Harry, dass er sich wieder bewegen kann. Er will Snape. Auf dem Gelände endlich kann er ihn stellen. Er schleudert Snape die Flüche des Halbblutprinzen entgegen, wird zu Boden geworfen, sein Zauberstab fällt ihm aus der Hand. Snape beugt sich mit hasserfülltem Gesicht über ihn. Wie kann Harry es wagen, seine eigenen Zauber gegen ihn einzusetzen? Er, Snape, hat sie erfunden. Er war der Halbblutprinz. Und fort ist er.

Am Fuß des Astronomieturms hat sich eine Menschentraube gebildet. Nach langer Zeit entdeckt Harry das Medaillon, das aus Dumbledores Umhang gefallen ist. Es ist nicht das Medaillon Slytherins. Statt des Porträts ist ein Stück Pergament eingeklemmt. Auf dem Pergament steht: *»An den Dunklen Lord. Ich weiß, ich werde tot sein, lange bevor du dies liest, aber ich will, dass du weißt, dass ich es war, der dein Geheimnis entdeckt hat. Ich habe den echten Horcrux gestohlen und ich will ihn zerstören, sobald ich kann. Ich sehe dem Tod entgegen in der Hoffnung, dass du, wenn du deinen Meister findest, erneut sterblich sein wirst. R.A.B.«*

Erst als Ginny ihn an der Hand nimmt, steht er auf und folgt ihr ins Schloss. Ginny geleitet ihn in den Krankenflügel. Keiner seiner Freunde ist tot. Draußen ertönt die Klage des Phönix. Eine Klage voller Schmerz und schrecklicher Schönheit.

Auf sich allein gestellt

In Dumbledores Büro ist ein neues Porträt an der Wand aufgetaucht: Dumbledore schlummert friedlich in einem goldenen Rahmen. Die Beerdigung findet am See statt. Mitglieder des Phönixordens, Madam Maxime, Zauberer aus Hogsmeade, Gäste aus dem Showbusiness, der Winkelgasse, selbst die Gespenster sind da. Luna und Neville rühren Harry am meisten. Sie sind die einzigen DA-Mitglieder, die seinem Ruf in der Schicksalsnacht Folge leisteten. Irgendwann wird Harry sich des Verlustes bewusst, Tränen strömen aus seinen Augen. Er erinnert sich an die Worte Dumbledores: Gegen das Böse muss man kämpfen, immer und immer wieder, endgültig besiegen kann man es nicht. Er erinnert sich, wie sich alle Menschen, denen er etwas bedeutete, vor ihn gestellt haben: seine Mutter, sein Vater, Sirius, Dumbledore.

Aber jetzt darf er nicht mehr zulassen, dass sich jemand zwischen ihn und Voldemort stellt. Sein größter Beschützer ist tot und es gibt niemanden mehr, der seine Hand über ihn hält. Harry teilt Ginny mit, dass sie nicht zusammenbleiben dürfen. Voldemort benutzt Menschen, die andere lieben, als Köder und Geiseln. Ginny gesteht, dass sie ihn vom ersten Augenblick an geliebt hat. Aber sie weiß, dass Harry seinen Weg nur allein gehen kann. Er teilt seinen Freunden mit, dass er nicht nach Hogwarts zurückkehren wird. Er muss die restlichen Horcruxe finden und zerstören. Schließlich muss er sich auf die Jagd nach dem siebten Stück von Voldemorts Seele machen. Und er muss auch ihn töten. Und wenn er unterwegs Snape trifft, dann gnade ihm Gott. Ron und Hermine wollen ihn überallhin begleiten. Harry möchte nicht, aber die beiden dulden keinen Widerspruch.

Und so teilt jeder von uns das höchste Gottesgericht und trägt das Kreuz des Erlösers – nicht in den Augenblicken großer Stammessiege, sondern im Schweigen seiner einsamen Verzweiflung.

Joseph Campbell, Der Heros in tausend Gestalten

Ausblick

Sechs Bände eines großartigen Epos haben wir vor uns vorüberziehen lassen. Eines Epos, das an die zeitlosen Epen der Weltliteratur, die doch Zeugen ihrer Zeit sind, anschließt und die ewige Erzählung des Menschen von sich selbst, von seinen Gefährten, von Liebe und Tod, von Hoffnung und Verzweiflung weiter erzählt. Eines Epos, das den Faden der großen Menschheitserzählung dort wieder aufnimmt, wo er den Dichtern, die sich der naturalistischen Weltsicht, dem Realismus, zugewandt haben, aus den Fingern geglitten ist.

Das Epos von Harry Potter und Lord Voldemort ist, wie wir gesehen haben, das Manifest eines spirituellen Realismus. Es führt den Realismus auf einer höheren Ebene fort. Dort, wo die Grenzen zwischen Diesseits und Jenseits durchlässig werden, wo sich der menschliche Geist als Meister des Stoffes erweist, wo die Kraft dieses Geistes das Böse nicht nur erzeugt, sondern auch zu bezwingen vermag, ist es angesiedelt.

Das Epos von Harry Potter ist kein Sammelsurium, sondern eine Synthese. Es führt die ganze Geschichte der Menschheit an uns vorüber und zeigt, wie diese Menschheit mit den unterschiedlichen Formen des Bösen ringen musste, die erst aus der Welt der Götter auf sie eindrangen, um schließlich aus ihm selbst hervorzugehen.

Frei ist der Mensch im Lauf seiner Geschichte geworden, aber auch verantwortlich für sich selbst und die Gestalt, die die Welt unter seiner Verantwortung annehmen wird.

Während seiner eigenen Reifung, die wir nur verstehen können, wenn wir in ihr eine Initiation erblicken, durchläuft Harry die verschiedenen Stadien, die die Menschheit auf ihrem Entwicklungsweg zurückgelegt hat. Von symbolischen Initiationsformen, die unter der Leitung der Hierophanten stehen, die in Hogwarts als Lehrer unterrichten, geht er allmählich zur realen Auseinandersetzung mit dem Bösen über, dem er in eigener Verantwortung, als freier Mensch, gegenübertreten muss. Insofern rekapituliert Harry die gesamte Entwicklungsgeschichte der Menschheit. Aber er stößt auch in Neuland vor, indem er sich mit jenen Formen des Bösen auseinandersetzt, die von keinem Mythos der alten Zeit geschildert wurden.

Für dieses Böse hat J.K. Rowling neue mythische Bilder geschaffen, wie die Dementoren, die Todesser oder Lord Voldemort, den fliegenden Tod. Aber sie hat auch Mythen geschaffen, die das Gute verkörpern, das dem Menschen als reale Kraft beisteht, wie den Phönix, das Schwert Gryffindors, die Patronusgestalten. Weit greift der Erzählstrom Rowlings in die mythische Welt, in die Welt der Urbilder, in die Naturgeistigkeit und die spirituelle Welt aus. In die grauen Tiefen der Geschichte blickt sie zurück und selbst in die Zukunft blickt sie voraus, denn die letzten Bände des Epos schildern Wesen und Erfahrungen, die nicht nur unserer Gegenwart angehören, sondern auch unserer Zukunft.

In bildhafter, erzählerischer Form verdichtet sie die Prüfungen, vor die die Menschheit gestellt ist, nachdem sie aus der Leitung der Götter entlassen wurde. Und sie schildert den Weg, den ein Mensch – der Mensch – gehen kann, gehen muss, wenn er den Kampf mit dem Bösen aufnehmen will, das unserer Zukunft angehört und dem hoffentlich nicht unsere Zukunft gehört.

Im Unterschied zu manchen Bedenkenträgern, die in Rowlings Epos eine Gefahr für die Kinderseelen erblicken, die aus Angst vor dem Geist vor dem Okkultismus warnen, den es angeblich salonfähig mache, sehen wir in diesen Erzählungen Dokumente eines kulturellen Wandels, der einen globalen Charakter hat. So weltumspannend die Fangemeinde Harrys ist, so weltumspannend ist auch der Umbruch, der Aufbruch, den der Potterkosmos ankündigt. Es ist der Aufbruch aus der grauen Welt der Rationalität, in die das Böse selbst sich in der Neuzeit verkleidet hat, in eine Welt leuchtender Farben, klingender Empfindungen, vor denen der Popanz der seelentötenden Nüchternheit wie ein Gestaltwandler zerplatzt. Mit bewundernswerter Souveränität hält Rowling dieser grauen, seelenlosen Welt des Verstandes, der behauptet, die ganze Wirklichkeit abzubilden, ihren Spiegel vor und gibt ihn mit einem Schlenker ihrer Dichterhand der Lächerlichkeit preis.

Nicht, was uns die Dementoren und Todesser glauben machen wollen, ist die Wirklichkeit. Die Wirklichkeit ist die Kraft des Phönix, der aus der Asche wiederersteht, dessen Tränen Wunden heilen und dessen wundersame Klage all unsere Schmerzen lindert. Die Wirklichkeit ist der von unserer Seele erzeugte Patronus, der leuchtendweiße Hirsch, der Hermelin, der die schauerlichen Gespenster der seelenfressenden Dementoren in die Flucht zu schlagen vermag. Die Wirklichkeit ist die Freundschaft, ja Liebe, die Wesen aus allen Welten, der sichtbaren und der unsichtbaren, der natürlichen und der übernatürlichen, zu der der Mensch ja in Wahrheit gehört, in ihrem gemeinsamen Kampf gegen das Böse verbindet, das uns zu verschlingen droht. Glaubt nicht den Einflüsterungen und Propagandalügen des Herrn des Todes, ruft die Erzählerin uns zu, der überall und allgegenwärtig ist, der euch weismachen will, er besitze Macht über euch, der euch ängstigt, indem er euch mit dem Verlust eures Lebens bedroht, oder der euch mit den Verlockungen von Macht und Ruhm in sein Reich hinüberziehen will. Glaubt ihm nicht! Lernt die Sprache der Schlangen, aber erliegt nicht ihren Lügen. Ergreift die magische Kraft, die ihr besitzt, aber nutzt sie nicht, um andere zu manipulieren oder zu beherrschen, sondern um andere zu befreien, um ihnen die Botschaft der Liebe zu verkünden.

Aber noch ist ja dieses Epos nicht abgeschlossen. Und doch können wir mit Zuversicht dem letzten Band entgegensehen. Denn so schrecklich auch das Böse ist, das sich im Antlitz Lord Voldemorts spiegelt, so groß ist auch das Vertrauen, das Rowling in uns zu den Kräften erweckt hat, die in Harry und seinen Freunden noch unentdeckt oder unangewandt schlummern. Nach allem, was wir von den mythischen Helden der Vorzeit wissen, sind sie stets siegreich aus ihren Prüfungen hervorgegangen, oder haben die Tode, die sie erlitten, nur zu einem neuen, wahreren, vollkommeneren Leben geführt.

Viele offene Fragen

Wird Harry Potter sterben? Wird das Böse siegen? Diese Fragen bewegen alle Leser der bisher erschienenen Bände. Alle denkbaren Vermutungen wurden angestellt, die verwegensten Hypothesen erwogen, wie etwa die, Dumbledore sei gar nicht wirklich tot und werde zurückkehren. Die Autorin hat diese Hoffnung allerdings zerschlagen. In einem Interview bemerkte sie, Dumbledore werde nicht »den Gandalf machen«, d.h., er werde nicht wie die Dumbledore vergleichbare Figur aus Tolkiens Fantasyzyklus *Der Herr der Ringe* nach seinem Verschwinden in den Minen von Moria in neuer Gestalt wiederkehren.

Andere Spekulationen ranken sich um jenen geheimnisvollen R.A.B., der das Medaillon Salazar Slytherins, den vermuteten dritten Horcrux, den Dumbledore zusammen mit Harry in der Felshöhle am Meer suchte, um ihn zu zerstören, an sich genommen hat. Wer verbirgt sich hinter diesen Initialen? Ist es möglicherweise Regulus Black (R.B.), der Bruder von Sirius, der einen bisher unbekannten zweiten Vornamen besaß und der, entgegen den bisherigen Berichten, gar nicht von den Anhängern Voldemorts getötet wurde? Hat er vielleicht seinen Tod nur vorgetäuscht, genauso wie der Animagus Peter Pettigrew, und wird im siebenten Band als Helfer Harrys wieder in Erscheinung treten? Oder wurde der dritte Horcrux von jenem R.A.B. bereits vernichtet?

Was hat es mit jenen Andeutungen Rowlings auf sich, die des öfteren erwähnt hat, die Tatsache, dass Harry die Augen seiner Mutter habe, werde im letzten Band eine große Rolle spielen? Gibt es ein abgründiges Geheimnis, ein Familiengeheimnis um Harrys Abstammung, das bisher nicht gelüftet wurde? Ist Harry vielleicht gar nicht der Sohn seines angeblichen Vaters? Ist er möglicherweise – so wie Luke Skywalker im *Krieg der Sterne* ohne es zu wissen der Sohn Darth Vaders ist – der Sohn des Dunklen Lords? Aber wurde nicht immer und immer wieder betont, er sehe seinem Vater zum Verwechseln ähnlich? Hätte Lord Voldemort die Gestalt seines Vaters annehmen können, um Harry zu zeugen? Und wenn ja, warum hätte er das tun sollen?

Und wie steht es mit Severus Snape? Ist er wirklich nur jener vom Hass zerfressene Bösewicht, der er nach seinem Mord an Dumbledore zu sein scheint? War dieser Mord vielleicht nur ein tragischer Loyalitätsbeweis, um die letzten Zweifel Voldemorts an seiner Solidarität zu zerstreuen, um ihn am Ende doch verraten zu können? Wird der schillernde, undurchsichtige Snape, der Meister der Okklumentik und des Doppelspiels, sich wieder als Maskenträger erweisen?

Und was haben wir von Harrys Stiefmutter Petunia, der Schwester seiner leiblichen Mutter zu erwarten, die offenbar doch mehr von Zauberei weiß, als sie zuzugeben bereit ist? Wird sie über den geheimnisvollen Blutzauber hinaus, dessen Wirksamkeit mit dem Eintritt Harrys ins Erwachsenenalter verloren geht, in seinem Kampf gegen Voldemort noch eine wesentliche Rolle spielen?

Und Pettigrew, jener elende Knecht Voldemorts, der einst voller Bewunderung zu Harrys Vater aufschaute, der Harry sein Leben verdankt: Wird das magische Band, das Harry durch seine Milde zu ihm knüpfte, ihn im entscheidenden Augenblick die Hand gegen Lord Voldemort erheben lassen?

Was ist mit all den verbliebenen Mitgliedern des Phönixordens, mit den Lehrern von Hogwarts und Harrys engsten Freunden Ron, Hermine und Ginny? Werden sie sich so ohne weiteres ins Abseits drängen lassen? Oder werden sie auf ihre Weise versuchen, Harry bei seiner Suche nach den Horcruxen und bei seinem Kampf gegen Lord Voldemort zu unterstützen?

Was lassen uns die Andeutungen Rowlings erwarten, im letzten Band würden noch weitere Menschen im Kampf gegen Voldemort sterben? Müssen wir damit rechnen, dass Harry selbst zu den Opfern des Dunklen Lords gehören wird? Oder Ron? Oder Hermine? Oder Ginny? Wir wissen es nicht. Zu gut hat Rowling die Geheimnisse gehütet, zu vieldeutig sind die Andeutungen, die sie in zahlreichen Interviews über den weiteren Verlauf der Geschichte gemacht hat.

Eines wissen wir jedoch mit Sicherheit. Wir wissen, worin die nächsten Aufgaben Harrys bestehen und was er entschlossen ist, zu tun. Deutlich genug wurde dies im »Halbblutprinzen« ausgesprochen. Er wird sich auf die Suche nach den verbliebenen Horcruxen machen und diese zerstören, wenn ihm das gelingt. Und wenn er sie zerstört hat, wird er Voldemort selbst gegenübertreten müssen.

Aber wenn schon das Auffinden und die Zerstörung der Horcruxe eine äußerst schwierige Aufgabe ist, wird es nicht noch schwieriger sein, den größten schwarzen Magier nach Grindelwald zu besiegen? Selbst Dumbledore mit seiner abgründigen Weisheit ist gleich zwei fatalen Irrtümern erlegen und hat für diese Irrtümer mit dem Leben bezahlt. Umsonst hat er jenes Gift getrunken, von dem er glaubte, es schütze den dritten Horcrux. Offensichtlich zu Unrecht hat er Snape vertraut und ihn gegen alle Verdächtigungen und Anschuldigungen verteidigt.

Können wir wirklich erwarten, dass der unerfahrene Harry, der gerade seine Zaubererausbildung abgeschlossen hat, es mit jenen verschlungenen Flüchen aufnehmen wird, die Voldemorts bösartigem Geist entsprungen sind? Aber haben wir nicht immer wieder erlebt, dass Harry aus allen Prüfungen und Gefahren, manchmal etwas lädiert, aber immer lebendig hervorgegangen ist? Dass er mit viel Glück und dem Beistand von Freunden noch jedem Anschlag entkommen ist, den der Böse auf ihn verübte? Ist Harry nicht der Auserwählte? Heißt es nicht in der über ihn ausgesprochenen Prophezeiung, er besitze »die Macht, den Dunklen Lord zu besiegen«? Er besitze »eine Macht, die der Dunkle Lord nicht kennt«?

Wohl ist es wahr, dass Harry über jene Macht verfügt – *verfügt* ist nicht ganz der rechte Ausdruck –, die der Dunkle Lord nicht kennt, dass er ein Herz besitzt, in dem Liebe und Mitleid wohnen, jene Macht, die das größte aller Geheimnisse ist, die im Zaubereiministerium erforscht werden.

Aber wird es nicht gerade diese Macht, diese Kraft sein, die der Dunkle Lord für sich zu nutzen versuchen wird? Dieser kennt zwar die Liebe nicht, aber er versteht wohl, sie für seine Zwecke einzusetzen. Er weiß, dass die Menschen aufgrund ihrer Liebe erpressbar sind. Und er hat oft genug bewiesen, dass er keine Skrupel kennt, wenn es darum geht, Menschen mit der Zuneigung zu erpressen, die sie für ihre Angehörigen und Freunde empfinden. Auch Harry weiß dies. Deswegen musste er sich von Ginny trennen. Aber hat er deswegen aufgehört, sie zu lieben?

Was, wenn es dem Dunklen Lord gelingt, ihrer habhaft zu werden und Harry damit zu erpressen, dass er sie töten wird? Ein Harry, der den Tod Ginnys in Kauf nimmt, nur um Lord Voldemort töten zu können, um den Tod seiner Eltern und Dumbledores an ihm zu rächen, ist schwer vorstellbar.

Ein notwendiges Opfer?

Aber etwas anderes ist vorstellbar, wenn man das Wesen der Liebe versteht, was Voldemort nicht tut. Es ist vorstellbar, dass jemand sich selbst opfert, um die Auslöschung des Dunklen Lords durch sein Opfer zu ermöglichen. Stellen wir uns eine solche Konstellation vor.

Harry gelingt es tatsächlich, den einen oder anderen Horcrux Voldemorts aufzufinden und zu zerstören. Der Dunkle Lord wird durch die Zerstörung seiner Horcruxe weiter geschwächt, weil er dadurch Teile seiner schwarzen Seele verliert. Aber ihm gelingt es durch eine List, zum Beispiel dadurch, dass er vorspiegelt, Harry in seiner Gewalt zu haben, Ginny zu fangen. Nun verlangt er von Harry, sich ihm zu unterwerfen, andernfalls werde er Ginny auf grausame Art töten und den Mord an ihr dazu nutzen, einen neuen Horcrux herzustellen.

Was wird Harry tun? Vermutlich wird er sich selbst als Ersatz für Ginny anbieten. Der Dunkle Lord wird darauf eingehen, denn er kennt den für ihn entscheidenden Teil der Prophezeiung. Tod oder Leben Ginnys sind für ihn nicht weiter von Bedeutung. Er weiß, dass Harry jener ist, von dem es heißt, er besitze die Macht, ihn zu besiegen. Sein größtes Verlangen wird immer noch sein, diesen verheißenen Bezwinger aus der Welt zu schaffen. Er wird versuchen, Harry zu töten, so wie er es schon mehrfach versucht hat. Doch diesmal ist Harry nicht mehr unverwundbar. Der Blutzauber wirkt nicht mehr. Wer wird Harry nun beistehen, wenn er sich vielleicht nicht mehr im Besitz seines Zauberstabs befindet, der ihn bei seinem Duell mit dem Dunklen Lord auf dem Friedhof von Little Hangleton beschützt hat?

Es könnte nötig sein, dass Ginny sich selbst schützend vor Harry wirft, um seinen Tod zu verhindern und dass ihr Opfertod jene magische Kraft freisetzt, die es Harry ermöglicht, Voldemort zu besiegen. Es könnte aber auch nötig sein, dass Harry sich selbst opfert, weil das Böse nur durch das Opfer zu besiegen ist und nicht durch die Waffen, die es selbst anwendet.

Dieser Ausgang ist nicht so abwegig, wie er scheinen mag. Auch wenn die Vorstellung manchen Lesern fern liegt – J.K. Rowling hat selbst gelegentlich in diese Richtung gedeutet. Prosaisch bemerkte sie, den Helden sterben zu lassen, würde sie vom Zwang befreien, Fortsetzungen zu schreiben. Weniger prosaisch ausgedrückt, entspräche es auch der Logik der gesamten bisherigen Geschichte.

Es widerspricht dem Wesen der weißen Magie, ihre Ziele durch Gewalt zu errreichen. Die weiße Magie ist ihrem Wesen nach Gewaltlosigkeit, so wie die schwarze Magie ihrem Wesen nach Gewalt ist. Wenn die Kraft, die Harry wirklich zur Überwindung des Dunklen Lords befähigt, gerade die Liebe ist, wie die Prophezeiung sagt, können wir uns vorstellen, dass diese Liebe Harry erlauben wird, zu töten? Oder liegt es nicht im Wesen der Liebe, eher sich selbst zu opfern, als den Gegner durch Gewalt auszulöschen? Hat nicht eben dies auch Dumbledore, das große Vorbild Harrys, getan? Hätte er nicht bei der Schlacht im Zaubereiministerium die Gelegenheit gehabt, den Dunklen Lord zu töten? Fürchtete der Dunkle Lord Dumbledore nicht deswegen, weil er wusste, dass er mächtiger ist als er und durchaus die Kraft besessen hätte, seinem Leben ein Ende zu setzen? Und hat nicht das größte Vorbild der Liebe, dem der Phönixorden verpflichtet ist, ebendies getan?

Hätte Christus nicht die Macht besessen, seine Widersacher mit Gewalt zu besiegen? Er hat es nicht getan. Er hat sich geopfert. Was, wenn Harry in dem Augenblick, in dem er endlich seinem großen Widersacher gegenübersteht und die Möglichkeit hat, ihn zu töten, auf einmal nicht mehr Hass, sondern Mitleid empfindet? Und es könnte genau diese Bereitschaft Harrys sein, auf die Befriedigung seiner Rachgier zu verzichten, den Hass gegen Voldemort zu überwinden, die den Ausschlag im Kampf geben wird. Nur indem Harry die Wurzel des Bösen in sich selbst ausreißt, wird es ihm auch gelingen, das Böse zu überwinden. Hass, Angst und Gier sind doch die tiefsten Kräfte, aus denen dieses Böse sich speist, und was hätte es für einen Sinn, es mit diesen Kräften bezwingen zu wollen? Man würde ihm ja nur in der eigenen Seele einen neuen Wohnplatz errichten.

Auf welche Weise aber diese Opferbereitschaft Harrys zum Tod Voldemorts führen könnte, ist die Frage. Auch Harrys Mutter hat sich aus Liebe vor ihr Kind gestellt, ohne dass diese Liebe ihr Leben gerettet hätte. Eine nicht voraussehbare Frucht dieses Liebesopfers war jener geheimnisvolle Zauber, der Harry wie ein Schutzschild umgab. Aber nicht ihr eigenes Leben vermochte Harrys Mutter zu schützen, nur das ihres Kindes. Harry könnte vielleicht das Leben Ginnys retten und umgekehrt, aber einer von beiden müsste um des anderen willen sein Leben hingeben.

Der Kreis schließt sich

Trifft unsere Entschlüsselung zu und spiegeln sich tatsächlich die einzelnen Bände ineinander, der zweite im sechsten, der dritte im fünften, der erste im siebenten, wie wir das im Vorangehenden zu zeigen versucht haben, dann müsste auf irgendeine Weise der erste Band im siebenten wiederkehren. Nicht nur müssten die sieben Prüfungen, die Harry im »Stein der Weisen« durchlebte, in gewisser Art wieder auftauchen, es müsste die letzte dieser sieben Prüfungen den Inhalt des siebenten Bandes bilden. Dass das Letztere der Fall ist, lässt sich unschwer erkennen. Denn in diesem letzten Band kommt es zur endgültigen Abrechnung zwischen den beiden Gegenspielern, zwischen Harry, dem lichten Heros, und Tom Riddle, der sein ganzes Wesen mit dem Wesen des Bösen durchdrungen hat, der selbst zu einer Art doppelgesichtigem Monstrum geworden ist, wie Quirrell im »Stein der Weisen«.

Nun stellt offensichtlich noch in einer anderen Hinsicht die Vollendung der Siebenheit ein Hauptmotiv des letzten Bandes dar. Diese Vollendung ist auf die sieben Teile der Seele Lord Voldemorts bezogen, die dieser auf die sechs Horcruxe aufgespalten hat, um den letzten Teil, der seine Identität, den Kern seiner Persönlichkeit ausmacht, für sich zu behalten. Zwei dieser Horcruxe wurden zwar bereits zerstört, möglicherweise auch der dritte, aber die restlichen werden ein Hauptthema des letzten Bandes bilden.

Die Horcruxe stellen zusammen mit dem Seelenkern Voldemorts auf ihre Weise eine Siebenheit dar, wie wir sie in den sieben Prüfungen des ersten Bandes oder in der Siebenheit der sieben Bände des ganzen Zyklus finden. Nur sind sie eine Siebenheit der Bilder, der Versiegelungen des Bösen, wobei der siebte Teil dieses Bösen das Wesen dieses Bösen selbst ist, das in der Seele des Dunklen Lords lebt. So wie Lord Voldemort eine schwarze Karikatur Dumbledores ist, so sind die Teile seiner durch Morde abgespaltenen Seele Karikaturen des ganzen, des heilen, des integren Menschen. Als magische Gegenstände müssen sie eine Art Verwandtschaft mit den Teilen der Seele aufweisen, die Voldemort in ihnen verborgen hat, sie sind vermutlich sogar symbolische Bilder jener Kräfte.

Der Ring Marvolos mit dem schwarzen Schmuckstein könnte das physische Bild der äußeren Hülle gewesen sein, die den Kern von Voldemorts Seele umschloss. Das Buch, das Harry zerstörte, war, wie wir gesehen haben, die erstarrte Jugend des Bösen, die lebendige Seele, die in der Zeit stehengeblieben und als magisch belebte Scheinperson, als Phantom, zu einer Waffe Voldemorts geworden war. Der Becher Helga Hufflepuffs, der möglicherweise den dritten Horcrux darstellt, ist eine Karikatur des Kessels der Lebensfülle, den Helga Hufflepuff im Haus Hogwarts wie Dagda, der Eigner und Spender des Lebens, verwaltete. Jeder Mensch trägt diesen Kessel in sich, er ist die tiefe Quelle, aus der sich auch das Leben der Seele speist. Das Medaillon Salazar Slytherins könnte man als eine Karikatur von Voldemorts Persönlichkeit auffassen, die er nach dem Vorbild Slytherins formte, als dessen Erben er sich betrachtete, und die restlichen Horcruxe als weitere verzerrte Abbilder seines höheren, spirituellen Wesens.

Schließlich wird auch Harry in diesem Band die letzte Stufe seiner Initiation erleben. Er wird den tiefsten Kern des Bösen, das in Voldemort lebt, erkennen müssen, um es – verwenden wir diesen Ausdruck – neutralisieren zu können.

Der Tod als höchste Stufe der Einweihung

Die höchste Stufe der Initiation ist aber der Tod, der Initiationstod. Nur durch den Tod kann der Einzuweihende in den Zustand der Ganzheit, der Integrität, zurückkehren, der seiner Seele vor dem Fall in die Zeit, in die Sphäre der Gegensätze, eigen war. Die *restitutio ad integrum*, die Wiederherstellung der Ganzheit, ist der Tod. Der Tod ist die Voraussetzung der Auferstehung. In der spirituellen Strömung, die der Phönixorden repräsentiert, ist der freie Opfertod und die durch ihn ermöglichte Auferstehung die höchste Initiationserfahrung. Es ist jene Erfahrung, die zum Frieden der Seele und zum Frieden in der Welt führt, zu jenem Frieden, der sich auf Dumbledores Antlitz zeigt, nachdem er von Snape getötet wurde und im Gemälde wieder auftaucht, das in seinem früheren Arbeitszimmer hängt.

Nun muss im Zusammenhang des Einweihungsgeschehens dieser Tod kein physischer Tod sein. Vielmehr besteht der Einweihungstod im Durchleben einer geistigen Erfahrung, die dem physischen Tod gleichkommt. Das Opfer muss so radikal sein, als würde der Einzuweihende auf seine physische Existenz verzichten, als würde er seinen Körper verlieren, ihn aus freiem Willen aufgeben. Es ist eben jener Verzicht auf die eigene physische Unsterblichkeit, die Harry im Spiegel Nerhegeb als den tiefsten seiner Wünsche, als Zukunftsbild seiner vollendeten Einweihung gesehen hat. Und auf geheimnisvolle Weise wird diese letzte, höchste Opfertat sich auf das Böse auswirken. Sie wird diesem Bösen, dessen geheimste Wurzel im Menschen in der Gier nach der endlosen Verlängerung eben dieser physischen Existenz, in der Furcht vor dem Tod und dem Hass auf die Liebe besteht, die Grundlage entziehen.

Ein endgültiger Sieg über das Böse?

Wird das Böse durch den Tod Lord Voldemorts endgültig besiegt, wird es ein für allemal aus der Welt vertrieben, bricht nach seiner Überwindung das Paradies auf Erden an, in dem der Wolf und das Lamm friedlich nebeneinander liegen?

Nein, denn Harry ist nur ein einzelner Mensch, und jeder einzelne Mensch muss den Weg Harrys gehen. Erst wenn alle Menschen diesen Weg gegangen sind, wird das Böse endgültig aus der Welt verschwunden sein. Auch Lord Voldemort war nur ein Mensch, einer von vielen, zwar größer als die meisten in seiner Hingabe an das Böse, aber doch nur einer von vielen. Er ist nicht das Böse selbst, als geistige Kraft. Er hat sich nur mit dieser Kraft eingelassen, mehr als die meisten anderen. Aber so, wie ihm andere vorangegangen sind, wie einer seiner Vorgänger, Grindelwald, von Dumbledore besiegt wurde, werden ihm andere folgen. Menschen, die von ihrer Gier getrieben von einer Verblendung in die andere stürzen, und am Ende glauben, der Hass sei eine höhere Macht als die Liebe. So wie Voldemort Harry als Gegenspieler diente, werden andere Menschen kommen, die anderen Harrys als Gegenspieler dienen.

Das Böse ist eine geistige Kraft, die vom Menschen unabhängig ist. Es kann sich des Menschen bemächtigen, wenn er ihm Einlass gewährt. Es trat, wie wir an den alten Initiationen gesehen haben, die Harry auf seinem Weg durchleben musste, in verschiedenen Zeiten in unterschiedlichen Gestalten auf und hat in der Gegenwart eine Gestalt angenommen, die dem heutigen Bewusstsein des Menschen entspricht. Während in Urzeiten die Versuchung des Menschen in der Lust – der Gier – bestand, die ihm den Weg aus dem Paradies eröffnete, nahm es später eine Gestalt an, die ihm die Erinnerung an eben dieses Paradies verdunkelte. Die Verdunkelung des Seelenblicks, der Schleier, der sich vor seine Sinne wob, das Blut Kingus, das seit der Bezwingung Tiamats im Körper des Menschen floss, hat ihn in seinem Leibesgehäuse eingeschlossen, und in ihm die Illusion – die Verblendung – erweckt, dieses Gehäuse und die Welt, in der es ihn einhauste, sei die alleinige Wirklichkeit. Heute greift das Böse die Integrität des Menschen an, es versucht, die Einheit seiner Persönlichkeit zu zersetzen, indem es sich in das intimste Innere seiner Seele einschleicht und ihm mit seinem Todeskuss Hoffnung und Lebenszuversicht raubt. Der Dämon der Desintegration ist zugleich der Dämon, der auch das soziale Leben der Menschheit ergreift und der das Band, das die Einzelnen miteinander verbindet, zu zerstören versucht. Angetrieben wiederum von nichts anderem als von Gier und Verblendung, wütet dieser Dämon heute im Namen der Effizienz und der Effektivität rund um den Globus, löst die Gemeinschaften auf, die die Menschen aneinander banden und treibt sie in die äußerste Vereinzelung, in der auch der Kern ihres Wesens, ihr Erlebnis von Sinn und Gemeinschaft bedroht ist. Menschen, die die Integrität, die Einheit ihrer Persönlichkeit verlieren, denen der Kern ihrer Seele geraubt wird, sind auch nicht mehr imstande, andere anzuerkennen und ihnen gegenüber so etwas wie Zuneigung oder Liebe zu empfinden. Stattdessen breitet sich zwischen den Menschen der Streit – der Hass – aus. Sie können sagen: »Wo zwei in meinem Namen streiten, bin ich mitten unter ihnen.« Der Zerfall der Einheit im Seeleninnern, der Identitätsverlust des einzelnen Menschen und der Zerfall des sozialen Bandes, die Desintegration der Gemeinschaften, sind Spiegelphänomene, die auf ein und dieselbe Ursache zurückgehen.

Diesem Angriff auf die menschliche Individualität und ihre sozialen Lebensbedingungen stellt sich der Phönixorden entgegen, indem er die Individualität Harrys in der Auseinandersetzung mit den verschiedenen Gestalten des Bösen zu sich selbst führt. Jede Prüfung, die Harry besteht, fügt seiner Persönlichkeit eine Fähigkeit oder Kraft hinzu, durch die sie der in sich gestählten Ganzheit ein Stück näher kommt. Das Ich, das sich im Entschluss zum Opfer seiner einmaligen leiblichen Existenz verdichtet, ist von diamantener Härte und wird, wenn es durch den Tod des Selbstopfers hindurchgegangen ist, vom göttlichen Licht der Erkenntnis durchstrahlt. Es wird zu einem Quell der Wärme, die den erkaltenden sozialen Kosmos erfüllt und der Kälte des Hasses die Kraft der Liebe, die alle Wunden heilt, entgegenbringt. Allein diese Liebe vermag auch jene alte Wunde zu heilen, die das Böse schlug, jene Wunde, deren Spur Harry auf der Stirn trägt: seine Narbe.

Anhang

Quellen, verwendete und weiterführende Literatur

Botheroyd, Sylvia und Paul F, *Keltische Mythologie von A-Z.* Wien 2004.

Campbell, Joseph, *Die Masken Gottes.* 4 Bände, München 1996.

derselbe, *Der Heros in tausend Gestalten.* Frankfurt am Main 1999.

Colbert, David, *The Magical Worlds of Harry Potter.* New York 2004.

Dahn, Felix und Therese, *Walhalla. Germanische Götter- und Heldensagen.* (Internetausgabe, http://gutenberg.spiegel.de)

Eliade, Mircea, *Geschichte der religiösen Ideen.* 4 Bände. Darmstadt 2002.

Fraser, Lindsey u.a., *Viel Zauber um Harry. Die Welt der Joanne K. Rowling.* Hamburg 2001.

Fraser, Rebecca, *A Peoples History of Britain,* London 2003.

Frazer, James George, *Der goldene Zweig. Das Gheimnis von Glauben und Sitten der Völker.* Hamburg 2004.

Handwörterbuch des deutschen Aberglaubens, Hrsg. H. Bächtold-Stäubli und E. Hoffmann-Krayer. 9 Bände. Augsburg 2005.

Herder Lexikon Germanische und keltische Mythologie. Freiburg 1993.

Mode, Heinz, *Fabeltiere und Dämonen. Die Welt der phantastischen Wesen*. Leipzig 2005.
Ranke-Graves, Robert von, *Griechische Mythologie. Quellen und Deutung*. Hamburg 2001.
Rowling, J.K., *Harry Potter und der Stein der Weisen*. Hamburg 1998.
dieselbe, *Harry Potter und die Kammer des Schreckens*. Hamburg 1999.
dieselbe, *Harry Potter und der Gefangene von Askaban*. Hamburg 1999.
dieselbe, *Harry Potter und der Feuerkelch*. Hamburg 2000.
dieselbe, *Harry Potter und der Orden des Phönix*. Hamburg 2003.
dieselbe, *Harry Potter und der Halbblutprinz*. Hamburg 2005.
Es wurden jeweils auch die englischen Originalausgaben herangezogen.
Steiner, Rudolf, *Die spirituellen Hintergründe der äußeren Welt. Der Sturz der Geister der Finsternis*. GA 177. Dornach 1985
derselbe, *Apokalypse und Priesterwirken*. GA 346. Dornach 1995.

Internet

www.hp-lexicon.org Die umfassendste Quelle für HP-Fans im Netz (englisch).
www.jkrowling.com Die offizielle Website der Autorin.
www.eulenfeder.de Viola Owlfeathers Harry-Potter-Kiste. Sprachspielereien, Anspielungen, witzige Details in den Harry-Potter-Büchern.
www.madamscoop.org Madam Scoop's Index to J.K. Rowlings Interviews. Sammlung aller Äußerungen J.K. Rowlings über ihre Bücher in Interviews, Artikeln, im Fernsehen und in Chats seit 1997 (englisch).